끌어안고 함께 킥킥거렸어요.

"시상식에 같이 가는 거다."

"당연하지."

하늘이의 당부에 진아는 흔쾌히 대답했어요.

진아와 하늘이는 흔들의자가 있는 곳으로 나왔어요. 좀 좁긴 했지만 둘이 같이 앉을 만했어요.

"나중에는 내가 금상 받을 거다. 그러니까 뒤처지지 않도록 조심해."

하늘이가 농담처럼 말했어요.

"좋아!"

진아는 고개를 끄덕였어요.

"진아야."

"응?"

"우리 열심히 해서 같은 대학, 같은 과에 들어가자."

"좋지."

둘은 손가락을 걸고 약속했어요.

"그때 가서 함께 네 엄마도 찾자."

언젠가 진아는 하늘이에게 말한 적이 있었어요. 고등학교와 대학을 졸업한 뒤에 엄마를 찾을 거라고요. 엄마만 딸을 찾으라는 법이 있나요? 딸이 엄마를 찾으면 되지요.

"고마워."

진아는 하늘이의 손을 꼭 붙잡았어요. 엄마를 찾으면 하늘이를 소개해 줄 거예요. 세상에서 가장 친한 '내 친구'라고 말이에요.

통합형 논술 활용노트

01 다음 글을 읽고 물음에 답하세요.

(가)
"이 두 그림의 차이를 알겠니?"
두 그림을 아이들 쪽으로 돌리며 딸기선생님이 물었어요.
"둘 다 꿈을 그린 거예요?"
중학생 언니가 물었어요.
"그래."
"화가를 그린 것은 사실적이네요. 나무를 그린 것은 꿈이 열리는 걸 표현한 것 같고요."
"잘 봤어. 그럼 두 개 중에 어떤 그림이 더 낫다고 말할 수 있겠니?"
아이들은 아무 말도 하지 않았어요.
"그래. 뭐가 더 낫다고 말할 순 없어. 화가를 그린 이 그림은 꿈이라는 주제를 논리적으로 설명하듯이 보여 주는 그림이야. 그리고 나무를 그린 그림은 뭐라고 설명할 순 없지만 마음으로 느낄 수 있는 그림이고. 어느 게 맞고 틀린 건 아니야. 그런데 이런 질문을 할 수는 있겠지. 이 두 그림 중 어떤 그림에서 화가의 깊은 속마음을 이해할 수 있겠니?"

-《딜타이가 들려주는 이해 이야기》중

(나)
원래 그의 이름은 그리고리라고 불렸다. 다시 말해서 그는 어느 지주 귀족의 농노 신분이었던 것이다. 그러던 그가 뻬뜨로비치라고 불리게 된 것은 농노 해방 증서를 받고, 자유의 몸이 된 뒤로 축제 때마다 술을 진탕 마시게 되면서부터의 일인 것이다.
그래도 처음에는 큰 축제 때에만 술을 마셨지만, 얼마 지나지 않아 달력에 십자가 표시가 되어 있는 날이면 단 하루도 빼놓지 않고 곤드레만드레 취하게 됐다. 이 점에서 그는 자기 조상들의 전승에 무척 충실하다고 할 수 있겠다.

— 고골리 〈외투〉 중

(다)
여름의 파아란 저녁때면 나는 오솔길을 가리라.
보리에 찔리며, 잔풀을 짓밟으며;
몽상가 나는 그 시원함을 발에서 느끼리.
바람에 내 맨 머리를 먹 감기리.

나는 말하지 않으리, 아무것도 생각지 않으리라;
그러나 무한한 사랑이 내 영혼 속에 솟아오르리라,
그리고 나는 가리라, 멀리 저 머얼리, 보헤미안처럼.
자연 속을, — 마치 여자와 함께 가듯 행복이.

— 아르튀르 랭보, 〈감각〉

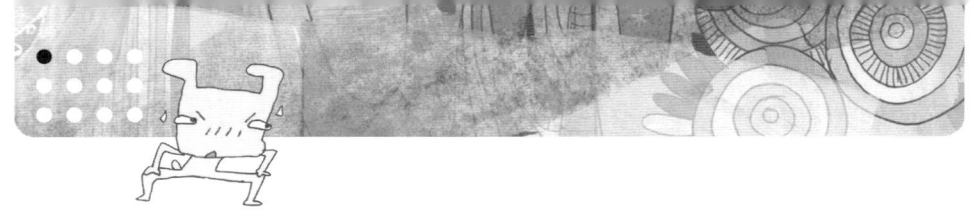

1. (나)의 시와 (다)의 소설을 비교해 보세요. 어떤 차이가 있나요? 고골리와 랭보가 (가)의 두 그림을 보았다면 무엇이 자신의 작품 성격과 더 가깝다고 했을지 이야기해 보세요.

2. 제시된 두 가지 성향 중 여러분은 어느 쪽을 더 선호하나요? 이유를 들어 말해 보세요.

02 다음 글을 읽고 물음에 답하세요.

(가)

인문학 열풍이 거세다. 일부대학에서 개설한 인문학 수업과정이 CEO들에게 큰 인기를 끌고 있고, 해외에서도 대학과 기업에서 인문학을 강조하고 있다. 기업들이 인문학의 매혹에 빠진 이유는 기업경영 환경이 복잡해지면서 종합적인 사고력과 문제해결 능력, 창의력이 필요하기 때문이다. 인터넷의 영향으로 사회에서는 지식자체를 가지고 있는 것보다, 여러 지식을 연결하여 새로운 가치를 창출하는 능력이 더 중요한데, 인문학이 이런 능력을 증진시켜 주기 때문일 것이다.

경영학에서는 이미 인문학적 기반이 활용되고 있다. 경영자들이 독서경영을 강조하고, CEO 중 인문학 전공자의 비율이 높아지는 것도 이런 추세의 반영이라고 할 수 있다. 현대와 같은 동태적인 경영 환경에서는 상상력과 창의성이 중요하고, 다양한 지식을 연관짓는 능력이 중요한데, 인문학이 그 자양분을 제공해주는 것이다. (……)

- 2008년 7월 7일, ○○신문

(나)

전남에 위치하고 있는 자연학습장에서 자연관찰탐구 대회를 개최했다.

　자연 현상과 사물의 관찰을 통해 자연의 이치를 이해하고, 자연에 대한 흥미와 호기심을 가지게 하여 학생들의 탐구능력을 신장시키려는 목적이다.
　대회 방법은 팀별로 정해진 지역에서 주어진 주제를 해결하기 위해 자연 현상을 탐구하고 가설을 설정한 후, 관찰한 내용을 보고서로 작성해 제출한다.
　시상은 관찰계획부터 보고서 제출까지의 전 과정 평가로 심사가 이루어지며 금상 6팀, 은상 12팀, 동상 18팀을 선정해 수상하게 된다.
- 2008년 6월 12일, ○○일보

(다)
"㉠자연과학은 법칙이 왕이야. 사과 하나와 사과 하나를 더하면 사과 두 개가 되지? 1+1=2 이건 절대로 변할 수 없는 법칙이거든. 너도 학교에서 배웠을 걸? 가설을 세워서 실험과 관찰을 통해 증명해 내는 게 자연과학의 방법이라고."
"응. 그쯤은 나도 알아."
"하지만 자연과학은 인과법칙에 따라 움직이는 자연 세계를 설명하는 건데 사람들은 인간의 삶도 자연과학처럼 기계적으로 연구하려고 했지. 딜타이는 그것이 옳지 않다고 한 거야. 인문학은 사람들의 생각과 정신을 이해해야 하는데 어떻게 '1+1=2'와 같은 방식으로 설명할 수 있겠어?"

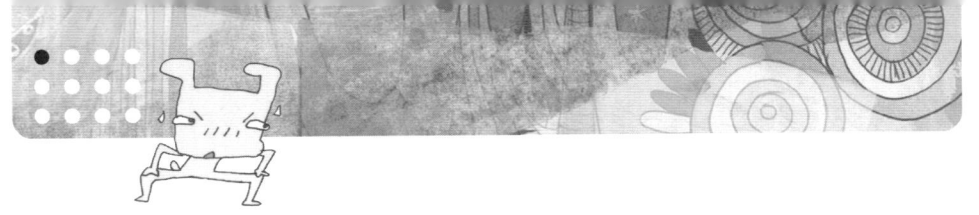

"그러니까 자연과학은 관찰과 실험을 통해서 자연의 인과법칙을 연구하는 학문인데, 인문학은 그런 방법으로 하면 안 된다는 거지?"
"역시 똑똑해."
"뭘, 이 정도 가지고."
"오늘 딸기 선생님이 그림을 그릴 때 자신의 마음을 담으라고 하신 거 기억나?"
"응."
"세상도 그래. 세상을 어떻게 이해하느냐에 따라 세상이 다르게 보이는 거야."
"선생님도 그림이 사진처럼 똑같을 수 없다고 하셨어."
"그래, 맞아. 사람들의 삶은 객관적으로 관찰하거나 잴 수 없는 거니까. 그 사람의 삶은 그 사람만의 의미와 가치가 있는 법이거든."
"그럼 오늘 고아원에서 하늘이를 만났을 때 내가 느꼈던 기분도 자로 재거나 분석할 수 없다는 거지?"
"맞아, 맞아."
"나는…… 가끔 그럴 때가 있어. 내가 아이들 앞에서 웃고 있어도, 아이들은 내가 즐겁지 않다고 생각하는 것처럼 보일 때가 있어."
"네가 아무리 웃고 있어도 마음이 우울하다면 아이들은 네가 웃는다고 생각하지 않을 수도 있지. 왜냐하면 네 마음이 우울하다는 것을 알아챘기 때문이야. ⓒ바로 네 우울한 마음을 이해했기 때문이지."

－《딜타이가 들려주는 이해 이야기》중

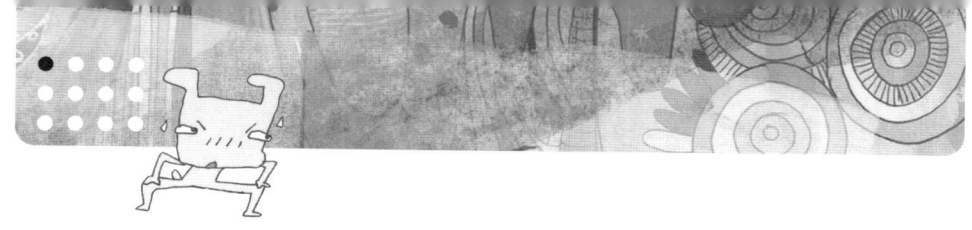

1. 제시문 (가)와 제시문 (나)는 각각 인문학과 자연과학에 대한 설명을 하고 있습니다. 제시문을 보고 이 둘의 차이점이 무엇인지 비교하여 적어 보세요.

2. 제시문 (다)에서 밑줄 친 ㉠과 ㉡을 인문학과 자연과학을 연결 지어 설명해 보세요.

통합형 논술
문제풀이

문제풀이

01

1. (가)에서 화가를 그린 그림은 꿈이라는 주제를 사실적으로 표현한 것이고 나무를 그린 그림은 감상적으로 표현한 그림입니다. (나)와 (다)의 작품을 읽어 보면 (나)는 그리고리라는 인물에 대해 있는 그대로 설명한 것이고, (다)는 화자의 감성을 마치 그림처럼 묘사한 시입니다. 고골리라면 (가)의 두 그림 중 화가를 그린 하늘이의 그림이 자신의 작품 성격과 더 가깝다고 할 것이고, 랭보는 나무로 꿈을 표현한 진아의 그림을 더 친숙하게 여길 것입니다.

2. 예술은 물론 사람의 감성과 상상력을 자극하고 공감을 유도해야 합니다. 하지만 그 내용이 허황되거나 공허한 상상에 불과하다면 아무 의미가 없을 것입니다. 예술은 우리의 현실, 즉 사실을 반영해야 합니다. 상상력을 통해 우리의 삶을 비유적으로 묘사하면서 사람들의 공감을 이끌어내어, 잘못된 것은 경계하고 좋은 것을 추구해 나갈 수 있도록 사회를 변화시키는 것이 예술의 역할이 아닐까요?

02

1. 인문학이 위기에 빠졌다고 하지만 복잡하고 어지러운 현대 사회에는 인문학을 배움으로써 종합적인 사고를 길러 판단력과 창의력을 키울 수 있습니다. 그래서 경영자들이 인문학에 더 관심을 가지고서 공부를 하고 인문학으로 회사 경영과 인재 경영에 도움을 받고자 합니다. 자연과학은 주어진 현상을 눈에 보이는 대로 분석하고, 실험을 통해 결과를 만듭니다. 제시문 (나)에도 나와 있듯이 현상을 탐구하고 관찰, 수집하여 가설을 만들고 가설이 결과와 맞는지 실험, 확인합니다. 반면에 인문학은 눈에 보이는 대로 분석하고 실험하는 학문이 아닙니다. 다양한 지식과 문제를 바라보고 분석하는 관점을 넓혀서 종합적으로 판단합니다. 인문학은 문학, 철학, 역사 등 본래 가지고 있던 배경 지식들과 새로이 배우는 지식들을 결합합니다. 그런데 관찰과 분석이 아니라 개인적으로 체험하고 느끼고, 이해하는 부분이 훨씬 크게 작용합니다.

2. 자연과학적으로 관찰하고 실험하는 과

정은 정확한 원인과 결과에 따라 진행됩니다. 반복되는 인과관계로 가설이 확정되면 법칙이 됩니다. 그래서 '자연과학은 법칙의 왕'이라고 합니다. 반면 인간이 상대방의 마음을 이해하는 것은 자연과학에서 추구하는 인과관계, 법칙과는 상반됩니다. 제시문 (다)에 나와 있는 내용처럼 상대방의 얼굴은 웃고 있지만 마음은 울고 있다고 가정합시다. 자연과학은 표면적으로 나타는 현상을 관찰하기 때문에 상대방이 '웃는다'는 결론을 냅니다. 하지만 상대방의 상황과 마음을 헤아렸다면 '웃고 있지만 울고 있다'는 결론을 냅니다. 이와 같은 결론은 인문학이 사물과 인간을 종합적으로 사고하고 인과관계가 아닌 이해관계에 더욱 초점을 맞추기 때문에 가능한 것입니다.

다크투어리즘 인문 여행서

역사와 함께 길을 걷다

다크투어리즘 인문 여행서-역사와 함께 길을 걷다

초판 1쇄 발행 2023년 4월 11일

지은이 원선희
펴낸이 장길수
펴낸곳 지식과감성#
출판등록 제2012-000081호

교정 정은솔
디자인 정윤솔
편집 정윤솔
검수 주경민, 이현
마케팅 정연우

주소 서울시 금천구 벚꽃로298 대륭포스트타워6차 1212호
전화 070-4651-3730~4
팩스 070-4325-7006
이메일 ksbookup@naver.com
홈페이지 www.knsbookup.com

ISBN 979-11-392-1015-6(03810)
값 19,000원

• 이 책의 판권은 지은이에게 있습니다.
• 이 책 내용의 전부 또는 일부를 재사용하려면 반드시 지은이의 서면 동의를 받아야 합니다.
• 잘못된 책은 구입하신 곳에서 바꾸어 드립니다.

지식과감성#
홈페이지 바로가기

다크투어리즘 인문 여행서

역사와 함께 길을 걷다

원선희 지음

목차

머리말 - 걸음마 • 10

I.
빙의난중일기 - 이순신의 말을 따라 길을 걷다

이순신을 아세요? • 14
장흥 회령포 - 함 해 보자 • 17
울돌목 - 죽기로 한 바다 • 21
우수영 - 백(白)과 무(無) • 27
고금도 - 노제(路祭) • 33
보성 - 말도 안 되는 말 • 39
발포 - 잘 해낼랑가? • 48
예교성 - 토착 왜구 • 55
낭도 - 바다를 알아야 • 62
여수 통제영 - 귀가 • 67
부산포 - 오른팔을 잃은 아픔 • 75
거제 - 서전의 바다, 통한의 바다 • 82
한산 - 통제사를 위로하라 • 91
당포 - 아름다운 낙조의 바다 • 98
통영 - 처음(初)에는 칼이 있다 • 100
당항포 - 미련을 남겨 두라 • 108
진주 - 범상치 않은 도시 • 113
사천 - 이~ 원수놈들 • 122

남해 관음포 – 삶과 죽음은 하나 • 127
水.月.白.死.忠(수·월·백·사·충) • 135

Ⅱ.
이산 정조와의 8일간의 여행

아바마마 편히 쉬시는지요? • 141
융릉, 용주사 • 144
화성 – 정조가 꿈꾼 새로운 조선 • 149
    – 이산, 너는 다 계획이 있었구나 • 149
    – 화성, 화성 행궁 – 또 하나의 도읍과 정궁 • 153
    – 팔달문 • 160
    – 정조 – 민방위 훈련을 지휘하다 • 162
    – 화성의 정문은 어디지? • 166
    – 고통스레 아름다운 방화수류정 • 170
    – 봉돈(烽墩)에서 시루떡 김이 피워 오르라 • 175
    – 화성 – 아름답고 빛나는 꽃 • 180
이산 정조의 귀거래사 • 185
    – 만화방창(萬·華·防·槍)? 만화방창(萬花方暢)! • 185
    – 불취무귀(不醉無歸) – 취하지 않으면 집에 가지 마라 • 192

Ⅲ.
신 증도여지승람(新 甑島輿地勝覽)

전란의 고인(孤人)들이 만든 소금밭, 해송숲 • 199
노두길을 걸을 땐 최대한 천천히 걸어라 • 204

Ⅳ.
호국 항쟁 · 생명 · 평화의 꽃섬
– 강화 나들길을 걷다

심도(沁都)를 아십니까? • 208
강화 답사 1번 길 – 고려궁 성곽길 • 210
호국 항쟁의 나들길 • 223
    – 염하(鹽河) · 진(鎭) · 보(堡) · 돈대(墩臺) • 224
    – 밟히고 찢긴 길에서 항쟁의 풀꽃을 만나다 • 232
생명의 나들길 • 244
    – 강화 들판 • 244
    – 훈맹정음(訓盲正音)을 아십니까? • 253
평화 번영의 나들길 • 259
    – 평화라고 쓰고 전쟁이라 읽는다? • 259
    – 제적(制敵)의 길 – 평화 번영 • 264
    – 강화 나들길 21, 22, 23… 코스를 뚫어라! • 266
걸으면 사랑에 빠진다 • 269

V.
거대(巨·大)해야 할 항구에 가다

왜소한 거대(巨大)항 • 274
화진포 – 동천(冬天)의 꿈같은 아름다움 • 280
이승만·김일성 별장이라… • 282
봄은 북으로부터… • 292

VI.
차마고도(茶馬古道) – 상상으로 넘다

차마고도(茶馬古道), 나를 소환하다 • 298
사람이 꽃보다 아름다워 • 303
노새, 한혈마(汗血馬)에 업혀 가다 • 310
여행은 샹그릴라를 찾아가는 길 • 314
문명의 길, 야만의 길 • 320
비지땀과 피똥으로 스물여덟 고비길을 넘다 • 324
화장실에서 무소유의 참뜻을 배우다 • 329
변소간은 천하의 도량처요, 학습 공간 • 333
인민의 마음을 이은 길, 문명을 이은 길 • 341
똥 보기를 금같이 하라 • 346
여강고성에는 성(城)·강(江)·꽃(花)이 없다? • 356
이별가 – 마방의 노래 • 363

Ⅶ. 문득 시 몇 수

팽목항에서 • 368
사진 한 장 남김 없는 그대를 추모함 • 371
평화와 번영의 출발역에서 • 373
인생길 띠 • 375
살아 있는 나는 불편하다 • 378
길이 있어 걷는다 • 380
여산지생(如山之生) • 384
탁발과 구걸 • 386
환속(還俗) • 388

Ⅷ. 제주 참배 기행

무남촌 • 390
제주 여행 1번지 – 제주 4.3 평화 기념관 • 394
북촌리 제삿날 • 399
제주 4.3 평화 공원 • 403
북촌 4.3길을 걷다 • 414
   – 너븐숭이 기념관 · 북촌초등학교 • 414
   – 북촌포구 • 418
   – 정지폭낭, 당팟 • 425

- 북촌 해동 마을, 서우봉 동굴 진지 • 427
    - 함덕 • 430
광기의 현장 - 백조일손(百祖一孫) • 433
환영(幻影)·환청(幻聽) 속 알뜨르를 걷다 • 439
모슬포의 못살 바람 • 443
관덕정의 충성 - 제주 4.3의 도화선 • 446
오라리 방화 사건 - 제주 4.3의 전환점 • 451
지우고 싶을수록 기억하고 기록해야 할 제주 4.3 • 455
육지 것들, 우리 맘을 알수꽈? • 460

맺음말 • 467

참고 문헌 • 469

머리말

걸음마

인간이 다른 종(種)과 결정적으로 다른 특징은 직립 보행, 즉 '두 다리로 걷는다'라는 것이다.

그래서인지 고고한 울음을 터트리며 태어난 아기가 일어서 첫걸음을 떼면 사람들은 박수를 치며 환호한다. 비로소 사람으로서 '위대한 걸음'을 내디뎠기 때문이리라.

걸음마를 시작한 아기는 뒤이어 말을 한다. 말을 한다는 것은 바로 생각과 인식, 사유가 일어난다는 것인데 이는 호모 에렉투스가 호모 사피엔스보다 우선이라는 증좌다. 그래서 독일의 철학자이자 역사학자인 요한 고트프리트 폰 헤르더는 "인간의 이성적인 능력은 걷는 것에서 나왔다"라고 했다. 직립 보행으로 두 손을 쓰게 됨으로써 인간은 도구와 기구를 만들고 기술을 창조함으로써 문명을 낳았다. 따라서 우리가 걷는 길은 인간의 이성적 사유가 낳은 흔적이며 문명의 탯줄이다.

길(道)이란 한자는 사람이 머리카락을 휘날리며 걷는 모습을 형상화한 글자다.

사실 '길을 걷는다'라는 것은 사유의 결과적 행위이기도 하지만, 사유를 위한 동기적 행위이기도 하다. 생각하고 걷기도 하지만, 생각하기 위해 걷기도 한다는 말이다. 또는 걷는 그 자체를 목적으로 하기도 한다. 그래서 그런지 길(道) 자만큼 다양하고 심오한 의미로 쓰이는 글자도 없는 것 같다.

목적과 동기가 어떻든 간에 걷는다는 것은 자신이 세상에 들어가는 것이며 이는 자신을 세상에 열어 놓는 것이기도 하다. 특별히 '나 홀로 걷는 여행길'에 만나는 세계는 시간적으로 어떠한 제한과 구속도 없는 완전히 자유로운 나만의 세계다. 필자가 '오래된 문명의 길', '역사라는 과거의 길'을 걷는 것도 바로 이 길이 필자에게 과거와 현재와 미래를 자유롭게 넘나들며 사유하고 상상할 수 있게 해 주기 때문이다.

바쁘고 빠르게 돌아가는 세상에 한가하게 걷는다는 것은 시대착오적인 행동일까?

그러나 필자는 걷는다는 원시적인 행위는 이 시대에 가장 필요한 문명적이고 인간적인 행동이라 생각한다.

인간임을 특징지은 '직립 보행'을 통해 '인간다움'을 조금이라도 생각하고 '진정한 나'를 잠시라도 찾을 수 있다면 이보다 의미 있고 가치 있는 일이 어디 있겠는가.

필자가 이 책을 다크투어리즘 인문 여행서라 감히 표방한 이유이다. 본 책이 역사를 만나 얘기했다고 해서 역사가의 눈으로 깊이 있는 역사를 논한 전문적인 책은 아니며 그저 여행자의 눈으로 보고 느낀 역사를 정자에 앉아 담소하는 수준으로 썼으니 이제 막 걸음마를 뗀 아가를 보는 마음으로 이해해 주시길 바랄 뿐이다. 더불어 필자에게 나 홀로 길을 걷도록 늘 동기 부여를 해 주시는 선학(先學)들께 진심으로 감사를 드린다.

끝으로 이 책을 읽는 독자분들께 자신 있게 한 말씀을 드린다.

길을 잃을 때 길을 떠나 걸으십시오.

길에서 길을 찾으실 겁니다.

I.
빙의난중일기

— 이순신의 말을 따라
길을 걷다

이순신을 아세요?

대한민국 국민이라면 이순신을 모르는 사람은 없을 것이다. 그도 그럴 것이 이순신은 한때는 통치자에 의해 모든 국민이 성웅으로 존숭해야 할 인물이었고, 초중고 교과서에도 실려 있으며 대한민국의 상징인 서울 광화문 광장에도 거대한 동상이 세워져 있는 것은 물론 아마 전국적으로도 동상이 가장 많이 세워져 있는 역사적 인물이니 시쳇말로 대한민국 국민으로서 '이순신을 모르면 간첩'일 것이다.

임진왜란 때 조선 수군의 장수로서 왜군과 싸워 수많은 해전을 승리로 이끌었고, 억울하게 파직을 당했음에도 백의종군하여 왜군을 물리쳐 나라를 구한 영웅 이순신.
"한산섬 달 밝은 밤에 수루에 홀로 앉아…"로 시작되는 시는 그의 작품이다.

이것이 우리 국민이 이순신에 대해 대략 알고 있는 바일 것이다. 나 또한 그랬다.
그러나 이순신은 그렇게 대략적으로만 알아야 할 분이 아니라는 것을 나는 김훈의 《칼의 노래》라는 소설을 읽으며 직감했다.

섬뜩했다.

비장했다.

깊은 고뇌와 외로움을 느꼈다.

소설을 읽는 내내 나는 이런 느낌을 받았다

아니, 그런 느낌은 내 느낌이 아니라 이순신의 심정이었을 거라고 생각되었다.

그래서 장수로서만이 아니라 이순신이라는 한 인간의 내면도 알고 싶어졌다.

인간 이순신을 어떻게 하면 알 수 있을까?

신언서판(身言書判)? 신언서판(信言書判)!

논어에도 "그 사람의 말을 알지 못하면 그 사람을 알 수 없다"라고 했으니 이순신을 알려면 이순신의 말과 글을 살펴보는 것이 먼저일 것이다. 그중에서도 일기는 자신의 속마음을 드러내 쓴 글이니 인간 이순신을 알고 이해하려면 이순신의 일기로 알려진 《난중일기》를 보는 것이 제일 좋을 것이다.

난중일기는 임진왜란이 일어난 해인 1592년 1월 1일부터 1598년 11월 17일까지 7년간 이순신이 진중(陳中)에서 썼던 일기다.

그러나 이 일기는 처음부터 난중일기라고 이순신이 제목을 붙인 것이 아니라, 이순신을 존경하고 추종했던 정조대왕이 1795년 이순신의 일기, 장계, 서간첩, 군무 사항 보고 기록인 임진장초와 조카 이분이 썼던 《이충무공행록》까지 통합한 《이순신전서》를 편찬할 때 일기만을 모아 난중일기라고 명명한 것이다.

난중일기를 읽었다.

섬뜩했다.

비장했다.

깊은 고뇌와 외로움이 느껴졌다.

그러나 따뜻함도 느꼈다

무엇보다도 그에게서 사람의 향기가 났다.

그러나 바위처럼 무겁고, 바닷속처럼 깊은 그의 심중을 헤아리기에는 나 자신이 너무 둔했다. 그래서 언젠가는 내가 이순신이 되어 그가 걸었던 길을 걸어 보고, 그가 싸웠던 바다에 서 보고 싶었다. 그래야 이순신의 생각과 심정을 더 잘 이해하고 느낄 수 있을 것 같았다.

삼도수군통제사 이순신.

이순신의 바다는 넓다.

전라도와 경상도 그리고 충청도의 바다가 모두 그의 바다였다. 이 넓은 바다에 이순신의 발자취와 호령이 닿지 않았던 곳은 없었다.

그러니 어느 곳, 어느 바다를 어떻게 찾아가 이순신이 되어야 하는지….

큰 바다 같은 이순신을 어찌 다 알 수 있으리오.

다만 내가 알고 있는 것에 하나라도 더 알게 되고 그를 통해 하나라도 깨달음을 얻게 된다면 이 여행은 의미 있고 가치도 있으리라.

흉중에 있는 인간 이순신의 충(진심)을 하나만이라도 안다면 그것으로 충분하다.

장흥 회령포
함 해 보자

2021.5.16. 일. 비
장흥 회령포에 왔다.
회령진성에 올랐다.
함 해 보자!

1597년 4월 1일 옥에서 풀려나 백의종군하며 연안 답사*에 나선 이순신은 8월 3일 진주에서 또다시 삼도수군통제사에 임명되었다는 교지(선조가 교지를 내린 날은 7월 23일)를 받는다.

칠천량해전에서 원균이 이끄는 조선 수군이 왜군에 궤멸에 가까운 패배를 당하며 또다시 왜의 대규모 침략(정유재란)에 맞닥뜨린 조선의 입장에서 이순신의 재기용은 불가피한 선택이면서 최선의 카드였다.

이순신은 경상도 초계(합천)에서 시작(1597년 7월 17일)한 남해 연안 500여 km 길 답사를 통해 무너진 조선 수군을 재건하는 데 진력하며 한

---

* 〈이순신 연안 답사 수군재건길〉
  초계(합천, 1597. 7. 17.)~단성~옥종~수곡~진주(8.3.)~곤양~노량~광양~하동~화개~구례~압록~곡성~옥과~석곡~창촌~순천~낙안~조양창~보성~장흥~군영구미(강진)~회령포(8.18.)

Ⅰ. 빙의난중일기 – 이순신의 말을 따라 길을 걷다

달 만에 장흥 회령포에 도착했다. 재건이라 하지만 1597년 8월 18일 이순신이 회령포에 도착했을 때 조선 수군이 보유한 전력은 칠천량해전에서 경상우수사 배설이 도망(탈영)할 때 갖고 나와 숨겨 두었던 판옥선 12척을 인계받은 것이 고작이었다.

그러나 이순신에게 이런 수적 열세는 핑곗거리가 되지 않았다. 그는 언제나 주어진 상황을 운명으로 받아들이고 죽기를 각오하고 맞섰다.

회령포에 도착한 다음 날인 1597년 8월 19일.

이순신의 엄숙하고 비장한 호령이 회령진성에 울려 퍼졌다.

> 우리는 지금 다 같이 임금의 명령을 받들었으니 의리상 같이 죽는 것이 마땅하다.
> 한 번 죽음으로써 나라에 보답하는 것이 무엇이 아까우랴. 오직 죽음만이 있을 뿐이다.
>
> - 이순신행록 -

이순신은 임금의 교지를 손에 들고 충성을 맹세하는 숙배례를 거행한 후 출정했다.

그리고는 8월 27일 해남 어란진에서 침입하는 왜선 8척을 쫓아내고 이어 9월 7일에는 진도 벽파진에서 또다시 왜선 13척을 물리쳤다.

그러나 이 두 번의 승리는 명량해전의 예행연습과도 같은 승리라고 할 수 있다.

마침 회령진성은 회진 시외버스 정류장 바로 옆에 있었다. 광주로 가는 버스를 기다리는 시간을 이용해 나는 우산을 받쳐 들고 굵은 비가 내리는 성을 걸어 올라갔다.

회령진성은 성종 21년(1490년)에 남해안에 출몰하는 왜구의 침입을 막기 위해 쌓은 성으로 동쪽으로는 고흥의 사도진, 발포진, 녹도진으로 이어지고 서쪽으로는 마도진, 이진진, 어란진으로 연결되는 조선 수군의 주요 기지였다. 원래는 10자(3m) 높이에 1,990자(약 6km) 둘레로 동문, 남문, 북문에 동헌, 객사, 군기고 등을 갖춘 성이었으나 지금은 대부분 무너져 사라지고 일부 성벽만이 토막 난 채로 남아 있었다.

나는 무너지고 끊어진 성벽 위에서 출정 결의를 다지는 이순신의 심정을 상상해 보았다.
명령과 죽음
의리와 죽음
보답과 죽음

아무리 생각해 봐도 처참히 무너져 전함이라고는 12척밖에 없는 이순신이 할 수 있는 말이란 죽기를 각오하고 싸우자는 말밖에는 없을 것 같았다. 그것이 또한 이순신답다는 생각밖에는 들지 않았다.

광주행 버스에 몸을 실었다.
버스가 달리는 길은 이순신의 길이기도 했다.
그래 내년에는 이순신의 길을 걸어 보자고
함 해 보자고 내게 호령했다.

회령진성

회령진성터에서 바라본 장흥벌판

울돌목
죽기로 한 바다

2022.5.13. 금. 흐림
진도 울돌목에 왔다.
물살이 거칠고 빠르다.
겁이 났다.

바다는 울고 있었다.

서해와 남해의 바다가 300여 m의 좁은 해협에서 만나 울면서 휘돌아 간다고 해서 울돌목(鳴梁)이다. 명량은 우리나라에서 물살이 가장 센 곳이다.

하늘은 톡 건드리기만 하면 당장 비라도 휘갈겨서 뿌릴 듯한데 울돌목은 내내 통곡하고 있었다.

바라보고 있는 눈을 할퀴고 가듯 물살은 거칠고 빨랐다.

진도대교 아래 울돌목

1597년 9월 16일.
이순신은 명량의 저 물살을 거슬러 나 홀로 배를 몰아 왜선 133척 속으로 파고들었다.

죽고자 하면 살고 살고자 하면 죽으리라!
(必死則生 必生則死)

이순신은 명량해전 전날 밤에 우수영에서 장졸들을 모아 놓고 비장하게 한 이 말을 되풀이하며 군사들을 독전했지만 장수들과 군졸들은 겁에 질려 앞으로 나갈 생각조차 못 하고 이순신의 나 홀로 분전만을 바라보고 있었다. 전라우수사로 판옥선 1척을 보태며 참전한 김억추는 일찌감치 한 마장 뒤에서 머물러 있었고 거제 현감 안위, 녹도만호 송여종도 겁에 질려 지켜보기는 매한가지였다.

이순신은 필사즉생 필생즉사를 외쳤지만, 명량에서 맞닥뜨린 왜군을 보자 부하들은 내심 이 싸움은 애당초 중과부적(衆寡不敵)의 말이 안 되는 싸움, 해 보나 마나 한 싸움이라고 생각했을 것이다. 더구나 왜선 133척은 선봉에 선 왜선의 수일 뿐 그 뒤에는 200척이 더 받치고 있어 왜선은 도합 330척인 데 반해 이순신 수군은 고작 13척의 판옥선이 전부였기 때문이다.

물론 이순신도 전력의 절대 열세는 인정했지만 그게 싸움을 피할 핑곗거리는 되지 못했다. 이순신은 언제나 주어진 여건과 상황에서 최선의 전략을 짜고 죽기를 각오하고 싸웠다.

따라서 '필사즉생 필생즉사'는 이순신의 전략도 아니고 그렇다고 무데뽀로 정신력을 강조한 말도 아니다.

그렇다면 이순신의 전략은 무엇이었나?

칠천량해전(1597년 7월 16일) 이후 왜군은 남해의 제해권을 확보하며 자신감을 회복했다. 왜군은 이런 호전된 전황을 이용해 이미 내륙의 남원과 전주를 함락하고 충청도를 점령하려는 육군과 연결하여 보급을 지원하려는 목표를 갖고 있었다.

이런 전략 목표를 달성하려면 왜의 수군은 서해를 통해 북상해야 하는데 이때 왜선의 항로는 두 개다. 하나는 명량을 통해 서해로 빠르게 가는 것이고, 또 다른 항로는 진도를 끼고 맹골 수로를 우회하여 북상하는 것이다. 따라서 판옥선 13척만을 보유한 이순신으로서는 왜군이 바다의 폭이 좁고 물살이 센 명량해협으로 들어와야만 승산이 더 높다고 판단한 것이다.

왜군의 함선이 총 330척이라도 해협의 폭이 좁아지는 곳에서는 한 번에 다 통과할 수가 없기 때문에 실제로는 적은 수의 왜선과 싸울 수 있기 때문이다.

이순신이 '일부당경 족구천부(一夫當逕 足懼千夫) - 한 명이 길목을 지키면 능히 천 명의 적을 막을 수 있다'고 한 말이나 명량해전 전에 벽파진에 진을 쳐서 왜군이 명량의 조류나 지세, 지형을 탐지하지 못하게 미리 조치를 취한 것도 명량을 전략적 싸움터로 선택한 것임을 입증해 주는 것이라 할 수 있다.

그렇다 하더라도 싸움은 사실상 이순신의 1척이 왜선 133척과 맞짱을 뜨는 형국이었다.

필사즉생 필생즉사.

이제 이순신은 이 말을 자신에게 내리는 명령으로 바꿨다. 이순신은 자신이 먼저 죽기로 작정하고 배를 움직여 적진 속으로 돌진했다. 비 오듯 화살을 쏘아 대고 천지를 뒤흔들 총통을 퍼부으며 거칠고 험한 물살을 헤치고 나가며 배에 기어오르는 왜군을 베고 찌르고 찍고 두들겨 팼다. 이러기를 한참, 일자진(一字陣)을 치고 관망만 하던 부하들이 드디어 싸움에 뛰어들며 배와 배가 부딪치고 함포에 배가 부서지고 침몰하며 배 위에선 치열한 백병전이 벌어지고 바다는 피로 물들어 갔다. 이러기를 또 한참, 바다 위에 붉은 군복을 입은 왜군의 시체가 두둥실 떠다녔다. 걷어 올려 보니 왜군 선봉장인 구루시마 미치후사(來島通總)였다. 이순신은 구루시마의 목을 잘라 창에 꽂은 후 뱃머리에 높이 세웠다. 적의 기를 완전히 꺾기 위함이었다. 아니나 다를까 이를 본 왜군은 겁에 질려 버려 완전 전의를 상실하여 퇴각하기 시작했다. 마침 조류는 바뀌어 조선 수군은 순류를 타고 왜군의 전선을 쉽게 추격, 침몰시킬 수 있었다.

왜선은 31척이 침몰, 92척이 난파되었다.

왜선 1척에 왜군 100명이 타고 있었다고 할 때 침몰당한 31척에 타고 있었던 왜병은 울돌목의 그 거칠고 빠른 물살에 모두 죽었을 것이고 격침되며 죽은 왜병은 또 얼마나 많았겠는가.

반면 이순신의 수군 피해는 전사 11명, 부상 21명뿐이었다.

아무리 생각해도 무시무시한 전투였다.

울돌목의 바다는 여전히 울고 있었다.

그 울음소리는 마치 명량해전에서 싸우다 죽어 간 병사들의 울부짖음 같았다.

나는 바다 위에 걸쳐진 난간에서 다시 울돌목을 내려다보았다.

마침 두 명의 어부가 진도대교 아래에서 뜰채질을 하고 있었다. 조류와는 반대로 뜰채를 빗질하듯 훑으니 숭어가 잡혀 올라온다.

기분이 묘하다.

진도대교 아래 숭어잡이

우수영
백(白)과 무(無)

나는 진도대교(길이 484m)를 걸어 해남 전라우수영으로 향했다.

울돌목의 진도 쪽 바다와 해남 쪽 바다를 좌우로 두리번거리며 타박타박 10여 분 걸으니 이내 해남 땅 전라우수영 관광지에 이르렀다. 관광지 매표소 앞에 강강술래 기념비가 서 있다.

강강술래는 '강한 오랑캐가 물을 건너온다'라는 강강수월래(强羌水越來)에서 유래했다는 설이 있으나 이는 그저 썰일 뿐이고, 전라도 사투리로 주위·원(圓)을 뜻하는 강강과 순라(巡羅)가 합쳐서 '주위를 경계하라'라는 말로 강강술래라는 말이 되었다는 것이 설득력이 있어 보인다.

명량대첩 때는 이순신 장군이 우수영의 조선 수군이 많은 것처럼 보이기 위해 부녀자들을 남자 차림으로 하고 옥매산* 허리에서 빙빙 돌게 했다는 일화가 전해진다.

나는 강강술래 기념탑을 천천히 돌았다.

425년 전 명량대첩이 벌어지던 때 우수영의 백성들은 이곳에서 이런 노래를 부르지 않았을까 상상해 보았다.

---

* 해남군 황산면 옥동리와 문내면 용암리 경계에 있는 산

구월 보름 밝은 달아 강강술래
우리 장군 지엄 호령 강강술래
필사즉생 필생즉사 강강술래
뱃머리에 홀로 서서 강강술래
거친 물살 헤쳐 나가 강강술래
대장 검을 휘두르니 강강술래
왜군 목숨 파리 목숨 강강술래
나뭇잎처럼 떨어지네 강강술래
용기백배 조선 수군 강강술래
적진으로 배를 몰아 강강술래
적장 머리 동강 내고 강강술래
하늘 높이 치켜드니 강강술래
겁에 질린 왜놈 장졸 강강술래
삼십육계 달아나네 강강술래
어와 좋다 강강술래
어와 좋다 강강술래

표를 끊고 강강술래를 읊조리며 덱을 따라 걸으며 울돌목을 바라보았다. 울돌목 바위 위에 작은 동상이 바다를 응시하며 서 있다.
이순신이다.
나는 그 작은 동상을 망연히 바라보았다.
이순신의 어깨가 무거워 보였다.
그가 무척 외로워 보였다.

전라우수영은 전라도의 오른쪽 바다(서쪽)를 지키는 수군으로서 전라좌수영과 경계 구역인 해남·장흥에서부터 북쪽으로는 군산까지가 관할 지역이다. 조선 초기에는 전라도 수군을 총괄하는 조선 수관으로 운영되었으나 성종 때 순천에 전라좌수영이 설치되면서 전라우수영으로 개편되었다.
　본영은 해남 문내면에 있었고 임진왜란 초기에는 이억기가 총괄하며 이순신과 연합하며 많은 전공을 세웠다.
　전라우수영 관광지를 떠나 나는 우수영 본영을 찾았다. 30~40분 걸으니 전라우수영임을 알리는 안내판이 있고, 바로 옆에 선두 마을이라 쓴 육중한 표지석이 나를 맞는다. '배를 대던 머리 마을'이란 뜻이다. 그러나 나는 이순신이 뱃머리에 서서 왜군을 무찌른 것을 암시하는 것처럼 자꾸 생각되었다. 둥그런 선을 이룬 항구에는 많은 고깃배와 거북선 모양의 여객선도 정박해 있다. 울돌목 쪽을 바라보니 뭍 안으로 움푹 들어와 울돌목의 거친 물살을 막아 주며 배들이 안전하게 정박할 수 있는 지리적 이점을 갖춘 곳임을 쉽게 알 수 있었다.

　쇠퇴해 가는 마을을 되살리는 차원에서 2015년부터 시작한 소울 프로젝트에 의해 마을은 매우 정감 있고 역사 문화의 숨결이 느껴지는 우수영 문화 마을로 새롭게 탄생했다.

　마을 안으로 들어서 걷는데 법정스님 생가 터란 안내판이 보인다. 스님의 고향이 해남이란 건 알았지만 이곳 우수영이었다니!
　너무나 반갑고 기뻤다.
　나는 스님의 흔적은 나중에 찾아보기로 하고 우선 명량대첩비로 향했다.

명량대첩비는 우수영 안길 옛 동문 자리에서 조금 더 지난 곳에 언덕을 이룬 거대한 바위 위에 세워진 비각 속에 들어 있었다. 안내문을 보니 '명량대첩비의 비문은 1686년 예조판서 이민서가 짓고, 글씨는 판돈령부사 이정영이 썼으며, 홍문관대제학 김만중이 충무이공 명량대첩비라 비의 이름을 썼는데 2년 뒤인 1688년 전라우수사 박신주가 돌에 새겨 비를 세웠다. 그 후 1942년 일제의 민족 말살 정책으로 강제 철거되어서 서울 경복궁 근정전 근처에 버려졌으나 1950년 우수영 지역 유지들이 뜻을 모아 문내면 학동리 186-7로 비를 옮겼다. 이후 국도 18호선의 확장과 고가 도로 신설 때문에 주변 경관이 나빠져 2011년 3월 처음 설립지인 지금의 위치로 옮겨졌다'라고 쓰여 있다.

명량해전만큼이나 지금의 명량대첩비가 있기까지의 역사 또한 감동적이다. 이순신만큼이나 이곳 우수영의 사람들도 영웅적이다.

명량대첩비각

명량대첩비를 뒤로하고 법정스님의 생가터로 가는 길에 나는 스님이 다녔던 우수영초등학교를 둘러봤다. 학교는 옮겨져 이전의 교사(教舍)들은 퇴락했고 운동장엔 잡초만 무성한데 운동장 한편에 법정스님이 온화한 미소로 나를 부른다.

가까이 가 보니 스님이 조계산 불일암에서 기거하며 수도하실 때 쓰던 찌그러진 나무 의자(일명 빠삐용 의자)가 놓여 있다.

스님은 형형한 눈으로 나에게 이렇게 묻는 것 같았다. 너는 지금 어디로 가는가?

법정스님의 생가터에는 작은 마을 도서관과 작은 쉼터가 조성되어 있었다. '무소유란 아무것도 갖지 않는다는 것이 아니라 불필요한 것을 갖지 않는다는 것이다'라는 말을 던지고 길을 떠나신 스님의 어깨가 무척 편안하고 가벼워 보인다.

나는 쉼터의 작은 바위 위에 앉아 이순신의 백의종군과 법정스님의 무소유에 대해 잠시 생각해 보았다. 백(白)과 무(無)는 말은 다르지만 뜻은 같다.

내려놓고 비우는 삶이 아니었던가. 두 분은 길은 다르지만 도착지는 같지 않았던가. 그래서 이순신은 위기의 나라와 백성을 구했고, 법정은 중생을 탐욕의 번뇌와 고통에서 구하지 않았던가.

그러니 백(白)과 무(無)는 같은 거다.

그러나 나 같은 실개울이 대양(大洋)과 같은 두 분의 삶과 생각을 어찌 다 알겠는가?

모레면 보름인데 달은 뜨지 않았다.

바다는 고요하고 사위는 깜깜했다.
나는 서둘러 자리에서 일어났다.

구 우수영초교 운동장의 법정스님 의자

고금도
노제(路祭)

2022. 5. 14. 토. 맑음
고금도 월송대 앞에 섰다.
소나무는 푸르고 사방은 고요하다.
그러나 외롭지는 않았다.

   고금도 월송대는 노량해전에서 서거하신 이순신의 유해가 가묘 상태로 80여 일간 안장되어 있던 곳이다. 월송대(月松臺)라는 이름에 걸맞게 주변에는 온통 푸르른 아름드리 소나무들로 둘러싸여 있고 장군이 누워 있었던 자리에는 풀 한 포기 없이 깨끗하다.

고금도 월송대

　나는 소나무에 기대어 장군의 유해가 아산으로 가기 전에 왜 이곳에서 잠시 머물렀을까, 혹시 노제라는 의미를 가진 것은 아닐까 하고 생각해 보았다.
　고금도는 이순신이 죽어서라도 잠시 머물다가 갈 분명한 이유가 있는 곳이었다.
　명량대첩 후 이순신은 보화도(목포 고하도)에 통제영을 꾸렸다. 그러나 고하도는 서쪽 끝에 치우쳐 있어 남해 좌우 바다 모두를 경계하는 데 어려움이 있었다. 이런 이유로 이순신은 고하도에서 겨울을 난 후 1598년 2월 이곳 고금도로 수군 통제영을 옮겼다.
　고금도는 남해 바다 좌우를 통제하기에 좋았고 산봉우리도 중첩되어 있어 형세가 좋았다. 무엇보다도 고금도는 어족 자원이 풍부할 뿐 아니라 동·남쪽으로 평야가 넓어 군량미를 확보하기가 쉬운 요충지였다. 이순신은 고금도에서 직업이 없는 사람들에게 둔전을 경작하게 하고 어부들에게는 해로통행첩을 발행하여 군비를 마련한 후 그 돈으로 착실하게 수군의 전력을 강화했다. 고금도 통제영 시절, 전함은 50여 척, 수군의 수는 8,000여 명이나 되었고 군량미도 1만여 석을 확보하였으니 조선 수군은 이제 어느 정도 재건이 되었다고 할 수 있었다. 그러나 이 시절 이순신의 몸은 병으로 많이 앓은 것으로 보인다. 이순신은 고금도에 있을 때 벗처럼 지냈던 현덕승에게 '나는 오랜 진중 생활로 수염과 머리가 모두 희어져서 훗날 만나면 누군지 알아보지 못할 겁니다'라고 편지를 썼다. 또한 난중일기에는 1598년 1월부터 9월까지의 일기가 없는데 이로 보아 고금도 통제영 시절에 이순신은 병과 외로움으로 힘겨운 생활을 한 것으로 보인다.

헝클어진 흰 수염과 흰머리를 한 채 '훗날 나를 만나면 나를 알아보지 못할 것이다'라고 편지를 쓰는 이순신을 떠올리니 쓸쓸하고 외로운 장군의 심경이 느껴진다.

월송대 바로 뒤편에는 이순신을 모신 사당인 충무사가 있다. 원래는 명나라 도독으로 참전한 진린이 관우를 배향하기 위해 세운 것인데 현종 때는 관우와 진린을 함께 배향했고 숙종 때는 이순신을 더해 3명을 배향했다. 그러나 일제 강점기 때는 제사조차 지내지 못하다가 1963년에 충무사로 새로 세워졌다.

사당에는 아무도 없었다.

짙푸른 소나무 병풍 앞에 세워진 빨간 관복 차림을 한 장군의 영정만이 나를 맞아 주고 있었다.

나는 장군께 한참 동안 깊게 머리 숙였다.

고금도 충무사

　고금도는 이순신이 마지막으로 통제영을 꾸렸던 곳이고 그의 유해가 80일간 안장되었던 곳임에도 불구하고 많이 알려지지도 않았고 교통도 그다지 좋지 않아서인지 찾아오는 사람도 많지 않은 것 같았다.(지금은 고금대교와 장보고대교 건설로 육지와 연결되어 있다.) 그래서 나는 더욱 고금도로 이순신을 만나러 간 것이다. 그리고 그곳에서 나는 이순신의 후예를 만났다.

　고금도 이순신 유적지에서 문화 해설사로 봉사 활동을 하는 박현 선생이 바로 그분이다.

　박현 선생은 특전사 대령 출신으로 예편을 한 후 아내의 고향인 이곳 고금도로 내려와 미술관과 마을 학교를 운영하면서 이순신의 모든 것을 더욱 많은 사람에게 알리고자 문화 해설사로 봉사를 하고 계셨다. 이순신을 매개로 이야기를 하다 보니 우리는 금방 오랜 친구처럼 가까워졌다.(실제 나이도 비슷하다.)

박현 선생은 나를 집으로 초대했다.

차를 마실 때도 이순신, 저녁까지 융숭하게 얻어먹으며 우리는 이순신을 말했는데 잠까지 자고 가라신다. 내어준 방으로 들어가니 이순신에 관한 책들이 즐비하다.

발바닥에 와 닿는 나무 마루의 촉감과 앞마당에서 불어오는 봄밤의 흙냄새, 모내기를 앞둔 논에서 들려오는 개구리 소리, 낮은 담벼락 너머로 보이는 희미한 불빛.

이 모든 것이 충무공이 나를 위해 내려 주신 은덕 같았다.

잠자리에 누웠다.

따뜻했다.

외롭지 않았다.

2022년 5월 31일.

박현 선생이 콩을 심었다는 문자를 보내 왔다.

나는 '콩 심은 데 콩 난다'라고 답해 주었다.

(이는 이순신을 좋아하고 따르면 이순신처럼 된다는 뜻이다.)

여행의 즐거움은 '새로움과 자유'다.

여기에 더하여 '또 다른 나'를 만나는 것은 무한한 기쁨이다.

나는 고금도에서 이순신을 통해 또 하나의 이순신을 만나는 기쁨을 누렸다.

그 기쁨을 나는 박현 선생께 이렇게 표현했다.

고금도 수효사 뒤 낮은 처마 집
작은 바위 정초 삼아 윤기 담은 장독들
바닷바람 맞으며 금강 반야 읽는 자는 그 누구뇨

그대는 대사인가 처사인가?

오호라
눈 씻고 가만 보니
충무공을 닮은 성백[*]이구나

---

*   박현 선생의 아호로 백성을 거꾸로 한 것이라 함.

보성
말도 안 되는 말

2022.5.15. 일. 맑음
보성 들판에 보리가 누렇게 잘 익었다.
많은 것을 보고 들었다.
말도 안 되는 말을 들었다.

1597년 8월 3일 연간 답사길에 진주에서 다시 삼도수군통제사로 임명되었다는 교지를 받은 이순신은 구례, 곡성, 옥과, 순천을 거쳐 8월 9일에는 보성에 도착했다.

이순신은 보성에서 10일간(8월 9일~8월 18일) 머물렀는데 이는 초계(합천)에서 회령포(장흥)까지의 한 달간의 조선 수군 재건을 위한 연안 답사길 중 한 지역에서 가장 오래 머무른 것이다. 그만큼 보성에서 중요하게 처리한 일이 많았다는 것을 의미한다. 한 일이 많은 만큼 듣고 보고 느끼고 생각하고 경험한 일도 많았다.

보성에 도착한 이순신은 먼저 조양현 성의 군량 창고인 조양창(兆陽倉, 현재 보성군 조성면 고내 마을)으로 달려갔다. 다행히 창고에는 곡식이 봉인된 상태로 고스란히 남아 있었다. 이때 확보한 군량은 오곡으로 600석인데 이는 600명의 군사가 1년이나 먹을 수 있는 식량이었다고 한다. 이순신은 백성들의 도움을 받아 이 군량을 군영구미(현 장흥 선학 마을)로 옮겼다. 이순신이 보성에 머무르자 이전 이순신의 휘하에서 함께 전투에 참여했던 군사들이 다시 이순신의 휘하로 들어왔다. 이들은 원균이 칠천량해전에서 패하여 조선 수군이 무너진 이후 이곳 벌교, 보성 등에서 의병으로 활동하다 이순신이 삼도수군통제사로 재임명되어 보성에 들어오자 기꺼이 수군에 자원입대한 것이다. 그리하여 수군 15명을 이끌고 연안 답사를 시작하며 조선 수군의 재건을 위해 진력해 온 이순신은 보성에서 수군 120여 명과 군량미 600석을 확보하고 배설이 도망하며 감춰 둔 판옥선 12척을 인수할 준비를 갖춤으로써 조선 수군 재건의 기반을 마련할 수 있었다.

이순신이 수군 재건을 위해 사력을 다하고 있는 와중에 이순신은 8월 15일 열선루에서 선전관 박천봉으로부터 선조의 명령지를 전달받는다. 그 내용은 '수군을 해체하라'라는 것이었다.(선조가 명령을 내린 날은 8월 7일)

불과 10여 일 전에 삼도수군통제사로 임명되었는데 수군을 해체하라니….
이런 말도 안 되는 명령을 내리다니….
이순신은 도무지 이해할 수 없었다.
도무지 이런 말도 안 되는 일이 어찌 있을 수 있는가?
이순신은 바로 열선루에서 왕에게 올리는 장계를 썼다.

　　　지금 신에게는 아직 12척의 배가 있습니다.
　　　(今臣戰舟 尙有十二)

나아가 죽기로 힘을 다해 막아 싸운다면
오히려 해낼 수 있습니다.
(出死力拒戰 則猶可爲也)

지금 만약 수군을 해체한다면 이는 적이 바라는 바입니다.
(今若全廢舟師 則是賊之所以爲幸)

그러므로 적들은 호남, 충청을 지나 한강에 다다를 것이니, 이것이
바로 신이 두려워하는 바입니다.
(而由湖忠右達於漢水 此臣之所恐也)

비록 전선은 적으나 보잘것없는 신이 죽지 않으면
적은 감히 우리를 깔보지 못할 것입니다.
(戰船雖寡 微臣不死 則賊不敢侮我矣)

이것이 바로 이순신의 유명한 상유십이(尙有十二) 장계다.

이순신은 말도 안 되는 선조의 명령에 이처럼 거침없이 휘갈겨 썼다.
항명이었다. 이건 분명한 항명이었다.
왕에게 그것도 전시에 어떻게 항명을 할 수 있단 말인가. 따지고 보면 이 또한 말도 안 되는 일이었다. 그러나 이순신은 주저 없이 거침없이 장계를 올렸다.
자신이 죽는 것은 문제가 되지 않았다. 자신은 이미 오래전에 죽기를 각오한 몸이었다. 그러므로 비록 항명의 죄로 죽는다 하더라도 선조의 '수군

을 해체하고 권율의 육군에 합류해 도우라'라는 명령만은 도저히 받아들일 수가 없었던 것이다. 바다를 포기한다는 것은 바로 조선을 포기한다는 것이기 때문이다. 선조의 명령과 이순신의 장계를 보면 당시 왜군과의 전쟁에 임하는 두 개의 상이한 전략적 시각이 담겨 있음을 알 수 있다. 사실 조정에는 임진왜란 초기부터 일본은 섬나라 수군이 강할 것이니 바다는 포기하고 육지에서 싸우는 게 유리하다는 생각을 한 자들이 있었다. 반면 이순신은 제해권을 장악해 왜군이 남해를 지나 충청, 한강으로 들어가는 것을 막아 적의 보급로를 끊어야만 전쟁을 승리로 이끌 수 있다는 확신을 갖고 있었다.

도대체 수군 폐지를 결정하게 한 근거는 무엇이고 누가 이런 결정을 하게 한 것인지….

전쟁 초기 이순신이 바다를 장악하고 있었기에 왜군을 고립시키고 명의 도움으로 한양으로 환도할 수 있었음은 삼척동자도 아는 일인데 도대체 이런 말도 안 되는 결정을 내리다니….

선조는 정말 다른 의도는 없었는지….

나는 열선루를 바라보며 하염없이 상념에 사로잡혔다.(보성군청 인근 신흥동산에 있는 열선루는 복원 공사 중이라 누에 올라가지는 못했다.)

문득 2014년 진도 앞바다에서 세월호가 침몰하여 304명이 사망한 사고가 터지자 수습이랍시고 '해경을 해체한다'고 말하는 '그때 그 사람'이 오버랩되었다.

열선루

그날은 마침 팔월 보름 한가윗날이었고 밤하늘엔 둥그런 달이 떠 있었다. 이날 1597년 정유년 8월 15일 이순신은 난중일기에 이렇게 썼다.

'과음을 해서 잠을 들 수가 없었다.'

나도 모르게 가슴이 아려오는 듯했다.

이때 이순신 곁에 동지이자 벗인 선거이라도 있었으면 술이라도 같이 들며 위로라도 했을 텐데 그때 이순신 곁엔 아무도 없었다.
선거이는 이순신이 녹둔도에서 조산보 만호로 근무할 때 여진족을 함께

I. 빙의난중일기 – 이순신의 말을 따라 길을 걷다   43

물리치면서 이순신과 절친한 사이가 되었고, 진도군수로 있을 때는 이순신과 함께 한산도대첩에 참가해 공을 세우기도 했던 장수였다. 1595년 9월 14일 난중일기에는 충청 수사를 마치고 함경감사로 떠나는 선거이와의 이별을 아쉬워하는 〈증별선수사거이(贈別宣水使居怡)〉라는 한시가 실려 있다.

북쪽에 가서는 함께 일하고 함께 괴로워하고
(北去同勤苦)
남쪽에 와서는 생사를 함께했네
(南來共死生)
오늘 밤 밝은 달 아래서 한 잔 술을 나누며
(一杯今夜月)
내일 헤어지는 정을 나누네
(明日別離情)

정말이지 이때 이순신 곁에는 아무도 없었다.

나는 보성군청 뒤쪽 부근에 있는 방진관을 찾았다.

방진은 보성군수를 지낸 무인으로 이순신의 장인이다. 이순신의 집안은 원래는 문반 명문가였으나, 이순신은 21살 때(1565년) 전라 순찰사를 지낸 이준경의 중매로 19살이었던 방진의 딸과 결혼을 한 후 32살에 무과에 급제하기까지 11년간 보성에서 살았다. 일테면 처가살이라 할까. 암튼 이순신은 부인 방 씨에게 장가를 갔다. 이순신이 무과로 전향한 것은 장인인 방진의 영향이 컸던 것으로 보이며, 이순신이 활을 잘 쏘게 된 것도 당대 명궁이었던 장인의 힘이 컸던 것 같다.

그런데 이순신의 부인인 방 씨는 방수진(方守震), 방태평(方太平)이란 이름으로 불렸는데 이는 방 씨 부인이 12살 때 화적이 보성에 침입해 왔을 때 영민하고 담대한 행동으로 군수였던 아버지 방진을 지키고, 고을을 태평하게 했다는 일화에서 얻어진 이름이라고 한다. 어쨌든 방 씨 부인은 아버지 방진을 닮아 총명하면서도 대담한 성격을 가진 여장부였던 것 같다. 요즘 말로 인물만을 따지고 보면 이순신은 '장가를 잘 갔고, 방수진은 시집을 잘 갔다.'

잠깐 여기서 '장가간다', '시집간다'라는 말이 임진왜란과 나름대로 관계가 있다는 점을 짚고 가자.

임진왜란 전까지는 조선의 결혼 풍습은 '남귀여가혼(男歸女家婚)'이었다. 즉 남자가 여자 집에 가서 혼인한 후 돌아온다는 것이 일반적인 결혼 방식이었다. 말하자면 일정 기간 처가살이를 한 후 돌아오는 것이다. 대개 돌아오는 때는 첫아이를 난 후이지만 경우에 따라서는 아예 처가에서 눌러살기도 했다. 율곡과 신사임당이 파주가 아닌 강릉에서 주로 살았던 것을 생각하면 쉽게 이해가 갈 것이다. 말하자면 신랑이 신부 쪽으로 '장가간 것'이다. 이 남귀여가혼이 임진왜란을 계기로 서서히 약해지더니 18세기에는 완전히 사라지게 된다.

대신에 임진왜란 후에는 신부를 신랑의 집으로 데려와서 혼례를 치르는 '친영례(親迎禮)'가 보편적인 결혼 풍속으로 확산되기 시작했다. 말하자면 친영례는 '시집간다(신부가 시댁으로 간다)'라는 뜻을 담고 있다.

이처럼 임진왜란과 정유재란은 조선 사회를 뿌리째 흔들어 놓은 역사적 전쟁이었다. 서예 류성룡이 쓴 《징비록》에 의하면 왜군과의 7년간의 싸움

기간에 굶주림에 못 견딘 백성들이 아이를 서로 바꿔 먹기도 했다니 그 참상을 어찌 다 말로 할 수 있겠는가. 조선 인구가 삼분의 일 이상 줄었다니 그 피해와 영향이 얼마나 컸는지는 더 이상 말할 필요가 없는 것이다.

보성 방진관에도 이순신의 후예는 있었다. 김 선생이란 분이셨다.
김 선생은 초등학교 교사로 일하시다 정년 퇴임을 하고 이곳에서 문화 해설사로 일하고 계셨다. 김 선생의 친절에 이끌려 사무실에서 차를 마시며 이런 저런 얘기를 한참 나누는데 김 선생께서 자신이 재임 시절 경험한 이야기를 들려주신다.

어느 가을날에 학교 교장 선생이 김 선생을 부르더니 대뜸 "김 선생은 인사를 할 줄 모르네" 하더란다. 그래서 김 선생은 "교장 선생님, 저 인사 드렸는데요" 하였더니 교장 선생이 물끄러미 김 선생을 쳐다보더니 가더라는 것이다.
김 선생이 마음이 개운치 않아 다른 선생들에게 그 얘기를 했더니 그때 모두 웃더라는 것이다.
나는 세상에는 말도 안 되는 명령을 내리는 왕이나 말도 안 되는 말을 부끄럼 하나 없이 하는 선생도 많구나 하며 허탈한 마음만 들었다.

나는 버스를 타고 벌교를 향했다.
차창 밖으로 보성 들판의 누렇게 잘 익은 보리가 스쳐 지나갔다. 이곳의 바다는 득량만(得糧灣)이라 불린다. 득량이라는 이름은 이순신이 이곳에서 군량미를 얻었기에 붙인 이름이란다. 이름만큼 아름답고 이름만 들어도 배가 부르다.

　벌교 시외버스 터미널 뒤 제석산 아래 자락에는 조정래 선생의 태백산맥 문학관이 자리 잡고 있다.
　나는 문학관을 둘러보고 중도방죽을 거쳐 정유재란 시 이순신이 부용산성으로 가기 위해 건넜다는 뗏목다리(筏橋)* 로 발걸음을 재촉했다.
　해는 한참 기울어져 어두워지기 시작했다.

해질녘 벌교

---

*　벌교라는 지명은 이 뗏목다리에서 유래했으며 현재는 벌교 홍교가 세워져 있다.

발포
잘 해낼랑가?

2022. 5. 16. 월. 맑음
고흥발포 바다에 처음 왔다.
한적했다.
은근히 걱정되었다.

고흥(조선 시대 명칭은 흥양) 발포는 이순신이 수군으로서 처음 근무를 한 곳이다. 1562년 2월 무과에 급제한 이순신이 권관(종9품)으로 발령을 받아 첫 근무를 시작한 곳은 함경도였다. 그 후 한양 훈련원 봉사(종8품)와 충청 병마절도사 군관을 거쳐 1580년 7월, 이순신은 종4품으로 승진하여 고흥 발포진 만호로 부임하였다.

전라좌수영이 관할하는 지역은 5관(순천 낙안 고흥 보성 광양) 5포(방답 발포 녹도 사도 여도)인데 그중 1관 4포(발포 녹도 사도 여도)가 고흥에 속해 있으니 고흥은 그야말로 전라좌수영의 중심 지역이었다. 거북선 5호가 고흥 선소에서 제작되었고 이순신이 왜군과의 7년 전쟁을 치르는 동안 고흥에서만 모두 6번의 군사 활동을 전개했다는 사실에 미루어 보더라도 고흥은 조선 수군의 최고 기지였음을 알 수 있다.

    이순신은 고흥 발포진에서 18개월(1580년 7월~1582년 1월)간 근무했으나 순탄치만은 않았다. 사실 이순신이 발포 만호를 그만두게 된 것은 표면적으로는 무기 관리 소홀에 의한 파직 때문이나 진짜 이유는 '괘씸죄'로 보복을 당했다.

    내막은 이랬다.
1582년 1월 한양에서 군기경차관(군의 훈련 상태, 무기, 보급품 등의 보존 및 관리 상태를 조사하는 검열관) 서익이라는 자가 발포진에 내려왔는데 이자가 '이순신의 무기 관리가 소홀하다'라고 트집을 잡고 사실과 다른 보고를 올린 것이다. 그러나 서익은 이순신이 훈련원 봉사로 재직할 때 이순신의 상사로서 자신과 친분이 있는 사람을 승진시키라고 압력을 넣었는데 이때 이순신은 청탁 압력을 거부하였다. '무기 관리 소홀'은 하나의 구실일 뿐이었다.

    또 이런 일도 있었다.
하루는 당시 전라좌수사였던 성박이 부하를 시켜 발포진 관아 뜰에 있는 오동나무를 거문고로 만들겠다는 이유로 베어 오라고 했다. 이 말을 들은 이순신은 "관아의 뜰에 있는 나무도 나라의 것이니 사사로이 베어서 쓸 수 없다"라고 물리쳤다.
    이 일이 있고 난 뒤 앞서 말한 서익이라는 자가 무기를 검열한다고 내려왔으니 이순신의 파직은 서익과 성박의 합작품일 개연성이 짙다.

이처럼 발포는 이순신에게는 첫 바다 근무지이기도 하지만 공직자로 시련을 겪게 한 곳이기도 했다.

발포(鉢浦)는 이름 그대로 사발 모양을 한 포구다. 전에는 뭍 안쪽으로 깊숙이 들어와 있어 내포(內浦)라 했는데 지리 형세가 사발 모양을 하고 있어 발포라고 했단다.

나는 발포리 마을 회관 버스정류장에서 내려 하얀 등대가 세워져 있는 방파제를 향해 천천히 걸었다. 하늘은 맑고 바람은 잠잠한데 바다는 봄볕을 쬔 잔물결이 반짝거리고 있었다. 포구에는 배들이 즐비하고 방파제 난간에는 어망이 길게 주르륵 걸려 있어 발포가 지금도 만만치 않은 곳임을 말해주고 있었다.

나는 등대가 세워진 방파제 끝에서 사방을 둘러보았다. 북쪽으로는 가운데 도제산을 중심으로 동서 좌우로 능선이 이어져 있는데 도제산 바로 남쪽 기슭에 발포진성을 쌓고 관아를 두었다. 진성 바로 앞 남쪽은 바다로 연결되는데 배가 정박할 수 있는 곳은 안으로 깊숙이 들어와 있고 포구 밖은 섬들이 막고 있어 그 모습이 영락없이 사발 모양이다. 누가 보더라도 발포는 수군 기지로서 천혜의 조건을 갖춘 곳이라는 것을 알 수 있었다.

고흥 발포

나는 발포진성 관아터로 발걸음을 옮기며 '이순신은 수군으로서는 첫 근무지인 이곳에 왔을 때 과연 무슨 생각을 했을까?'하고 상상해 보았다.

나는 이순신도 발포 바다에 처음 와서는 '내가 잘 해낼 수 있을까?' 하며 걱정을 하지 않았을까 하는 생각이 들었다.

우리에게 지금의 이순신은 두려움을 모르는 영웅이요, 전쟁의 신으로 받아들여지지만, 당시 수군으로서 처음으로 발포진의 책임자로서 부임하면서 느꼈을 이순신의 심정은 '내가 잘 해낼 수 있을까?' 하는 것이 아니었을까? 이순신도 사람인 이상 한 번도 경험치 못한 수군을 감당해야 할 때 왜 걱정이 안 되겠는가.

그러나 걱정은 강한 책임감의 또 다른 일면이기에 이순신은 '내가 잘 해낼 수 있을까?' 하고 걱정만 하지 않고 '잘 해내겠다!'를 반복해서 다짐하면서 자신을 경계하고 준비했을 것이다.

주변은 적막감을 느낄 정도로 고요하고 한적했다.
이런저런 상념에 사로잡혀 걷고 있는데 포구 모퉁이에서 어망과 어구를 손질하는 노부부가 눈에 띄었다. 반가웠다. 사람이 반가웠다. 다가가 인사를 건네니 살갑게 받아 주시며 이야기를 풀어내신다. 고흥의 내력, 고흥의 사는 형편, 이 고장 인물, 세상 돌아가는 일에 이르기까지 두 분은 고흥에 대해 자부심이 대단했다.

발포진성은 조선 성종 21년에 둘레 1,360척(626m), 높이 13척(6m) 규모로 축조되었으나 지금은 일부 성벽만이 남아 있다.
동헌, 객사 등도 없어지고 그 자리에는 이 고장 주민들이 힘을 모아 1980년에 세운 이순신 사당 충무사와 '이순신의 오동나무 일화'에 담긴 정신을 일깨우기 위해 조성된 광장이 있다. 충무사는 코로나 전염 예방 관계로 문이 잠겨 있어 참배할 수 없어 문틈으로만 살짝 사당을 들여다보고, 계단을 내려와 청렴광장이라 이름 지어진 오동나무 사건이 벌어진 곳으로 갔다. 그때 전라좌수사 성박이 베어 오라고 한 그때 그 오동나무는 아니지만 다른 오동나무가 옅은 보랏빛 꽃을 피운 채 서 있었다.

발포진성 안의 오동나무

관청뜰 안에 있는 오동나무를 자신의 유흥을 위한 거문고를 만들기 위해 베라고 하다니….

이런 공사(公私) 구분을 못 하는 자가 자신의 상관인 전라좌수사로 떡 버티고 앉아 있었으니 이순신은 얼마나 걱정이 많았겠는가? 이런 이순신의 속 끓는 마음을 알았는지 광장박석에는 '나라를 걱정하는 생각에 조금도 마음이 놓이지 않는다. – 난중일기 –'라는 글을 새겨 놓았다.

예나 지금이나 권력을 사유화해 자기 뱃속을 채우는 자가 얼마나 많은가. 아까 어망을 손질하며 세상 돌아가는 얘기를 나눌 때 촌부가 혀를 차며 했던 말이 내 귓전을 때린다.

"잘 해낼랑가…."

걱정했던 대로 발포에는 식당이 없어 마을 유일한 구멍가게에서 어렵게 컵라면으로 점심을 때운 후 나는 녹도로 향했다. 녹도로 가는 내내 나는 오늘 중 여도와 사도까지 갈 수 있을지를 걱정했다.

(결국, 나는 녹도에서 쌍충사*만을 답사하고 고흥에서의 일정을 마칠 수밖에 없었다.)

---

* 쌍충사는 선조 20년(1587년) 손죽도(여수) 해전에서 왜군과 싸우다 순국한 녹도만호 이대원과 임진왜란 당시 이순신의 4차 해전(1592년 9월 1일)인 부산포해전에서 순국한 정운 장군을 모신 사당으로 녹도항 어시장 인근에 있다.

예교성
토착 왜구

2022.5.17. 화. 맑음
순천왜성에 올랐다.
마음이 심란했다.

1598년 8월 18일.
도요토미 히데요시가 죽었다.
도요토미 히데요시가 누군가.
'명나라를 치려고 하니 길을 내달라(征明假道)'는 구실을 붙여 임진왜란을 일으킨 왜의 지배자(관백)인 그가 죽은 것이다. 그의 죽음은 왜국 내 권력이 공백 상태가 되었음과 동시에 조선과의 전쟁도 더는 치를 수 없는 상황이 벌어졌음을 의미했다.

도요토미 히데요시의 죽음이 왜군의 철군에 결정에 계기가 된 것은 분명하지만 당시의 전황을 놓고 보더라도 왜군은 더 진격하지 못하고 점점 수세에 몰리는 형국이었다. 이는 이순신이 명량대첩(1597년 9월 16일)을 승리로 이끌고 고금도에 수군 통제영을 설치(1598년 2월)해 남해의 제해권을 다시 장악한 것과 함께 왜군이 경기도 직산에서 명나라군에 막혀 남해안으로 후퇴하여 장기전을 대비해야 하는 상황에서 왜군의 사기가 크게 떨어져 있었기 때문이었다.

이러한 상황에서 조명 연합군은 사로병진작전(四路竝進作戰)을 전개하기로 한다.

사로병진작전은 명나라 병부상서 형개와 경리인 양호가 수립한 작전으로 조명 연합군을 동로군(東路軍), 중로군(中路軍), 서로군(西路軍), 남로군(南路軍,水軍)으로 나눠 육지와 바다에서 동시에 공격함으로써 왜군을 몰아내겠다는 계획이다. 이 작전 계획에 따라 조명 연합군의 서로군(권율·유정)과 수군(이순신·진린)은 순천 왜성에 틀어박혀 있는 고니시 유키나가(小西行長)를 공격하기로 했다.

연합군으로 전투를 치르기로는 했으나 조선과 명의 생각은 판이하게 달랐다. 명군은 전쟁이 파장으로 가는 마당에 조선을 위해 목숨을 걸고 싸울 마음이 없었다. 적당히 구실과 명분을 들어 고니시 유키나가의 퇴로를 열어주고 공적만 챙기자는 심산이 강했다. 실제 유정은 고니시 유키나가로부터 뇌물도 챙겼으며 조명 수군이 왜군과 전투를 벌임에도 팔짱을 낀 채 수수방관했으며 도망까지 치는 행태를 벌였다.

이순신은 이를 난중일기에 이렇게 썼다.

> 1598년 10월 6일. 맑으나 서북풍이 세게 붐.
>
> 도원수가 군사를 보내 편지로 알렸다.
> "유 제독이 도망가려고 합니다."

통분 통분할 뿐이다
장차 나라가 어찌 될 것인지….

명수군 도독 진린도 정도의 차이는 있으나 기본 입장은 유정과 비슷했다. 당시 이순신과 진린은 순천 왜성을 봉쇄하고 있었으나 진린은 봉쇄를 풀고 남해를 공격하자고 주장했다. 이는 사실상 봉쇄를 풀고 고니시 유키나가의 퇴로를 열어 주자는 얘기였다. 이에 이순신은 "남해의 적들은 왜적의 포로로 잡혀 협박 때문에 따르는 사람(조선 백성)일 뿐 진짜 왜적은 아니다"라며 반대했다.

반면 이순신의 목표는 순천왜성에 갇혀 있는 왜군을 모두 섬멸하는 것이었다.

이순신은 진린에게 피를 토하듯 이렇게 말했다.

"장수는 화친을 말할 수 없소.
원수는 놓아 보내 줄 수 없소.
이 왜적은 황제께서도 용서할 수 없는데, 대인께서는 도리어 화친을 허락하려고 하십니까?"

진린은 결국 이순신에게 설득되어 함께 왜군을 공격하기로 결의한다.

순천왜성전투는 정유재란 때 육지에서 벌어진 마지막 전투이자 최대 규모의 전투였다. 조명 연합군은 육군·수군 도합 4만 2천여 명이 참전했고 왜군은 육군·수군 모두 2만 5천 명 정도였다. 전투는 1598년 9월 중순에서 11월 중순까지 치열하게 벌어졌고 이순신은 개전 첫날 순천 왜성 앞에 있는 장도를 공략해 정박해 있던 왜 전함 30척을 침몰시키고 11척은 나포했으며 왜 군량미는 불태웠으며 포로로 잡혀 있던 조선인 300여 명도 데리고 오는 전과를 올렸다.

 조명 연합군은 함포와 활을 쏴 대고 사다리를 걸쳐 문책을 넘어 성안으로 진입을 시도했으나 성안에 웅크리고 저항하는 왜군도 만만찮았다. 무엇보다도 순천왜성은 천혜의 요새였다.

정왜기공도권에 실린 순천왜성

 순천왜성은 삼면(동·남·북)이 바다에 접해 있어 육지에서 공격이 가능한 곳은 서쪽뿐이다. 성은 다섯 겹으로 만들어졌는데 외성과 내성 사이에는 바닷물을 끌어들여 해자를 만들고 그 위에 다리를 만들어 필요할 때 사용했다고 한다. 멀리서 보면 성과 육지가 다리로 연결된 듯이 보여 왜교성(倭橋城) 또는 예교성(曳橋城)이라고도 한다. 또한, 성 앞의 바다는 조수 간만의 차가 커서 썰물 때는 진린 군의 배가 갯벌에 빠져 전투는 고사하고 위험에 빠지는 상황도 벌어졌다.

아무튼, 조명 연합군은 고니시 유키나가 군을 섬멸하기 위해 다양한 전법을 구사하며 성을 공격했으나 끝내 순천왜성을 점령하고 왜군을 격멸하지는 못했다. 고니시 유키나가는 성을 빠져나와 남해 쪽으로 도망쳤고 순천왜성 앞바다에 본국으로 탈출하기 위해 대기하고 있던 수백 척도 남해 쪽으로 움직이기 시작했다.

나는 순천왜성을 천천히 걸으며 둘러보았다.
순천왜성은 고니시 유키나가가 1597년 9월부터 쌓기 시작하여 3개월만인 12월에 축성을 끝냈다. 면적은 18만 8천㎡(약 6만여 평)에 외성 둘레 길이는 2,502m로 왜군 1만 5천 명이 주둔했단다. 둘러본 순천왜성은 매우 견고하게 쌓였음을 능히 확인할 수 있었다. 이렇게 크고 견고한 성을 불과 3개월 만에 쌓았다니….
수많은 조선의 백성들이 노역에 동원되었을 것이다. 그리고 1만 5천 명의 왜군이 성안에 주둔하는 동안 우리 백성들은 얼마나 착취를 당했을까 하는 생각에 속이 쓰렸다.

천수각(성의 가장 높은 곳에 있었던 왜군 지휘소) 터에 앉아 내려다보았다. 아래 가까이는 율촌산업단지가 멀리는 광양제철소가 아스라이 보인다.

문득 2019년 여름을 뜨겁게 달구었던 우리나라에 대한 일본의 무역 보복 전쟁과 임진왜란, 정유재란 때의 항왜자(降倭者)와 순왜자(順倭者)란 말이 오버랩되어 떠올랐다.

항왜자는 왜군으로서 조선에 협력한 사람이고 순왜자는 조선 사람으로 왜군 편에 서서 협력한 사람을 말한다. 전쟁 중에는 어쩔 수 없이 적군에 협력한 사람도 있기 마련이다. 앞서 기술한바 같이 진린이 남해의 적을 치자고 했을 때 이순신이 "그들은 포로로 잡혀 협박 때문에 따르는 조선 백성일 뿐"이라고 한 말이 이의 경우이다. 또한 항왜자 중에는 탈영병이 많았다.

그러나 조선 사람으로서 스스로 왜군의 앞잡이가 되어 왜군을 도운 '진짜 순왜자'도 많았을 것이다. 이런 '진짜 순왜자'들의 협력 없이 성안에서 오랫동안 버틴다는 것은 현실적으로 어려운 일이기 때문이다. 사실 왜군이 남해안 일대에 30여 개의 왜성을 쌓은 것은 왜성을 베이스캠프로 삼아 장기전에 대비하자는 전략의 일환이었다.

2019년 일본은 반도체와 디스플레이 제조에 필수 소재인 불화수소나 포토레지스트, 플루오린 폴리이미르 3개 품목에 대한 한국 수출 금지 결정을 내리며 우리를 위협했다. 이때 대부분의 우리 언론과 일부 지식인, 일부 국민은 일본과의 경제 전쟁은 절대 승리할 수 없으니 일본에 사과하고 요구를 받아들이라고 아우성쳤다. 그러나 문재인 정부는 일본과의 화친을 거부하는 대신 '소부장(소재·부품·장비)의 국산화' 정책을 강력히 추진했고 대다수 국민은 일본 제품 불매 운동에 나섰다. 결과는 대성공이었다.

나는 순천 왜성을 드나들며 자발적으로 왜군을 도운 '진짜 순왜자'가 요즘 말로 쉽게 말하면 토착 왜구가 아닐까 하고 생각했다.

순천왜성에서 바라본 여수·광양 산업 단지

멀리 신성리 마을 낮은 산자락에 기와지붕이 보인다. 이순신을 모신 충무사다. 나는 순천왜성을 내려와 충무사를 향해 다시 걸었다

낭도
바다를 알아야

2022.5.18. 수. 맑음
양수 대신 섬으로 갔다.
바다를 알고 싶었다.

    임진왜란이 일어나기 1년 전인 1591년 2월 이순신은 당시 이조판서였던 서예 류성룡의 천거로 전라좌수사에 임명되었다.
    종6품 정읍 현감에서 정3품 당상관인 전라좌수사로 승진한 것은 파격적인 승진이다. 그러므로 조정에서도 이순신의 임명에 대해 비판이 있었다. 이에 류성룡은 이러한 비판을 피하면서도 이순신을 중용하기 위해 우선 이순신을 진도 현감(종4품)으로 임명한 후 다시 일주일 만에 신안 가리포 첨사(종3품)로 발령한 후 부임도 하기 전에 전라좌수사로 임명을 하였다. 이와 같은 이순신의 전라좌수사 발령이 편법적 중용처럼 보일 수도 있지만, 이순신의 전라좌수사 임명을 반대한 것은 사실은 당파적 입장 때문이었다는 것도 부인할 수 없다. 이순신은 이미 1580년에 종4품의 발포만호를 한 적이 있었고 선조 또한 "무관은 계급에 상관없이 유능한 인재를 천거하라"라는 무신불차탁용(無臣不次擢用)을 천명했기 때문이다. 따라서 이순신의 전라좌수사 임명 반대는 남인이었던 류성룡의 천거에 대한 반대 성격이 강한 것이었다. 또한 당시 조정에서는 왜군의 침략에 대한 전운이 감지되고 있던 터라 선조는 무신불차탁용령을 내렸던 것이고 이에 류성룡은 어릴 적부터 이순신의 성품과 능력을 잘 알고 있었기에 그의 임명을 강력하게 밀어붙였다. 징비록에서 류성룡은 이순신에 대해 이렇게 썼다.

"순신은 말과 웃음이 적고 바르고 단정해 몸을 닦고 언행을 삼가하는 선비와 같았으나 속으로는 담력이 있었다."

한마디로 류성룡은 이순신을 '문무를 겸비한 외유내강의 장수'로 평가한 것이다.

전라좌수사는 전라좌수영의 군사권을 가진 최고의 지방관이다. 앞서 기술했듯이 전라좌수사는 5관 5포를 관할했으나 이는 전라우수사(이억기) 12관 15포, 경상우수사(원균) 8관 16포, 경상좌수사(박홍) 18관 16포보다는 관할 지역이 적었다. 이는 병력이나 물자를 동원하기가 그만큼 어려웠다는 것을 의미한다.

그러나 이순신은 이런 여건을 극복하고 불과 1년 만에 전라좌수영을 탄탄한 전력을 갖춘 조선 최강의 수군으로 육성해 냈다. 이순신이 이처럼 단기간에 전라좌수영을 강군으로 키워 낼 수 있었던 것은 이순신은 현장을 잘 알고 이에 맞춰 징병, 훈련, 함선과 화포 제작, 군량미 확보를 위한 준비를 철저하게 한 것과 솔선수범의 리더십을 보여 주었기 때문이다.

난중일기는 임진년(1592년) 1월부터 썼기 때문에 전쟁 준비 기간의 일기는 없으나 임진왜란 중에 쓴 일기를 통해 이순신이 현장을 잘 파악하고 이에 맞춰 얼마나 철저히 준비를 했는지 추측해 볼 수 있다.

각 관방의 회계를 따졌다. 순천 관내의 호구조사와 병역 기피자 색출을 기한 내에 끝내지 못했기에 대장(代將), 아전, 훈련 책임자 등을 문책했다.

- 난중일기. 1592년 3월 20일 -

군사를 선발하는 데 부지런하지 못해 결원이 거의 100여 명에 이를 정도로 많았다. 그러나 매번 거짓으로 대처하기에 사형에 처했다.

- 난중일기. 1593년 6월 8일 -

순찰사가 공문을 보냈다. 군사들의 친척까지 징발하는 일은 금한다고 적혀 있었다. 순찰사가 새로 부임해서 이곳 사정을 모른다.

- 난중일기. 1593년 9월 3일 -

무엇보다도 이순신은 바다의 특성을 정확하게 알고 이에 맞는 전법을 썼으며 부하들의 특성을 소상히 파악해서 적재적소에 배치함으로써 연전연승을 거둘 수 있었다.

명량해전에는 일자진(一字陣)으로 한산도 해전에서는 학익진(鶴翼陣)으로 그리고 노량해전에는 첨자찰진(尖字札陳)으로 대승을 거둔 것이다. 이는 바로 이순신이 바다 곳곳의 특성을 정확히 알고 이에 맞는 전략과 전술을 구사하고 이를 잘 실행해 낼 수 있는 인물들을 배치한 결과이다. 정운, 나대용, 이영남, 송희립, 어영담 등이 바로 그런 장수들이었다. 조선 수군 중에 특별히 기억하고 그 공로를 인정해야 사람이 노를 짓는 격군이다. 조선 수군의 주력선인 판옥선은 왜선보다 크고 단단하고 무겁기 때문에 거친 바다에서 싸움을 하거나 이동할 때 일사불란하게 노를 젓는 것이 중요했다. 이런 이유로 이순신은 키가 작고 가슴팍이 두꺼운 장정을 뽑아 격군으로 썼다. 이렇듯 이순신은 군영을 꾸리고 전쟁을 준비하는 모든 것이 치밀하고 철두철미했다. 수군은 육군보다 천시받았고 그중에서도 격군은 가장 힘든 보직이었다. 그래서 격군에는 노비 출신이 가장 많았는데 이순신은 이들에게 이름을 지어 주었다. 이는 승리 시 장계에 이들의 이름을 올려 챙겨 주고 사망 시에는 이들의 장례를 치러 주기 위한 이순신의 따뜻한 배려였다.

이순신은 바로 이런 장수였다. 이순신에게는 이런 따뜻함과 사람의 향기가 있었다. 이순신을 흠모했던 정조가 화성을 축성할 때 대장장이, 미장이, 석수, 목수 등의 이름을 일일이 돌 등에 새겨 넣은 것은 바로 이순신에게서 배운 것일지도 모른다.

나는 낭도 둘레길을 따라 걸었다.

섬들이 점점이 박혀 있는 바다는 고요했다.

이순신도 낭도를 걸었을지 모른다. 그러나 이순신의 발걸음은 분명 나와는 달랐을 것이다.

낭도 절경인 신선대, 주상절리, 천선대조차도 그에게는 오직 전쟁을 승리로 이끌기 위한 지형·지세로만 보였을 것 같다. 낭도 앞에 있는 사도의 거북바위를 보고 거북선의 영감을 얻었다는 이야기가 전해지니 말이다.

이순신은 그렇게 온몸으로 온 마음으로 바다를 알고 또 알려고 했을 것이다.

나는 걷고 또 걸었다.

걷고 걸으니 규포 마을이 나왔다. 마을 어르신께 버스 시간을 물으니 한참 후에나 온다고 한다.

나도 바다를 알고 싶어 규포 마을에서 출발지였던 여산 마을을 향해 다시 걷기 시작했다.
걷는 사이 어느덧 해는 고흥 바다 너머로 넘어가고 있었다.

낭도에서 바라 본 바다

여수 통제영
귀가

2022.5.19. 목. 흐렸다 맑음.
여수로 돌아왔다.
좌수영 주변을 두루 살폈다.
집에 온 것처럼 편안했다.

예나 지금이나 군인들은 임지를 따라 자주 사는 곳을 옮길 수밖에 없다. 이순신 또한 그랬다. 21세 결혼해서 32세에 무과에 급제한 후 함경도 한양 충청도 전라도 등을 옮겨 다니며 살아야만 했다.

그중에서도 여수는 군인 이순신에게는 고향과 같은 곳이다. 여수는 성종 10년(1479년) 내래포에 수군 만호영이 설치되면서 해남은 전라우수영, 여수는 전라좌수영이 되었는데 이순신은 1591년 2월 전라좌수사로 임명되어 여수에 온 후로 임진왜란·정유재란 해전의 23차례 중 17전(1차 옥포해전~17차 웅포해전)을 전라좌수영 군을 이끌고 싸웠고 첫 번째 삼도수군통제사로 임명된 1593년 8월 이후도 여수는 삼도수군통제영의 본영이 있었던 곳이니 여수는 이순신에게는 고향과 같은 곳이라 할 수 있다. 실제로 이순신은 1593년에 충남 아산에 계신 어머니를 이곳 여수로 모셔와 돌아가시기

전인 1598년까지 5년간 살게 하였다.

　한마디로 여수는 조선 수군의 본거지였고 그 중심에는 이순신이 있었다.

　수군이니 수군 전력의 핵심은 당연히 전선(戰船)이다. 당시 조선 수군의 주력함은 판옥선이었는데 판옥선은 재질이 단단한 소나무나 참나무로 만들어 튼튼했다. 반면 왜군의 주력선 아다케부네(安宅船)과 세키부네(關船)는 재질이 무른 삼나무로 만들어 판옥선과 부딪치면 깨지고 쉽게 흔들렸다. 크기와 높이 또한 판옥선은 왜선보다 높고 컸다. 그러므로 왜병들이 우리 배로 기어오르기가 쉽지 않았다. 왜군은 접근전을 벌인 후 배에 기어올라 배 위에서 백병전을 벌이는 게 주특기였는데 판옥선이 높으니 이런 전술을 구사하기가 쉽지 않았다. 무엇보다도 판옥선과 왜선의 두드러진 차이는 배의 바닥에 있었다. 판옥선은 배의 바닥이 U자 모양의 평저선(平底船)이나 왜선은 바닥이 V자 모양인 첨저선(尖底船)이었다. 따라서 판옥선은 속도는 떨어지나 제자리에서 360도 선회할 수 있었다. 반면 왜선은 선회는 쉽지 않았으나 항해 속도는 빨랐다. 이러므로 조선 수군은 흔들림이 덜한 배 위에서 화포를 쏠 수 있어 명중률이 높았다. 양군의 전술 차이를 복싱으로 비유하자면 조선 수군은 아웃복싱이고 왜군은 인파이터 복싱을 주 전술로 삼았다고 할 수 있다. 거북선은 왜군의 전술에 선제적으로 대응하기 위해 개발 제조한 전선이라 할 수 있다. 즉 판옥선 위에 지붕을 덮고 철갑을 두른 후 쇠못을 박고 칼을 꽂은 것이다. 그러니 왜군의 주특기인 배 위에 올라와 백병전을 벌이는 것이 불가능해진 것이다. 더구나 거북선이 돌격해 왜선들을 헤집어 놓고 천자·지자·현자총통의 화포로 공격하니 왜군은 속수무책으로 당할 수밖에 없었다. 이순신은 이처럼 적을 알고 이에 맞는 전함을 개발, 제조하고 전술을 개발해 낸 것이다. 거북선과 전선 개발 제조에 지대한 공을 세운 사람이 바로 나주 출신의 나대용이고 판옥선과 거북선은 여수에 있는 3곳(돌산 방답진, 본영 앞, 쌍봉)의 선소(船所)에서 만들었다.

여수로 돌아온 나는 아침에 시전동 소재 옛 쌍봉 선소를 찾아갔다.

선소에는 배를 건조하고 수리하고 피항시켰던 굴강과 배를 메어 두는 시설인 계선주가 복원되어 있었고 그 뒤로는 지휘소로 쓰였던 세검정과 무기고가 있었다.

여수 쌍봉선소

고향은 어머니와 같은 곳이다.

그래서 누구라도 고향에 가면 어머니를 먼저 찾게 된다. 이순신도 아마 그랬을 것 같다.

난중일기를 처음 쓰기 시작한 1592년 1월 1일에는 이런 글이 쓰여 있다.

> 어머니를 떠나서 다시 남쪽에서 설을 보내니 지극한 회한을 이길 수 없다.

난중일기에는 어머니를 그리는 글이 80여 차례나 나온다. 그만큼 이순신은 어머니를 생각하는 마음이 지극한 효자였고 어머니 변 씨 또한 이순신을 끔찍이 위하고 의지했다.

여기서 잠깐 이순신의 가족 관계에 대해 살펴보고 가자.

이순신의 본관은 덕수 이씨이고 아버지 이정과 어머니 초계 변씨 사이에 4남 1녀 중 셋째로 한양 건천동(현재 인현동)에서 1545년 3월 8일(음력) 태어났다. 형님 두 분의 이름은 희신·요신이고 동생은 우신이다. 아버지 이정은 중국 고대 전설상의 인물이었던 복희씨(주역의 저자이자 수렵과 어업을 가르쳤다고 전해짐)와 태평성대의 상징이었던 요임금, 순임금과 하나라 시조인 우왕에서 이름을 따왔다. 그러나 위로 두 분의 형님들은 병으로 일찍 사망하였고 이에 따라 이순신은 사실상 장남이 되어 형님의 가족들까지 보살피게 되었다.

이순신이 47세 때인 1589년 정읍 현감으로 내려올 때 이순신은 혼자가 되신 어머니와 가족 그리고 형님 가족들까지 모두 데리고 왔다. 이에 대해 주변에서 이러쿵저러쿵하며 비난했으나 이순신은 "그럼 가족을 버리란 말이냐!"라며 일축해 버렸다.

그 내용이 《이순신행록》에는 이렇게 쓰여 있다.

내가 차라리 식구를 많이 데려온 죄를 지을지언정 이 의지할 곳이 없는 것들을 돌보지 않을 수 없다.

이순신은 이런 사람이었다.

사실 공자는 지금 사람들이 보통 말하는 충(忠)을 말하지 않았다. 공자는 다만 효제(孝悌)를 말할 뿐이었다. "효가 백행의 근본이다"라고 말하는 근거이기도 하다.

여수에는 이순신의 어머니가 기거했던 집이 있다. 앞서 기술했듯이 이순신은 1593년 전라좌수사가 된 후 아산에 계신 어머니를 여수 정대수 장군 집으로 모셨다.

나는 '이충무공 자당 기거지'라 이름 붙여진 그곳을 찾아갔다.

이충무공 자당 기거지는 웅천동 송현 마을(옛 지명 고음천) 송현초등학교 바로 밑에 있었다. 아담한 일자 형태의 한옥인데 방 안을 들여다보니 이순신이 어머니 앞에서 무릎을 꿇고 문안을 드리는 모형이 설치되어 있다. 이순신은 수시로 고음천으로 와서 어머니를 살폈다. 심지어 전장으로 나가는 마당에서도 어머니를 뵙고 안심을 시켜드렸다.

> 아침에 어머니를 뵈려고 배를 타고 바람을 따라 곧바로 고음천에 갔다.
> …
> 어머니를 뵈니 아직 일어나지 않으셨다. 숨소리는 매우 약했지만,

말씀은 어긋나지 않으셨다.

적을 토벌하는 일이 급해서 오래 머물지 못했다

- 난중일기. 1594년 1월 11일 -

이순신은 이런 사람이었다.

이충무공 자당 기거지

이충무공 자당 기거지에 남아 있는 유품으로는 절구통과 무쇠솥밖에 없다고 한다.

나는 마당 한쪽에 있는 느티나무 그늘의 평상에 앉아 조그맣게 난 문을 바라보았다.

지금 당장이라도 이순신이 대문을 밀치고 들어오며 이렇게 말하는 것 같았다.

순신: 엄니~~

어머니: 오매 우리 순신이 왔능가.

　　　　얼릉 앉거라.

순신: 엄니 나 시방 왜놈들 모가지 뿐지르러

　　　후딱 가야 써.

어머니: 아따 쫌만 지둘러라.

　　　　나가 싸게 밥 지어 올랑께.

　그런 어머니가 이순신이 모함으로 감옥에 갇히자(1597년 3월) 아들을 만나기 위해 뱃길로 한양으로 가다가 배 위에서 돌아가셨다.

　그때 이순신은 감옥에서 석방(1597년 4월 1일) 되어 백의종군 중이었다. 종으로부터 어머니의 부음을 전달받은 이순신은 통곡했다.

　억울하게 옥살이를 한 것도 통곡할 일인데 백의종군 길에서 하늘과 같은 어머니의 부음을 전해 받고 어찌 통곡하지 않을 수 있겠는가.

　그때의 심정을 이순신은 일기에 이렇게 썼다.

　　　배에서 달려온 종 순화가 어머니가 돌아가셨다는 소식을 전했다.
　　　방을 뛰쳐나가 뒹굴었다.
　　　하늘의 해조차 캄캄했다.

　　　　　　　　　　　- 난중일기. 1597년 4월 13일 -

　이순신은 어머니의 임종은커녕 장례조차 치르지 못하고 경상도 초계(합천)로 가는 백의종군 길을 재촉해야만 했다. 당시 조선은 효도를 가장 으뜸의 덕목으로 삼는 사회였다. 그래서 부모상을 당하면 벼슬도 내려놓고 삼년상을 치렀다. 그런데 이순신은 상주인데도 장례식조차 제대로 치를 수 없었다.

선조라는 임금은 그런 인간이었다.

나도 이제 집으로 돌아가야 했다.

나는 집으로 가기 전에 충민사를 찾았다.

여수 충민사는 노량해전에서 이순신이 서거(1598년 11월 19일)한 후 1601년(선조 34년)에 영의정 이항복이 발의하고 통제사였던 이시언이 왕명을 받아 건립한 최초의 사액 이순신 사당이다.

나는 충민사의 이순신 영정 앞에서 오랫동안 머리를 숙였다.

장군이 없었다면 조선도 없었다!

(若無李公 是無朝鮮)

그렇다면 지금의 나 또한 없었을지도 모른다.

이게 역사다.

집으로 갈 시간이 되었다.

부산포
오른팔을 잃은 아픔

2022.10.12. 수. 맑음
부산이다.
부산에 오면 생각나는 인물들이 많다.
이순신의 오른팔 정운 장군도 그중 하나다.

일주일 전 10월 5일은 부산 시민의 날이었다.
  그러나 거리의 모습을 보니 부산 시민의 날 행사를 치른 흔적은 눈에 띄지 않는다. 인터넷 검색을 해 보니 올 시민의 날 행사는 시청 대강당에서 조촐히 치렀다고 한다.
  부산 시민의 날은 이순신의 4차 출정인 부산포해전에서 승리한 날인 1592년 음력 9월 1일을 양력으로 바꿔 정한 것이다.

  사실 임진왜란 때 부산포는 왜군의 본진이자 심장부였다. 그런 만큼 부산포에는 도요토미 히데요시의 양자로서 사령관 역할을 맡았던 도요토미 히데카츠와 정예 장수들이 집결하고 있었고 함선도 470척에 7만의 병력이 주둔하고 있었다.

옥포에서 서전을 장식한 후 연전연승하고 한산도에서도 큰 승리를 거둔 바 있어 이순신 군의 사기는 드높았고, 왜군은 두려움에 위축되어 있었음은 분명하지만 그래도 절대 전력에서는 왜군이 압도적으로 우위에 있었다. 조선 수군은 전라좌수사 이순신, 전라우수사 이억기, 경상우수사 원균의 판옥선 모두를 합해 봐야 74척에 불과했다. 그래서 이억기와 원균은 내일을 기약하자며 싸우기를 주저했다. 그러나 정운은 적의 기를 살려 주어서는 안 된다며 싸울 것을 강력히 주장했다. 이순신은 정운의 주장을 받아들여 부산포 결전을 결단했고 결국 왜선 128척을 침몰시키는 대승을 거두었다. 외형적 전과로만 본다면 한산도대첩보다 큰 승리를 거두었다. 그러나 이 전투에서 정운은 왜군의 총탄을 맞아 전사했다.

여기서 한 가지 짚고 넘어갈 대목이 있다.

1592년 4월 13일 임진왜란이 발발한 후 이순신이 1593년 8월 15일 삼도수군통제사로 임명되기까지 해전은 모두 경상도의 바다에서 이뤄졌다. 이때까지 이순신은 전라좌수사였고 이억기는 전라우수사, 원균은 경상우수사, 박홍은 경상좌수사였다. 정상적이라면 경상도의 바다에서 벌어진 싸움은 박홍이나 원균이 지휘하여 치러지는 것이 맞다. 그러나 임진왜란이 터지자 박홍은 싸우지도 않고 육지로 도망쳤고, 원균은 도망치지는 않았으나 청야 작전이란 명목하에 자신이 타고 도망 다닐 1척의 판옥선을 제외하곤 모든 판옥선과 군수품 등을 수장시키고 이순신에게 도움을 청했다. 이순신은 이런 상황에 직면하여 경상 수군 담당 지역으로의 출정을 조정에 물었다. 조정의 대답은 '알아서 하라'였다.

이처럼 무능하고 무책임할 수가 있는가!

이순신도 고민이었다.

이때 나선 자가 바로 정운이다.

"경상도의 바다는 우리의 바다가 아닙니까?"라고 외쳤다.

마침내 이순신은 출정을 결심했다.

이게 바로 이순신이 경상도의 바다에서 싸움을 시작한 히스토리다. 말하자면 터프가이 정운이 이순신을 움직인 것이다.

정운(1543~1592년)은 본래 전라도 해남 사람이다.(당시 해남은 영암군에 속해 있었다.)

본관은 하동으로 27세에 무과 식년시에 급제한 후 함경도, 강령, 웅천, 제주에서 근무한 후 1591년 흥양 녹도만호(현 고흥 녹도)로 부임하면서 이순신과 인연을 맺었다.

어디서나 강직하고 정의로워 상사의 미움을 받아 파직도 당했다. 성품이나 스타일이 이순신과 비슷하다. 그래서 이순신은 그를 신임했고 중용했다.

역시 장부는 자기를 알아주는 사람을 위해 목숨을 던지는가 보다.

정운은 이렇게 부산포해전에서 순국했다.

나는 정운을 만나러 몰운대로 향했다.

부산 지하철 1호선 종점인 다대포역에서 내려 조금 걸으면 몰운대(沒雲臺)가 나온다. 16세기까지는 섬(몰운도)이었으나 낙동강에서 흘러내려 오는 흙과 모래가 쌓이면서 다대포와 연결되었다. 안개와 구름이 낀 날이면 그 속에 잠겨 보이지 않아서 몰운대라 불렀다고 한다.

정운은 부산포해전에 앞서 벌어진 다대포 화준구미(몰운대의 화손대와 고래섬 사이) 싸움 때 몰운대를 지나면서 부하에게 지명을 물었는데 몰운대라 답하자 "몰운대라, 내 이름 정운의 운(運)과 몰운대의 운(雲)이 같은 음이니 내가 여기서 죽을 것이다"라고 했다는 것이다.

아, 이를 어쩌란 말이냐!

부하들을 독전하기 위해 한 말이 씨가 되어 자신은 죽음에 이르렀으니 하늘은 어찌 이리 무심하단 말인가!
죽음을 두려워하지 않고 싸우려는 상무의 기백까지 정운은 이순신과 닮았다.
몰운대를 빽빽이 둘러싸고 덮고 있는 숲 사이로 파란 바다 빛이 들어온다. 모자를 벗으니 바다 쪽에서 불어오는 바람에 이마에 젖어 있던 땀들이 한순간 날아간다. 시원해진 눈과 몸에 힘입어 바다 끝 가파른 절벽 길을 내려가니 기암괴석과 넓은 너럭바위가 어우러져 장관을 이루고 있다. 바로 몰운대 제일의 절경인 화손대다.
화손대 갯바위에는 강태공들 서넛이 낚싯대들을 드리우고 있다.

몰운대 화손대

나는 화손대 바위에 오랫동안 걸터앉아 있었다.

많은 상념이 떠올랐다.

자기 뜻과 생각, 기질, 스타일까지 비슷해서 늘 믿음직스러웠던 정운이 전사했을 때 이순신의 마음은 어땠을까?

이순신은 정운을 추모하는 제문*에서 애절한 심정을 이렇게 밝혔다.

…

그대와 함께 의논하자 해를 보듯 밝았도다
계획을 세우고서 배를 이어 나갈 적에
죽음을 무릅쓰고 앞장서 나가더니
왜적들 수백 명이 한꺼번에 피 흘리며

…

어찌 뜻했으랴 하늘이 돕지 않아 적탄에 맞을 줄을
저 푸른 하늘이여 알지 못할 일이로다

…

평생에 통분함이 이 위에 더할쏘냐
여기까지 쓰고 나도 살을 에듯 아프구나
믿는 이 그대인데 이제는 어이할꼬

---

* 황현필, 《이순신의 바다》, 183~184쪽 재인용

…
나라 위에 던진 그 몸 죽어도 살았도다
슬프다 이 세상에 누가 내 속을 알아주리
극진한 정성으로 한잔 술을 바치노라
어허, 슬프도다

'자신의 오른팔이 잘려 나간 듯한 아픔과 비통함'이 고스란히 전해 왔다.

불현듯 김대중 대통령이 노무현 대통령의 영결식에서 "내 오른팔이 잘려 나간 것 같다"라며 오열하던 장면이 상기되자 내 가슴이 뜨거워졌다.

화손대를 떠나 정운공 순의비를 찾아 나섰다.
가파른 절벽 길을 다시 올라와 야트막한 오르막길을 5분여 걸으니 삼거리 길 앞에 당당한 건물 한 채가 떡 버티고 서 있다. 다대포진성의 동헌으로 쓰였던 건물이란다. 동헌에 다가가 보니 수호각(睡虎閣)이란 편액이 걸려 있다.
직역하자면 수호는 '잠자는 호랑이'란 뜻이다.
적이 침략했을 때 싸우기도 전에 줄행랑을 친 박홍과 원균은 잠자는 호랑이도 잠자는 고양이도 못 되는 자들이지만 이순신과 정운은 '잠자는 척 호시우행'한 용맹하고 지혜로운 호랑이였다.
다대포 동헌을 바라보며 왼쪽 길로 650여 m 걸어가니 정운공 순의비가 비각 안에 서 있다.
나는 모자를 벗고 머리 숙여 깊이 공을 추모했다.
정운 공은 정말 진짜 사나이였다고.

정운 장군은 진짜 장수였다고.

순의비를 떠나 몰운대 자갈마당 쪽으로 방향을 잡아 걷는데 해안선 벼랑 곳곳에 철조망과 콘크리트 진지가 구축되어 있다.
미국과 중국의 힘겨루기가 거세지고 그 틈새에서 군국재무장을 강화하며 독도 주변을 수시로 넘나드는 일본을 생각하니 이 군사 진지는 마치 일본군을 막기 위해 쌓아 논 것처럼 보였다.

정운공 순의비각

하늘 한 번, 바다 한 번 번갈아 바라보며 걷는다.
다대포 바다 너머로 해가 넘어간다.
역시나 아름답다.

거제
서전의 바다, 통한의 바다

2022.10.13. 목. 맑으나 바람이 셈.
이른 아침 걸어 옥포대첩기념공원으로 갔다.
날씨는 변함없이 맑았으나 바람이 셌다.
마음이 산란했다.

전날 묵은 옥포 국제시장 부근의 숙소를 나와 걸어서 옥포대첩기념공원을 향했다.
가파른 고갯길 넘어 오른쪽 옥포만의 푸른 바다를 바라보며 걸으니 팔랑포에서 옥포대첩기념공원 입구까지 가는 차도 변에는 이순신 장군의 동상이 연이어 도열해 있다. 마치 장군이 자신을 찾아오는 이 백성을 영접하는 것 같은 느낌을 받았다.
이렇게 황송할 수가!

옥포는 임진왜란 당시 이순신이 처음 출전해 승리한 바다다.
경상우수사 관할 구역인 옥포에 전라좌수사인 이순신이 출정하게 된 배경과 연유는 앞서 기술한 바와 같다. 이순신은 1592년 5월 4일 여수 본영을 떠나 남해 미조항을 거쳐 고성 앞 소비포에서 하룻밤을 지낸 후 5월 5일 당포에서 원균과 합류한 후 거제 송미포에서 1박을 더한 후 옥포에 당도했다. 이때 이순신 수군의 주력선인 판옥선은 모두 28척으로 전라좌수영 소속의 24척과 원균이 타고 도망 다닌 판옥선 1척, 도망갔다 이순신이 출정했다는 소식을 듣고 합류한 병사들이 갖고 온 판옥선이 3척이었다. 원균은 사실상 싸우기 위해 합류했다기보다는 살기 위해 이순신에게 피신해 왔다고 하는 게 맞다.

어쨌든 이순신이 옥포 바다에 도착했을 때 척후병 역할을 하는 포작선(고기잡이배)로부터 왜선 50여 척이 옥포만에 정박해 있고 왜군들이 섬에 상륙해 노략질하고 있다는 소식이 전해졌다.

이순신은 함대를 이끌고 서서히 옥포 앞바다로 다가갔다. 그러나 조선 수군을 본 왜장 도도 다카토라와 왜군들은 두려운 기색이 전혀 없었다. 그도 그럴 것이 4월 13일 처음 부산에 상륙하여 지금까지 왜군들은 조선 수군의 저항을 한 번도 받은 적이 없었기 때문이다. 그들은 조선 수군의 존재 자체를 아예 무시하고 있었다. 그랬기에 왜군들은 이순신이란 이름조차 듣지 못했다.

이순신도 첫 싸움이라 긴장하기는 마찬가지였다. 이순신은 모든 병사에게 명령을 내렸다.

가벼이 움직이지 말고 산처럼 신중하라!
(勿令妄動 靜重如山 - 물령망동 정중여산)

이순신은 옥포만 쪽으로 서서히 움직였다. 그런 후 왜선과의 계산된 거리에 이르렀을 때 판옥선의 뱃머리를 90도 꺾은 다음 총통에 의한 집중 함포 사격을 감행했다. 왜군은 조총을 쏘며 대응했으나 조총의 탄환은 우리 판옥선에 한참 못 미친 바다에만 떨어질 뿐이었다.

이순신 함대의 함포 공격에 왜선은 부서지고 물이 차서 격침되면서 왜군들은 물고기 밥이 되었다.

왜군 함선 26척이 침몰되었고 왜군 4,000여 명이 죽었다. 반면 이순신 군의 피해는 단지 1명만이 부상을 당했을 뿐이었다. 이순신의 완벽한 승리였다. 이순신은 이처럼 서전을 통쾌하게 승리로 장식했다.

객관적인 전력이 열세임에도 불구하고 이순신이 이처럼 완승을 거둘 수 있었던 것은 이순신의 치밀한 전략의 결과라 할 수 있다.

왜군의 특기는 접근전이다. 즉 왜군의 주력 무기는 속도가 빠른 함선과 조총과 칼이다. 왜군은 배에 가까이 접근해서 조총을 쏴 대고 배에 올라타서 칼을 휘두르며 백병전을 치르는 병법을 잘한다.

반면 조선군의 주 무기는 속도는 느리나 방향 선회가 쉬운 판옥선과 사정거리가 긴 총통과 활이다. 따라서 일정한 거리를 두고 총통으로 적선을 먼저 격파시켜 전열을 분열시키는 전법을 쓴 것이다.

실제 조선 수군의 총통들(천자 · 지자 · 현자 · 황자)들은 유효 사정거리가 1,000여 m이다. 반면 왜군 조총의 유효사거리는 70~80m이다.

이러니 멀찌감치 떨어져 포사격을 가하는 이순신을 어찌 당해 낼 수 있겠는가?

총통으로 적의 전열을 흐트러트리고 전의를 상실한 왜군에 다가가서 단단한 판옥선으로 무른 왜선들을 들이박으며 활과 창으로 왜군을 사살하니 왜군은 속수무책으로 당할 수밖에 없었다.

'지피지기면 백전백승'이라는 전쟁의 격언을 이순신은 확실하게 보여 준 것이다.

공원 내 거대하게 솟아 있는 옥포대첩비 앞에서 머리 숙여 장군께 경배하고 돌아와 옥포루 앞 벤치에 걸터앉았다. 막 떠오른 아침 햇살을 받은 옥포의 윤슬은 눈부신데 바람과 물결이 부딪쳐 토해 내는 소리는 기괴하고도 묘한 소리다.

저 깊은 바닷속에서 끓어오르는 듯한 소리는 중저음의 묵직하고 위엄 있는 장군의 목소리 같기도 하고, 한편으로는 수장된 왜군들이 살기 위해 짖어 대는 아비규환의 절규 같기도 하다.

첫 승전의 바다 옥포만

나는 공원을 빠져나와 남파랑 길을 따라 옥포항까지 다시 걷기로 했다.

길을 걷는 내내 내 시야에는 옥포만에 있는 대우해양조선소가 들어온다. 건조 중인 선박의 규모가 보기만 해도 어마어마하다. 섬나라인 일본을 제치고 우리가 조선 업계 세계 1위를 지키고 있는 것에 새삼 자부심과 자긍심이 생긴다. 조선소를 바라보며 걸으니 2019년에 벌어진 한일 무역 전쟁이 다시 떠올랐다. 일본이 소재, 부품, 장비 분야의 장점을 내세워 우리를 안보와 경제적으로 압박할 때 우리 국민은 정부를 믿고 일치단결해서 결국은 이겨냈다. 이때 우리 내부에서는 일본과 싸우면 우리가 질 수밖에 없으니 일본에 요구를 받아들여 타협하자는 자들이 있었다. 그렇게 하는 것이 신중한 대처라고 그들은 주장했다. 그러나 그들의 말은 신중을 가장한 비겁과 무능, 자신 없는 나약함이었을 뿐이라고 생각한다. 임진왜란 때 원균과 박홍도 그랬다. 이들은 싸워 보지도 않았고, 아예 처음부터 싸울 생각조차 하지 않고 도망쳤다.

갖가지 상념과 상상에 발목이 잡히고 옥포의 아름다운 바다가 자꾸 내 눈을 묶으니 불과 2km 정도밖에 되지 않는 거리를 2시간이나 걸려 옥포항에 당도했다.

이순신이 지킨 바다에서 건져 올린 생선으로 맛있게 점심을 먹고 나는 칠천량으로 향했다.

칠천량은 거제 본섬과 칠천도 사이의 좁은 바다를 말한다.

조선 수군에게는 통한의 바다다. 1597년 7월 16일 정유재란 때 조선 수군이 재기 불능한 궤멸적 패배를 당한 곳이다. 물론 이때 이순신은 칠천량의 바다에 없었고 대신 원균이 있었다. 이때 이순신은 삼도수군통제사 파직(1597년 1월) – 한양 압송(1597년 2월) – 투옥·고문(1597년 3월) – 백의종군 및 모친 부음(1597년 4월)과 같은 견디기 어려운 고난의 길을 겪고 있을 때였다.

이러한 고난은 삼도수군통제사의 파직으로부터 시작되었고 그 이면에는 왜놈 요시다의 간계와 선조의 이순신에 대한 의심 때문이었다.

임진왜란 발발 후 한양을 버리고 피신해 있던 선조가 1593년 4월 한양을 수복, 환도한 후, 전쟁은 교착 상태로 빠졌고 명나라와 왜는 강화 협상을 시작하였으나 피차 서로 수용할 수 없는 조건을 내세움으로써 1596년 9월 협상은 마침내 깨졌고 왜는 1597년 1월 가토 기요마사를 앞세워 다시 침략하였다(정유재란).

이때 왜장 고니시 유키나가의 부하였다가 항왜자(조선에 항복한 왜군)가 된 요시다라는 자가 좌의정 김응남에게 "가토 기요마사가 대마도에 와 있으니 조선은 이들을 공격해 전쟁을 끝내야 한다. 이것이 고니시 유키나가의 뜻이기도 하다"라고 말했다.

고니시 유키나가와 가토 기요마사는 앙숙 관계로 서로 공을 다투며 반목하는 사이였다. 김응남도 이들 둘의 관계를 알고 있었으므로 선조는 요시다의 말을 믿고 이순신에게 출격을 명령했다. 그러나 이순신은 요시다의 말을 신뢰할 수 없었고 부산과 대마도 사이에는 섬도 없고 정박지도 없어 싸움이 불리하다고 판단하여 요격을 주저했다.

선조는 이를 빌미로 이순신을 파직시키고 항명을 이유로 한양으로 압송, 구금시켰다.

그러나 이는 표면적인 이유일 뿐이다.

해전에서 이순신이 연전연승을 하여 백성들의 이순신에 대한 신뢰와 존경이 하늘을 찌를 듯해지자 조정에는 이순신을 시기하는 자들이 많았고 선조 또한 이순신을 의심하고 두려워했다. 이런 상황에서 이순신이 요격을 주저하자 선조는 이순신을 파직하고 투옥한 것이다.

이순신이 삼도수군통제사로 있을 때는 이순신을 비방, 비난했던 원균은 자신이 막상 통제사가 되니 출정을 미적거렸다. 오히려 육군 5,000여 명까지 지원받아 부산포로 출진했으나 패하고 돌아왔다. 이에 원균은 도원수인 권율에게 곤장까지 맞는 수모를 당한 후 다시 한산도에 있는 전 병력을 이끌고 출정했다. 반면 왜군은 임진왜란에서 이순신에 당한 패배를 갚기 위해 그동안 많은 연구를 했고 무기는 물론 전략 전술도 새롭게 다듬었다. 무엇보다 조선 수군에 이순신이 없다는 사실은 이들이 자신감을 갖게 했다. 사전 아무런 준비와 계획, 전략과 전술도 없이 홧김에 부산 앞바다로 출정했으니 그 결과는 불을 보듯 뻔했다. 원균은 부산포의 높은 파도에 휘둘리고 왜선에 포위되어 허둥댔다. 병사들은 지칠 대로 지쳤고 물과 식량도 부족했다.

원균은 회군을 시작했다. 사기, 보급, 전략 모든 것이 없는 상태서 한산도 본영으로 돌아와 후일을 도모했다면 궤멸적 패배는 없었을 것이다. 그러나 원균은 패장이라는 소리를 듣기 싫고 질책도 두려워 한산도로 가는 대신 가덕도와 거제 영등포를 거쳐 칠천량에 머물렀다. 이날이 1597년 7월 15일이었다. 왜군은 7월 16일 새벽어둠을 이용하여 기습을 해 왔다. 조선 수군은 칼 한 번 제대로 휘두르지 못한 채 속수무책으로 당했다. 조선 수군이 보유하고 있던 판옥선 124척 중 112척과 거북선 3척이 침몰했고, 병사 수천

명이 전사했다. 전라우수사 이억기, 충청수사 최호도 전사했다. 원균은 도망쳤는데 그 후 어떻게 죽었는지 알 수조차 없었다.

칠천량 전투의 승리로 왜군은 해상 보급로 확보에 자신감을 회복하면서 내륙의 남원성과 전주성도 점령하게 된다. 칠천량 전투는 왜군과의 7년간의 전투 중 5만 명이 처참히 사망한 용인 전투(1592년 6월)와 더불어 2대 참패로 기록되고 있다. 무지하고 무능한 인간이 공명에 대한 탐욕을 부릴 때 어떤 결과를 내는지를 칠천량해전은 극명하게 보여 주고 있다.

이때 경상우수사로 있던 배설이란 자가 싸움을 피해 도망쳐 나오면서 갖고 나온 판옥선 12척이 명량해전에 투입된 이순신의 전선이었다.

배설이란 자도 참 어처구니없는 인간이었음은 말할 필요조차 없겠다.

옥포항에서 버스를 타고 칠천량해전 공원으로 향했다. 칠천도는 지금은 연륙교로 연결되어 있다.

칠천연륙교를 건넌 버스는 오른쪽으로 방향을 잡더니 칠천도를 거의 한 바퀴 돈 후에 칠천량해전 공원 앞 정류장에 나를 내려놓는다.

가파른 언덕에 설치된 덱을 따라 올라간 후 칠천량해전 전시관 안으로 들어섰다. 치욕의 참패를 당한 전시관이라서 그런지 전시관이나 공원의 규모는 그리 크지 않고 내용도 단출하다. 원균에 대해서도 날이 무디게 야박하지 않게 기술되어 있다. 이게 옳은 것인지 하는 생각이 들었다.

공원의 전망대에 서서 칠천량 바다를 내려다보았다.

더없이 아름답다.

누가 425년 전 저 바다가 피바다였다는 것을 기억할 것인가. 우리가 황홀한 저 바다를 지키는 길은 425년 전의 저 바다가 피바다였다는 사실을 기억하고 왜 그리되었는지를 잊지 않고 극복해 가는 것이다.

 시작은 창대했으나 끝은 참담했던 거제의 바다를 둘러보고 떠나는 마음은 그저 산란하기만 했다.

통한의 바다 – 칠천량

한산
통제사를 위로하라

2022.10.14. 금. 맑음
한산의 바다 위에 솟은 해.
당포의 바다 위로 떨어지는 해.
모두 다 황홀하다.
승리의 바다여서 더욱 그렇다.
바다 위에 밝은 달이 떠오르면 통제사와 술이라도 한잔하고 싶었다.

 통영은 삼도수군통제영이 세워졌던 곳이고 그래서 도시명도 1995년 충무시와 통영군이 통합되면서 통영시로 바뀌었다. 그런 만큼 통영은 이순신의 도시이고 이순신 하면 한산대첩(1592년 7월 8일)이 우선 떠오르게 된다. 한산대첩을 더욱 생생하게 느껴 보기 위해 한산도 제승당으로 가는 첫 배에 몸을 실었다. 한산도는 한산대첩이 벌어졌던 때에는 무인도였고 현재의 제승당은 한산대첩 1년 후에 이순신이 수군 본영을 한산도로 옮기면서 세워진 것으로 당시는 운주당[*]이라 하였다.

---

* 1593년 7월 처음 삼도수군통제영을 세울 때는 지혜로 계획을 세우는 집이라는 뜻의 운주당(運籌堂)이었으나 칠천량해전에서 패한 후 없어졌고, 영조 때 통제사 조경이 다시 세우면서 제승당(制勝堂)이라 이름 붙였다.

한산대첩은 학익진 전법으로 대승을 거둬 임진왜란의 전황을 일거에 바꾼 세계 해전사에 길이 남는 싸움이었다.

이러한 평가를 받아들이려면 먼저 임진왜란 시 왜군의 전략을 이해할 필요가 있다.

1592년 4월 13일 부산에 상륙한 왜군은 고니시 유키나가, 가토 기요마사, 구로다 나가마사가 이끄는 3개 군으로 나눠 북상하여 5월 3일에는 한양을 함락시키고 6월 14일에는 평양까지 점령하였다. 이때 선조는 몽진 길에 올라 6월 22일에는 의주에 도착해 있었다.

왜 수군은 육군이 제대로 싸울 수 있도록 해상을 통해 군수품을 제때 공급해 주는 것이 핵심 임무였다. 그러기 위해서는 조선의 곡창 지대인 호남을 점령해 식량을 확보하고 이를 서해를 통해 한양과 개성, 평양으로 공급해야만 했다. 이른바 왜군의 수륙병진전략이다. 그런데 왜군은 그때까지 이러한 전략 목표를 달성하지 못했다. 그래서 도요토미 히데요시는 이를 타개하기 위해 와키자카 야스하루같은 장수까지 불러들여 해로를 뚫으려고 견내량에 함선 70여 척을 정박시켜 놓고 있었다. 이 정보가 이순신에게 전해졌다. 견내량은 현재 거제대교 아래의 바다로 폭이 좁고 암초가 많은 수로다. 이때 이순신의 연합 함대는 판옥선은 56척(전라좌수영 이순신 함대 24척, 전라우수영 이억기 함대 25척, 경상우수사 원균 7척)과 거북선 2척을 보유한 상태였다. 견내량으로 바로 치고 들어가 싸워 볼 만한 전력이었지만 이순신은 왜선을 견내량에서 넓은 바다로 끌어내 싸울 작전을 세웠다. 이는 거제와 통영 사이를 흐르는 좁은 수로에서 적을 격파하더라도 살아남은 왜군들이 뭍으로 기어올라 우리 백성들을 짓밟을 것을 염려해서였다. 단지 이기는 것만을 생각하지 않고 승리 후까지를 염두에 두고 작전을 수립한 것이다.

이순신은 이억기 함선은 통영 쪽에, 원균의 함선은 한산도 앞에 있는 조그만 섬 화도에 배를 매복시키고 광양 현감 어영담에게 5척의 판옥선을 이끌고 견내량으로 접근해서 왜선들을 넓은 바다로 유인해 오도록 명령했다. 견내량에 접근한 어영담이 화포를 쏘자 와키자카는 조총으로 응사하며 달려들었다. 이에 어영담이 뱃머리를 돌려 도망가자 왜군 함선들은 추격해 오기 시작했다. 왜선이 장사진(長蛇陣)을 이루며 견내량을 빠져나온 것을 확인한 이순신이 작전 신호를 보냈다. 한산도 앞바다에 대기하고 있던 조선 수군의 배들이 일제히 학이 나래를 펴듯이 진영을 만든 것이다. 이게 바로 그 유명한 학익진(鶴翼陣)이다. 조선 수군은 왜군을 포위한 채 판옥선을 선회시켜가며 화포를 퍼부었다. 뱀처럼 길게 늘어섰던 왜선들이 서로 엉켜 부딪쳤다. 그 사이를 두 척의 거북선이 화포를 쏘며 좌충우돌 헤집고 다녔다. 이날 한산도 앞바다에서 펼쳐진 이순신 함대의 모습을 영화 〈한산〉에서는 '바다의 성'이라 했다. 멋진 표현이다. 그러나 나는 이날의 싸움은 창공을 나는 매가 우아하게 날개를 펴고는 날쌔게 날아 내려와 땅 위를 기는 뱀을 순식간에 낚아채 간 것으로 비유하고 싶다. 매가 뱀을 잡은 것이다.

이날 왜군은 갖고 있던 73척의 전함 중 47척이 침몰당하고 12척은 나포되었으며 약 1만 명이 죽었다. 반면 우리 수군은 고작 3명만 사망했을 뿐이다. 적장 와키자카 야스하루는 한산도로 도망쳐 열흘간 미역만으로 생존하다 나중에 겨우 탈출했다.

한산도대첩으로 이순신이 제해권을 완전히 장악함으로써 왜군은 군수 보급로가 완전히 차단되어 평양까지 진출한 후 더 이상 진격을 못 하고 사실상 고립되기 시작하였고 조선은 의병이 봉기하고 관군이 전열을 정비하면서 반격에 나서기 시작했다.

도요토미 히데요시는 마침내 바다에서는 싸우지 말라는 명령을 내렸다. 왜군의 수륙병진책 포기요, 이순신에 대한 굴복 선언과 다름없었다.

오전 아홉 시 제승당으로 들어가는 문이 열렸다. 한산문~대첩문~충무문을 지나니 팔작지붕의 5칸짜리 제승당(운주당)이 마치 학이 날개를 편 듯 떡하니 서 있다. 제승당은 통제사의 집무실이자 집으로 사용되었다. 이순신은 이곳에서 1593년 7월 15일부터 파직되어 한양으로 압송(1597년 2월 26일)되기까지 3년 8개월을 생활했다. 난중일기 총 1,491일 중 1,029일분도 이곳 운주당에서 써졌다. 당 안에 놓여 있는 비품을 보니 통제사가 불쑥 나타날 것 같은 느낌이 든다.

한산도 제승당

제승당 뒤쪽에 있는 사당 충무사로 갔다.

종2품 통제사의 관복 차림을 한 충무공께서 온화한 얼굴로 나를 맞아 주셨다. 나는 오랫동안 충무공께 머리를 숙여 이 나라를 위해 제승(制勝)의 운주(運籌)를 내려 주십사 하고 빌었다.

제승당 왼쪽 아래편에 있는 한산정(韓山亭)은 활쏘기 연습을 하던 정자로 과녁까지의 거리는 145m로 사대인 정자와 과녁 사이에는 바다가 있었다. 배에서 활을 쏴야 하는 상황을 고려하여 이렇게 설계했다고 한다. 참으로 놀랍다는 생각이다. 장군의 격물치지, 실사구시적 면모를 유감없이 보여 주는 증좌다.

한산정을 나와 나는 수루(戍樓)에 올랐다.

    한산섬 밝은 밤에 수루에 홀로 앉아
    (韓山島月明夜 上戍樓)
    긴 칼 옆에 차고 깊은 시름하던 차에
    (撫大刀深愁時)
    어디서 일성호가는 나의 애를 끊나니
    (何處一聲羌笛 更添愁)

대한민국 사람이라면 누구나 아는 이순신의 한산도가(韓山島歌)에 나오는 바로 그 수루다.

바람은 서늘하게 불고 하늘은 더없이 맑고 파랗다.

바다는 햇빛을 받아 더욱 맑고 투명하게 빛난다.

수루 건너편 나무들은 단풍으로 물들고 있다.

바라만 봐도 감상에 젖고 자연과 노닐며 시를 짓고 술이라도 거하게 한잔 하고픈 풍광이다.

그러나 이순신에게는 이런 가을 정취를 느끼는 것조차 사치였다. 그에겐 오직 나라 걱정뿐이었다.

水國秋光暮(수국추광모)
남쪽 바다 가을빛이 저물고
警寒雁陣高(경한안진고)
찬바람에 놀란 기러기 떼 지어 높이 난다
憂心輾轉夜(우심전전야)
나라 걱정에 잠 못 이뤄 뒤척이는데
殘月照弓刀(잔월조궁도)
지는 새벽달은 활과 칼을 비추네

한산도 야음(한산도의 밤에 읊음)이라는 시조다.
이렇듯 이순신은 밤에도 잠을 이루지 못하고 오직 나라 걱정을 하였다.
이순신의 우국충정이 절절히 가슴에 와닿았다.
시 한 수로 장군을 위로해 드리고 싶었다.

〈통제사를 위로하라〉
제승당 수루에 올라앉아 사위를 둘러본다
파리한 비췻빛 하늘은 가없이 높고
옥빛 바다는 가을 햇살에 더없이 맑고 푸르다
한산의 섬들이 나날이 붉게 물들 때

공의 가슴은 수심으로 켜켜이 채워져 갔을 터이니
오늘 밤 교교하게 달이 뜨면
통제사를 도탑게 위로하라 말하리.

한산도 수루에서 바라본 바다

나는 수루에서 내려와 선착장으로 걸었다.

이제는 미륵산에 올라 한산대첩의 바다를 보고 싶었다. 미륵산은 한산도의 서북쪽에 있는 해발 461m의 산으로 케이블카를 타고 올랐다. 정상에서 바라본 풍경은 뭐라 표현할 수 없는 절경이었다. 진정 아름다운 것은 그저 느낄 뿐이지 표현하는 것이 아니라는 생각이 들었다. 미륵산 정상에서 내려다보니 한산대첩이 펼쳐진 바다가 한눈에 선명하게 보인다. 견내량에서 뱀처럼 꾸불꾸불 내려오는 왜선을 한산도와 화도, 동호만의 앞바다로 끌어들여 학이 날개를 펴며 낚아채듯 격침하는 광경을 상상해 보았다. 상상만으로도 즐거운 장관이었다.

Ⅰ. 빙의난중일기 – 이순신의 말을 따라 길을 걷다 97

당포
아름다운 낙조의 바다

나는 미륵산 정상에서 아스라이 보였던 당포(현재 삼덕항)로 가기 위해 미래사(彌來寺) 쪽으로 타박타박 걸었다. 미래사는 미래에 올 부처인 미륵불을 모시는 절인데 법정 스님이 출가하여 스승인 효봉스님을 모셨던 절이라 한다. 이순신의 백(白, 백의종군)과 법정의 무(無, 무소유)는 욕심을 내려놓고 나보다는 우리, 세상을 위한 헌신과 희생의 삶과 사상이라는 점에서 본질적으로는 같다는 생각이다.

미래사 아래 마을에서 당포로 가는 버스를 기다리는데 조금 전 길을 물어봤던 마을 주민이 자기도 당포 쪽으로 가는 길이니 트럭에 타라 한다. 그분과 이런저런 얘기를 주고받다 보니 이내 당포에 도착했다.

당포는 미륵산 서쪽 깊숙한 곳에 있는 항구인데 임진왜란 때 이순신의 2차 출정 때인 1592년 6월 2일에 왜선 21척과 적장을 죽인 곳이며, 한산대첩 때 이순신 연합 함대가 출정을 한 곳도 바로 이곳 당포항이었다.

나는 당포 마을 야트막한 야산과 구릉지를 이용해 쌓은 당포성에 올랐다. 성은 대부분 허물어져 있고, 일부 성곽의 흔적만이 남아 있다. 나는 당포성 터 잔디밭에 주저앉아 넘어가는 해를 오랫동안 바라보았다. 수평선 너머로 서서히 떨어지는 해는 바다를 장엄하게 주황빛으로 물들이고 있었다. 평화롭고 아름다웠다.

아침에 떠오르는 해와는 또 다른 아름다움과 장관이었다.

당포성터에서 바라본 일몰

바다에서 연전연승을 거두고 섬과 섬을 잇는 물길 사이를 헤쳐 가는 이순신과 병사들도 넘어가는 저 해를 바라봤을 것이다. 그들도 나처럼 이 아름다운 낙조의 바다를 편안하고 아름답게 바라봤을까?

나는 다시 시내로 들어가는 버스를 타기 위해 어둠이 내린 성터를 내려갔다.

통영
처음(初)에는 칼이 있다

2022.10.15. 토. 맑음

初(초)

첫, 처음에는 칼이 있다.
날카롭다, 강렬하다, 죽을 때까지 간다.
그래서 첫은 섬뜩한 아름다움을 준다.
처음 찾은 통영에서 이순신과 스치듯 만난 것은 말의 칼이었다.

> 사생유명 사당사의(死生有命 死當死矣)
> 죽고 사는 것은 하늘에 달렸으니 죽게 되면 죽을 뿐이다!

　나는 이 글을 5년 전 통영 세병관에 왔을 때 처음 보았다.(실제 이 글은 세병관 옆 건물인 경무당에 걸려 있다.)
　'필사즉생 필생즉사' 현판과 나란히 걸려 있는 이 글을 보는 순간 나는 마치 칼로 폐부를 찔린 듯한 충격을 받았다. 그 후 살아가며 분노가 치솟거나 어려움에 부닥치게 될 때마다 자꾸 이 말이 떠올랐다. 그리곤 이순신을 더욱 깊이 알고 싶어졌다. 솔직히 그때까지 나의 이순신에 대한 지식은 학교에서 배운 것이 전부였다.

이순신은 많은 어록을 남겼다. 그중에서도 죽음에 관련된 것이 많은데 '죽으려 하면 살 것이요, 살려 하면 죽을 것이다(必死則生 必生則死)'나 '전쟁이 급하니 나의 죽음을 알리지 말라(戰方急 愼勿言我死)'와 같은 말이 대표적이라 할 수 있다. 그러나 이런 말보다 이순신의 삶을 관통하고 이순신을 이해하는 데 핵심적인 말은 바로 '사생유명 사당사의'라고 할 수 있다. 이런 사생관을 가졌으니 이순신에게 있어서 삶과 죽음은 하나요, 삶과 죽음이 하나이니 죽음에 대해 초탈하여 두려움 없이 살아간 것이다. 이 얼마나 섬뜩하면서도 아름다운가!

"두려움이 없고 원하는 것이 없으면 그때부터 진정 자유인이 된다. 죽음도 삶도 더 거리낄 게 없을 때 이순신의 칼끝은 더 자유롭게 넘실댔었다"*라는 말에 백번 공감한다.

---

* 한봉희, 《이순신을 알지도 못하면서》, 332쪽

통영 세병관 경무당에 걸려 있는 사생유명 사당사의 현판

 누구나 철학적으로 근사한 이런 말을 할 수는 있으나 누구도 이렇게 살아가지는 못한다. 그러나 이순신은 말한 대로 살았다.
 이순신이 '사생유명 사당사의'라는 말을 처음 한때는 함경도 조산보 만호 시절(1596년) 북병사 이일이 녹둔도 사건의 책임을 이순신에게 뒤집어씌워 이순신을 감옥에 가뒀을 때라고 한다. 그러나 이순신은 오래전부터 '죽고 사는 것은 하늘의 뜻이니 죽게 되면 죽으면 된다'라고 생각하며 살았다. 그랬기에 선조에게 상유십이(尙有十二) 장계도 올렸고, 요시다의 간계에 속아 부산포로 출정하라는 조정의 명령에도 쉽게 응하지 않아 파직 투옥되었을 뿐이 아니라 정여립 모반 사건(기축옥사)에 연루되어 의금부 감옥에 갇힌 은인이자 옛 상사이기도 한 정언신을 찾아가기도 했다. 누가 감히 이런 행동을 할 수 있겠는가? 그러나 이순신은 삶과 죽음을 일체화한 사생관을 가졌기에 전쟁에 임해서도 '필사즉생(必死則生)'과 '물언아사(勿言我死)'를 자연스레 말하고 행동으로 보여 줄 수 있었던 것이다.

삼도수군통제영의 도시 통영에 왔으니 여기서 간략하게나마 통제영에 대해서 언급하고 가자.

앞서 기술했듯이 이순신이 해전에서 연전연승하자 조정에서는 삼도수군통제사란 직책을 새로 만들어 이순신을 임명했다(1593년 8월 15일). 이순신은 한산도에 진영을 설치함으로써 한산도가 최초로 삼도수군통제영이 되었으나 칠천량해전(1597년 7월 16일)에서 원균이 참패함으로써 통제영은 없어졌다. 그 후 이순신이 파직~투옥~백의종군~삼도수군통제사 재임명(1597년 8월 3일)되어 진도~해남~목포(고하도)~완도(고금도)로 옮겨가며 진영을 꾸렸으나 이는 상시적인 통제영이라고는 볼 수 없는 전시 임시적인 것이었다. 7년간의 전쟁이 끝났어도 통제사의 직책은 그대로 있었으므로 조정에서는 통제영을 거제도 오아포(烏兒浦)~고성현 춘원포(春元浦)에 설치했으나 마땅치 않았는데 제6대 통제사였던 이경준이 1604년 고성현 두룡포(頭龍浦)에 통제영을 설치한 것이 현재의 통제영이고 성을 쌓은 것은 숙종 연간에 제57대 통제사인 윤천뢰이다. 통제영의 성은 토성과 석성으로 둘레는 대략 3,660m 정도이다. 세병관은 통제영 내의 객사인데 목조 건물로는 여수 진남관, 경복궁 경회루와 더불어 규모가 가장 크다고 한다.

통영 세병관

좌통영 우여수.

나는 우리나라에서 가장 아름다운 도시를 꼽으라면 주저 없이 여수와 통영을 뽑는다.

이순신과의 관계나 아름다움을 놓고도 두 도시는 난형난제다. 모두 이순신의 삼도수군통제영이 있었고 여수가 다도해 해상 국립공원의 중심이라면 통영은 한려 해상 국립공원의 중심이다.

5년 전 서포루에 올라 바라본 통영 아침 바다의 아름다움을 나는 잊지 못한다. 그때의 감상은 너무나 강렬해서 지금도 그때의 풍경화가 내 마음속에 늘 걸려 있다. 그래서 늘 통영으로 떠나고 싶었다. 마치 첫사랑의 아련한 추억을 반추하듯이.

피로를 풀기 위해 여유롭게 일어난 나는 이순신공원으로 향했다. 강구안, 동호만의 비릿한 내음과 한산의 바닷바람에 실려 오는 짭조름한 향기를 흡입하며 걸으니 이내 이순신공원에 다다랐다. 공원에서 내려다보니 강구안을 중심으로 동호만과 서호만을 품고 있는 통영시가 새롭게 보이고 한산대첩이 벌어진 바다의 형세를 더욱 입체적으로 살펴볼 수 있었다.

나는 성을 따라 동에서 서로 걷기로 했다.

성을 따라 걷는 길에 직선은 없다. 곡선만 있을 뿐이다. 들쭉날쭉한 해안길도 마찬가지다. 그래서 느리고 더디다. 그래서 나는 더욱 좋다. 동피랑 골목길도 꼬부랑꼬부랑 골목길이다. 더디긴 해도 길을 잘못 들어도 이리저리 오르다 보면 결론은 동포루에 닿는다. 서포루에서 처음 느낀 감정과 애정이 강해서인지 아니면 3년 전에도 온 적이 있어서인지 서포루에서 처음 느꼈던 감흥보다는 그다지 크지 않다.

통제영은 통영 시내 문화동에 있다.

통제영 탐방은 대개 외삼문 격인 망일루(望日樓)를 통해 들어가 내삼문인 지과문(止戈門)을 지나 객사인 세병관(洗兵館)을 보는 게 일반적이나 나는 옆문으로 들어가 먼저 경무궁에 걸려있는 '사생유명 사당사의' 현판을 보고 세병관-지과문-망일루 순으로 보았다. 여수 통제영과 구조는 비슷하나 문루와 객사의 이름에는 미묘한 차이가 있다. 여수 통제영은 외삼문 망해루(望海樓)-내삼문 통제문(統制門)-객사 진남관(鎭南館)으로 승리의 염원을 보다 직접적으로 담은 당호인 반면 통영의 세병관이란 이름은 '은하수를 끌어와 병기를 씻는다(挽河洗兵)'는 두보의 시에서 따왔으며, 지과문(止戈門)

은 창을 거둔다는 뜻이고, 망일루(望日樓)는 밝은 해를 바라본다는 이름이니 통영 통제영의 당호는 보다 문학적이고 완곡하게 평화를 기원했다고 할 수 있다.

　통제영을 나와 북포루로 향했다. 여항산 정상에 서 있는 북포루로 가는 길은 매우 가파르고 대나무가 빽빽해서 아직 한낮인데도 어둑어둑하다. 북포루에 올라 통영시를 두루 내려다보니 장쾌한 기분이 든다. 땀도 식히고 다리도 풀 겸 포루 바닥에 한동안 앉았다가 오던 길을 다시 내려가 충렬사로 향했다.

　충렬사는 선조 39년(1606년)에 왕명에 의해 통제사 이운룡이 세웠으며, 현종 4년(1663년)에 사액(賜額)을 받은 사당답게 규모도 크고 짜임새는 탄탄했다. 그러나 충렬사에서 내가 제일 관심 있게 본 것은 유물전시관에 전시된 '명조팔사품(明朝八賜品)'과 《이충무공전서》다.

　명조팔사품은 명나라 신종이 도독 진린의 건의를 받고 이순신의 전공을 높이 평가하여 내린 8가지 물품이고 《이충무공전서》는 이순신을 흠모한 정조가 이순신의 행적·일화·말과 글 등을 망라하여 1795년에 펴낸 책이다. 이순신은 바로 이런 인물이었다. 나는 충렬사를 나와 넘어가는 해를 등지고 서포루에 올랐다.

서포루에서 본 통영항 야경

서포루의 해 뜸과 해 짐이 주는 느낌을 비교해 보고 싶었다.
서포루의 난간에 기대 바다를 둘러본다.

불현듯 오래전 읽었던 소설 《칼의 노래》 첫 문장이 생각났다.

> 버려진 섬마다 꽃이 피었다. 꽃피는 숲에 저녁노을이 비치어 구름
> 처럼 부풀어 오른 섬들은 바다에 결박된 사슬을 풀고 어두워지는
> 수평선 너머로 흘러가는 듯싶었다.

당항포
미련을 남겨 두라

2022.10.16. 일. 맑음
고성에는 처음 왔다.
당항포 해전지를 걸으며 살핀 후 진주로 넘어갔다.
미련을 남겨 둬야 다시 오지 않겠는가?

당항포해전*이 벌어진 당항만은 지형이 독특하다.

고성 땅 깊숙이 파고든 당항만은 폭이 넓은 곳은 1.8km 좁은 곳은 불과 200~300m에 불과한 해협이라 마치 호수같이 보일 수도 있는 곳이다. 따라서 당항만의 입구를 막으면 적은 독 안에 든 쥐 신세가 된다. 이런 곳에 왜선이 있다는 첩보가 이순신에게 전달되었다. 그렇다면 왜군은 왜 이런 당항포에 정박해 있었을까?

전후 사정은 이렇다.

3일 전 당포해전 당시 왜군이 무참히 깨지자 후방에 있던 왜장 모리 무라하루가 전선 26척을 이끌고 이곳으로 피신 도망쳐 온 것이다. 왜장 모리는

---

* 임진왜란 중 당항포에서는 2차례에 걸쳐 싸움이 벌어졌다. 첫 번째 해전은 1592년 6월 2일에 벌어졌고 2차 해전은 1594년 3월 4일~3월 5일에 치러졌다. 이 장에서는 1차 당항포해전만을 다룬다.

당항만에 숨어 있다가 조선 수군이 추격해 오면 좁은 수로를 따라 고성만으로 빠져나갈 생각이었다. 지도에는 분명 그렇게 그려져 있었기 때문이다. 그런데 당항만~고성만으로 연결되는 수로는 이 고장 기생 월이가 지도에 가짜로 그려 넣은 것이다. 당항포해전이 일어나기 1년 전쯤 기생 월이는 승려를 가장한 왜인 첩자의 술 시중을 든 적이 있었다. 이때 월이는 왜놈 첩자를 술을 잔뜩 먹여 곯아떨어뜨린 후 왜놈 바랑 속에 들어 있는 지도에 가짜 물길을 그려 놓았다.(물론 이는 백성들 사이에서 구전되어 내려오는 이야기이다.)

그만큼 당항포는 특수한 지형을 가졌고 어쨌든 왜놈들은 속은 것이다.

당항만 당항포

이순신은 당포해전 후 합류한 이억기 함대와 원균 함대를 이끌고 당항포로 출격했다. 모두 51척의 판옥선과 2척의 거북선을 이끈 당당한 전력의 연합 함대였지만 이순신은 신중했다. 수적 우세만 믿고 함부로 추격했다가는 역으로 왜구에게 포위되어 독 안에 든 쥐가 될 수도 있었기에 이순신은 이억기를 후방에 매복시켜 놓고 선발대를 왜군 쪽으로 보낸 후 다시 도망치는 모양새를 취했다. 왜군이 추격해 오자 이순신은 도망을 멈추고 판옥선을 선회시켜 일자진을 펼쳤다. 매복해 있던 이억기의 부대도 왜선을 포위했다. 이중으로 완전 포위된 왜군은 힘 한 번 쓰지 못하고 섬멸되었다. 왜장 모리는 죽었고 적선 26척 중 25척이 격파되었다. 이순신은 남은 1척은 내버려 두었다. 쫓으면 이들은 육지로 올라가 백성들을 약탈할 것이기 때문이었다. 또 생존의 여지를 남겨 둬야 발악하지 않을 거라는 것도 계산에 두었다. 병법에도 도망칠 구멍을 모두 막으면 쥐도 고양이를 문다고 하지 않았던가. 아닌 게 아니라 잔존한 왜군들은 새벽에 남은 1척의 배를 타고 빠져나가려고 했고 이들은 모두 매복한 우리 수군에 의해 조용히 수장되었다.

이순신은 바로 이런 장수였다. 몇 수를 내다보고 승리만이 아니라 백성을 먼저 위하고 사랑하는 장수였다.

당항포 1차 해전은 이순신, 이억기, 원균이 연합 함대를 이뤄 치러낸 첫 번째 해전이다. 이 연합 함대의 주장(主將)은 이순신이 맡았다. 나이는 원균이 제일 많았으나 이억기의 주장으로 이순신이 된 것이다. 당연한 거다. 모름지기 리더는 실력이 있고 신뢰를 받아야 한다. 실력은 고사하고 자기 혼자 살겠다고 함선을 모두 버리고 도망쳐 온 원균이 어떻게 군사를 지휘할 수 있단 말인가.

나는 통영에서 버스를 두 번이나 갈아타고 고성 배둔 시외버스 터미널까지 갔다. 거기서 나는 당항포 관광 단지까지 걸었다. 걷는 내내 나는 앞서 언급한 대로 당항만이 육지로 깊숙이 들어와 있어서인지 이곳이 바닷가라는 사실을 쉽게 느낄 수 없었다. 이윽고 당항포 관광 단지 입구에 도착하자 뭍 안으로 깊이 파고 들어온 당항포가 눈에 띄었다. 마침 관광 단지에서는 공룡 세계 엑스포가 열리고 있어 나는 안으로는 들어가지 않고 관광 단지 왼쪽으로 난 둘레길을 걷기로 했다. 관광 단지 입구인 바다의 문에서 해상 보도교까지 3.5km에 이르는 당항포 둘레길은 당항만의 해안선을 따라 조성되어 천천히 걸으면서 당항포를 잘 관찰할 수 있도록 되어 있다. 덱길을 걷는 내내 나는 갯가가 아닌 호숫가를 걷는 듯한 착각이 들었다. 휘돌아가는 굽이마다 작은 마을이 붙어 있고 물 건너에는 섬이 아닌 산이 있다. 이쪽 물가에서 소리쳐도 건너편 물가에서 알아들을 수 있을 것 같다. 파란 물감을 뿌려 놓은 듯한 고운 물색은 밝은 햇살을 받아 투명하게 반짝이고 저 멀리에는 누런 가을 들판이 설핏설핏 보인다.

아~~
남해 해안선은 직선이 없다.
제멋대로의 곡선만 있다.
들쭉날쭉 구불구불한 길만이 있다.
그래서 좋다. 걷기엔 더욱 좋다.
걷다가 윤슬에 덮여 있는 파란 바다를 보면 나도 모르게 뛰어들고 싶어진다.
정말이지 환장하게 아름답다.
정말 황홀경에 빠져 죽고 싶을 지경이다.

풍광에 취해 넋 놓고 2시간여를 걸으니 당항포 둘레길의 종점인 해상 보도교에 다다랐다.

해상 보도교 중앙에는 거대한 거북선이 설치되어 있다. 다리 위에 떠 있는 거북선을 보니 색다른 느낌이다. 이곳에서 배둔 시외버스 정류장까지는 불과 1.7km에 불과하다. 나는 버스를 타기 위해 다시 걷기 시작했다. 이제 진주로 가야 한다.

걷는 동안 자꾸 당항포의 풍경이 아른거린다.

미련을 남겨 둬야 다시 찾아올 것이 아닌가?

당항포 해상 보도교

진주
범상치 않은 도시

2022.10.17. 월. 맑음
진주다.
진주는 역시 범상치 않은 도시다.
그때 진주를 잃었다면 조선도 없었다.

전쟁은 무엇으로 하는가?

외면상 전쟁은 총칼로 하는 것 같지만 실상은 밥으로 하는 것이다. 우스운 말 같지만, 전쟁은 '밥심'으로 싸우는 것이다. 물론 이 말은 은유적이고 상징적인 말이지만 전쟁의 승패는 전쟁에 필요한 보급품을 얼마나 원활하게 공급하느냐에 달려 있다고 해도 과언이 아니다. 현대전도 이럴진대 주로 근력을 써서 치른 임진왜란 때는 오죽했겠는가? 유방과 항우가 천하를 다툰 초한전(楚漢戰)에서 유방이 승리할 수 있었던 데에는 한신, 장량과 같은 걸출한 장수와 책략가의 역할도 컸지만 개인적으로는 행정 제도를 정비하고 보급에 주력한 소하의 공이 제일 컸다고 생각한다. 유방도 소하를 개국에 가장 공이 크다고 인정해 찬후(酇候)라는 직위에 봉하고 상국(相國)으로 임명했다.

임진왜란 때 이순신이 지평 현덕승에게 보내는 편지에서 했다는 '호남이 없다면 국가도 없다(若無湖南 是無國家)'라는 말도 전쟁 시 후방 보급의 중요성을 강조한 말이다. 전쟁에서 보급은 이처럼 중요했기에 임진왜란 때 이순신이 제해권을 장악하고 왜군의 보급로를 차단한 것은 전쟁의 형세를 뒤바꿔 놓았다. 왜군은 어떻게 해서든 조선의 곡창인 전라도를 점령하고 보급로를 확보해야만 했다. 그래서 왜군은 남해를 피해 육로로 보급로를 확보하려 했고 그러려면 전라도로 들어가는 관문 격인 진주를 점령해야 했다.

  조선 초기 진주의 강역은 매우 넓었다. "서쪽으로는 섬진강을 경계로 광양·구례와 접했고 동쪽으로는 고성의 일부, 남쪽으로는 사천과 삼천포 일부와 남해 창선도까지를 포함했다. 북쪽으로는 현재의 산청군 일부를 포함하고 지리산 천왕봉에서 이어지는 능선을 따라 함양, 산청 및 전라도 운봉과 이웃했다."* 이런 거읍(巨邑) 한복판으로 남강이 흐른다. 남강은 지리산 자락에서 발원한 덕천강·경호강이 진양호로 흘러들어 남강을 이룬 후 진주를 관통한 후 동쪽의 낙동강으로 빠진다. 조선 시대 남쪽의 조운선은 바로 진주만(현 사천만)에서 출발했다. 한마디로 진주는 경상우도의 경제 행정 문화의 중심이었다. 따라서 뱃길이 막힌 왜군이 육로를 통해 호남으로 가려면 반드시 확보해야 할 도시가 진주였다. 이런 배경하에서 벌어진 싸움이 진주성전투로 싸움은 두 차례 벌어졌다.

---

* 김준형, 《진주정신을 찾아서-진주의 몇 가지 역사적 사실을 돌아보며》, 24~25쪽

촉석루에서 바라본 남강

1차 진주성전투는 1592년 10월 5일부터 6일간 치열하게 벌어졌다. 당시 진주성 안에 있던 조선의 군사는 3,800여 명에 불과했고 왜군은 10배 정도 많은 3만여 명이었다. 진주성의 서쪽, 남쪽은 뾰족한 바위 절벽 위에 포대(서장대)와 문루(촉석루)가 세워져 있고 북쪽도 지대가 매우 높았다. 남강 또한 성의 서남쪽 앞으로 흐르고 있어 자연 해자 역할을 해 주었다. 그러므로 왜군은 쉽게 성을 공략할 수 없었다. 그럼에도 불과하고 10배나 많은 왜군을 막아 내기는 쉽지 않았다. 그래서 왜군은 평지인 성의 동쪽을 집중적으로 공격했다. 이런 상황에서 의병이 큰 역할을 한다. 곽재우, 정인홍, 김이면, 최경회 등이 이끄는 의병이 바로 그 주인공들이다. 곽재우, 정인홍,

김이면은 모두 남명 조식의 제자들이다. 남명은 퇴계 이황과 쌍벽을 이루는 대학자로서 출사를 거부한 채 합천과 산청을 중심으로 제자를 가르치는 데 몰두한 처사다. 남명의 핵심 사상은 경의(敬義)인데 실천을 중시했다. 바로 남명의 이런 가르침을 실천한 제자들이 대거 의병을 일으켜 싸웠다. 의병과 관련하에 주목할 또 한 명의 인물이 있다. 바로 학봉 김성일이다. 임진왜란 전 일본에 통신사로 갔다 돌아와 정사(正使) 황윤길과는 다르게 "일본이 침략할 조짐이 없다"라고 보고한 인물이다. 전쟁이 터지자 조정에서는 김성일을 경상우도 초유사(招諭使)로 임명한다. 초유사란 전쟁 때 백성들을 설득하고 깨우쳐 의병을 일으키도록 하는 임시 직책인데 김성일에게 이전 잘못을 만회할 기회를 주는 차원에서 취해진 인사가 아닐까 하는 생각이 든다. 어쨌든 서예 류성룡이 쓴 《징비록》을 보면 학봉이 쓴 초유문은 명문장으로 심금을 울려 경상우도에서 많은 의병이 일어났으니 학봉 김성일은 통신사 때의 일을 상당 부문 만회한 것으로 보인다. 이는 또한 남명과 퇴계의 제자들이 나라를 구하고자 손을 잡고 의병을 일으켜 마침내 진주성을 지켰으니 지식인이 어떻게 행동해야 하는지를 보여준 역사적 사례라고도 할 수 있다. 자리 보존 유지를 위해 학문적 양심조차 팔아먹는 이 땅의 지식인들을 보며 갑자기 매천 황현이 죽으면서 토해 낸 시의 마지막 구절이 떠오른다.

> 난작인간식자인(難作人間識字人)
> 인간 세상에서 먹물 노릇 하기 어렵구나!

1차 진주성전투에서 민관군(民·官·軍)은 힘을 모으고 사력을 다해 진주성을 지켜 냈다. 이 전투가 바로 임진왜란 3대첩 중의 하나인 진주대첩이다.

이 대첩을 승리로 이끈 장수 중 한 명이 충무공 김시민이다. 김시민은 진주목사로 군사들을 지휘 독려하며 싸우다 이마에 총탄을 맞고 치료를 받다 순국했다(1592년 11월 22일). 김시민의 시호도 충무공이다.

진주성 안의 충무공 김시민 동상

나는 아침 일찍 진주성의 정문인 공북문(拱北門)으로 들어가 시계 반대 방향으로 성곽을 돌아 촉석루에 올랐다. 월요일 이른 아침이라 사람들이 없어 남강을 내려다보며 사색을 하기에는 더없이 좋았다. 커피를 따라 마시며 2차 진주성 싸움(1593년 6월)을 생각했다.

2차 진주성 싸움의 성격을 이해하려면 전투가 벌어지기까지의 상황을 이해할 필요가 있다. 이 당시 왜군은 이미 조명 연합군의 반격에 밀려 평양(1593년 1월)과 한양(1593년 4월)에서도 쫓겨나 남해안까지 후퇴해 있었다. 남해는 이순신에게 완전히 봉쇄되어 있었고 육지에서도 이치전투(1592년 7월 8일)와 1차 진주성전투(1592년 10월)의 패배로 막히면서 왜군은 사실상 북으로의 진격을 포기하고 명나라와 강화 협상을 시작하고 있었다. 도요토미 히데요시는 명나라를 정복하려는 야욕의 달성은 고사하고 판판이 깨지자 분풀이를 하고 싶었다. 그래서 그는 진주성을 재차 공격하여 한 사람도 살려두지 말 것을 명령했다. 그리하여 왜군은 정예군 9만 3천명을 편성해 1593년 6월 21일에 진주성을 공격하기 시작했다. 이때 조선군은 6천여 명에 불과했고 지휘관은 최경회(경상우병사) 황진(충청병사) 김천일(의병장)이었다. 도원수 권율과 곽재우는 전라도 운봉과 의령에 머물고 있었고, 김성일은 역병에 걸려 이미 2개월 전에 죽은 상태였다. 절대적인 전력 열세에도 불구하고 조선군은 성안에 있던 6만여 명의 백성들과 사력을 다해 싸웠으나 결국 9일 만에 진주성은 함락되고 백성들은 처참하게 도륙되었다. 그때 진주성은 백성들의 주검으로 산을 이루고 남강은 붉은 피로 휘몰이를 쳤다.

  경상우병사 최경회는 스스로 남강에 빠져 죽었다. 최경회는 전라도 장수현감을 지낸 사람으로 1차 진주성 싸움 때는 모친 상중임에도 의병장으로 참전했었다. 조정에서는 그 충성과 공을 기려 최경회를 경상우병사로 제수한 것이었다.

  진주성 싸움, 하면 자연스레 떠오르는 사람이 있다. 바로 논개다. 기생으로서 촉석루에서 왜장을 껴안고 강물로 뛰어든 여인이다. 그런데 논개가 그리한 것은 낭군인 최경회를 그리며 보은키 위해 한 것이라고 하는 설이 있다. 그 설의 배경과 이유를 옮겨 보면 이렇다.

> 논개는 원래 양반집 가문의 딸로 태어났으나 아버지 사후 가세가 기울어 숙부집에 살게 되었다. 그러나 숙부가 도박에 빠져 논개를 팔아넘기자 도망쳤고, 잡혀서 전라도 장수관아에 넘겨졌다. 그때 장수현감 최경회가 논개의 사정을 듣고 관아에 살게 하며, 당시 병석에 있는 아내를 돌보게 했고 아내가 죽자 논개를 후처로 맞이했다. 그리고 임진왜란이 터져 최경회가 진주로 가자, 논개도 낭군을 따라 진주로 갔다는 것이다.

논개가 남강에 몸을 던졌을 때 그녀의 나이는 스무 살이었다.

나는 촉석루 옆에 있는 논개의 사당(義妓祠)으로 갔다. 향을 하나 꽂고, 정면에 있는 그녀를 한동안 바라보았다.

꽃이었다. 화사한 화초가 아니라 들풀과 같은 꽃이었다.

나는 천천히 그녀가 몸을 던진 바위로 내려갔다. 의암(義巖)이라 불리는 바위다. 나는 논개를 꼭 의기로 불러야만 하나? 라는 생각이 들었다.

의기사 안의 논개

오후 느지막하게 진양호로 향했다.

전망대에 올라 북쪽을 응시하니 호반 너머로 지리산 검은 능선들이 노을 속에 어깨를 잇대고 있다. 오랫동안 멍을 때리고 있는데 다시금 이런 생각이 떠올랐다.

만약 그때 진주성을 잃었다면 조선은 어떻게 되었을까?

아찔했다.

다시 진주성에 등불이 걸렸다.

남강에 수많은 등이 혼불이 되어 떠다녔다.

촉석루 기둥에 기대어 나지막이 진주낭군가를 읊조렸다. 처연히 아름다웠다.

촉석루와 남강 유등

사천
이~ 원수놈들

2022.10.18. 화. 맑음
남해로 가는 길에 사천을 들렀다.
짱구 같은 큰 무덤 앞에 주저앉았다.
코와 귀가 잘린 시신을 묻으며 무슨 생각을 했을까?
이~ 원수놈들!

짱구 같은 커다란 무덤(36㎡) 앞에 섰다. 마치 급히 막도장을 새기듯 흙을 덮은 무덤이라 봉분이 일그러져 있다. 1598년 10월 1일 사천 선진리성(船津里城) 전투에서 전사한 조명 연합군을 묻은 무덤이다. 일본 기록으로는 3만 명, 우리 조선실록에는 7천~8천 명이라 한다. 그런데 이 무덤에 묻힌 병사들은 모두 귀와 코가 베어진 채 묻혔다. 왜군이 전과의 입증 자료로 조명 연합군 전사자의 귀와 코를 칼로 벤 다음 소금에 절여 본국으로 보냈기 때문이다. 임진왜란, 정유재란 7년 전쟁 동안 도요토미 히데요시는 전쟁을 독려하기 위해 전과의 증표로써 수급(首級)을 보낼 것을 요구했다. 그러나 머리는 부피가 크고 무거워서 불편하자 귀로 대체했다. 그러나 귀는 두 개라 전과를 부풀리는 일이 빈번하자 코를 베어 보내라고 한 것이다. 이렇게 참혹하게 죽어 간 병사들을 차마 두고 볼 수 없어 마을 백성들이 시신을 모아 매장한 것이 바로 조명군총(朝明軍塚)이다.

사천 조명군총

일본 교토 중심가에는 미미츠카(耳塚)라는 귀 무덤이 있는데 이곳에는 12만 6,000여 명의 조선인의 귀가 묻혔다고 한다. 이 많은 사람 중에는 군사뿐 아니라 일반 백성과 어린이들까지 분명 포함되어 있을 것이다.

이순신 장군도 분명 왜군들의 이런 만행을 보고 들어 알고 계셨을 터이다. 그때마다 장군은 이렇게 다짐 또 다짐하셨을 것이다.

이 원수 놈들을 없앨 수만 있다면 죽어도 여한이 없다!
(此讐若除 死則無憾)

- 노량해전 직전(1598.11.18.)의 이순신의 기도문 -

선진리성은 조명군총에서 그리 멀지 않은 곳에 있다. 이순신의 활약으로 해상 보급로가 막히고 명나라군의 참전, 의병과 관군의 반격으로 왜군은 더 북으로 진격을 못 하자 왜군은 남해안으로 내려와 장기전에 대비해 울산에서부터 순천까지 30여 개의 성을 쌓고 농성을 하고 있었다. 사천 선진리성도 그중 하나로 1598년 10월 싸움이 벌어졌던 당시 성안에는 왜장 시마즈 요시히로 군 1만여 명이 주둔하고 있었다. 이때 조명 연합군은 명의 형부 상서 형개와 경리 양호가 수립한 사로병진책(四路竝進策)*하에 명군 3만 4,000명과 조선군 2,200명으로 사천 선진리성을 공격했다. 분명 전력상으로는 조명 연합군이 우세했으나 갑자기 성안에서 화약고가 터져 불이 나자 조명 연합군은 일대 혼란에 빠지고 이를 기회로 왜군이 반격을 가했다. 그리고 그 결과는 앞서 기술한 바와 같이 수많은 사람의 귀와 코가 베어지는 참혹함으로 끝났다.

성안에는 벚나무가 빼곡했다. 모두 이때 왜놈들이 심은 사쿠라다.
나는 성안을 천천히 걸으며 천수각이 있던 자리를 지나 오른편 아래쪽에 높이 솟아 있는 비로 갔다. 이충무공 사천해전 승첩 기념비다. 대리석 기단

---

* 조명 연합군 13만 명을 4개 군으로 나눠 동로군(선거이·김응서·마귀)은 울산왜성(가토 기요마사), 서로군(권율·유정)은 순천왜성(고니시 유키나가), 중로군(정기룡·동일원)은 사천왜성(시마즈 요시히로) 그리고 남로군은 수군으로서 이순신과 명 제독 진린이 연합하여 바다에서 왜성을 공격하기로 한 작전

위에 사면체로 몸체를 높이 올렸다. 비신은 페인트로 칠을 하고 비 이름을 한 자 한 자 붙여 놨는데 페인트는 뜯겨지고 글자는 절반이 떨어져 나가 흉물스럽기 그지없었다. 도대체 관리를 이렇게 해도 되는지, 너무나 한심해서 헛웃음만 나왔다. 이러고도 이순신 장군을 숭모한다고 떠들 수 있는가.

이충무공 사천해전승첩비

사천해전(1592년 5월 29일)은 이순신이 2차 출정 때 왜군과 첫 번째로 격돌한 싸움으로 이 해전에서 거북선을 최초로 출전시켰고 왜선 12척을 격침했다.

　선진성 아래 흐르고 있는 파란 물이 바로 사천해전의 그 바다다. 멀리 사천대교가 보인다.

　나는 선진리성을 내려와 시내버스에 올랐다. 사천에서 오래 머물지 못하는 아쉬움을 달래기 위해 나는 시내버스를 타고 삼천포로 빠져 남해로 넘어가기로 했다. 삼천포에서 갈아탄 버스는 골목골목 마을을 거치더니 마침내 남해 창선대교를 넘었다.

남해 관음포
삶과 죽음은 하나

2022.10.19. 수. 맑음
여행은 끝났다.
그러나 삶과 죽음이 하나였듯이
끝은 끝이 아니다.

1598년 8월 18일.
도요토미 히데요시가 죽었다.

전쟁을 일으킨 장본인이 죽자 전쟁은 더 이상 지속될 수 없었다. 그렇다 하더라도 7년 전쟁에 참가한 세 나라의 입장은 서로 달랐다.

왜는 절대 권력자의 사망으로 권력 공백의 틈을 타고 도요토미 히데요시의 아들인 도요토미 히데요리를 중심으로 한 세력과 그동안 세력을 꾸준히 키워 왔던 도쿠가와 이에야스 파간에 권력 쟁취를 위한 내부 투쟁이 시작되었다. 이런 상황이었기 때문에 순천왜성에 머물고 있던 침략의 선봉장 고니시 유키나가는 하루라도 빨리 본국으로 돌아가야만 하는 처지였다. 더구나 정치적 라이벌이었던 가토 기요마사는 이미 울산왜성을 빠져나와 본국에 가 있었다.

반면 조선은 왜군을 곱게 보내 줄 수가 없었다. 특히 이순신에게 있어서 왜군은 한 놈도 살아 돌려보낼 수 없는 원수였다. 조선의 온 강토가 유린당하고 수많은 백성이 처참하게 학살되었으며 사랑하는 막내아들 면도 21살 젊은 나이에 왜군들에게 무참히 죽었기 때문이었다.

명나라는 왜군이 전쟁을 할 수 없어 자국의 침략 위협이 사라진 마당에 굳이 남의 나라에서 피를 흘리며 싸울 이유가 없었다. 유정이나 진린의 입장에서는 적당한 명분으로 전쟁을 피하고 전공만 챙겨 가면 그만이었다.

그래서 고니시 유키나가는 유정, 진린과 뒷거래를 하고 뇌물 공세를 펴서 자신의 퇴로를 열고자 했다. 실제 유정은 싸움을 기피했고 진린도 퇴로를 열어 주는 데 협조했다. 그러나 이순신은 명의 눈치를 보지 않고 단호하게 왜군과 싸울 결의를 보였다. 이에 고니시 유키나가는 사위이기도 한 대마도주 소 요시히로, 사천왜성의 시미즈, 거제도의 다치바나 무네시게, 부산포의 다카하시 무네마스에게 도움을 청하고 싸워서 본국으로 도망을 하기로 마음을 정했다. 진린은 이순신의 기개에 감동하여 함께 싸우기로 마음을 고쳐먹었다. 조명 연합 함대와 왜군 연합 함대가 노량바다로 속속 집결하기 시작했다. 조명연합군은 전함 140여 척, 왜군 함대는 500여 척이었다.

싸움이 벌어지기 전날 밤 이순신은 하늘에 제를 올렸다.

> 오늘 진실로 죽기를 결심했으니, 하늘이시여 바라건대, 반드시 적들을 섬멸케 해 주소서.
> (今日固決死 願天必殲此賊)

1598년 11월 19일. 새벽 2시.

양측 함대는 노량해협에서 만났다.

도망가는 자와 쫓는 자간 사생결단의 싸움이 시작되었다. 왜군이 조총을 쏴 대며 달려들자 조명 연합 함대는 화포로 대응하면서 북서풍을 이용한 화공으로 몰아붙였다. 화공 전술이 효과를 보이면서 전세가 조명 연합군에게 유리하게 전개되자 왜군은 남해도 연안 깊숙한 곳에 있는 관음포로 도망을 치기 시작했다. 관음포는 현재는 간척지가 되었지만, 당시에는 만으로 포구까지 거리가 매우 멀었다. 왜군은 이곳을 먼바다인 것으로 착각하고 이곳으로 도망치다가 관음포에 갇혀 버린 것이다. 이순신은 막다른 골목에 몰린 왜군을 향해 추격했다. 당황한 왜군의 일부는 살기 위해 배를 버리고 육지로 기어올랐지만 나머지는 그야말로 결사 항전의 자세로 맞섰다. 그야말로 대혼전이었다. 이때도 선두는 물론 이순신이었다. 그때 공격해 들어오는 이순신의 배를 향해 왜군이 조총을 발사했다.

탄환이 이순신의 겨드랑이 옆 가슴을 관통했다. 큰아들 이회와 조카 이완이 달려와 장군을 끌어안고 오열했다.

이순신은 자신이 죽음을 직감하고 말을 하였다

> 전쟁이 급하니 나의 죽음을 알리지 마라.
> (戰方急 愼勿言我死)

이 말이 장군의 유언이 되었다.

이순신의 유언비

좌의정 이덕형이 올린 장계에는 이날의 전투 과정과 결과가 이렇게 기록되어 있다.

> 금월 19일 사천, 남해, 고성에 있던 왜군의 배 300여 척이 합세하여 노량도에 도착하자 통제사 이순신이 수군을 거느리고 곧바로 나아가 맞이해 싸우고 중국 군사도 합세하여 진격하니, 왜군이 대패하여 물에 빠져 죽은 자는 이루 헤아릴 수 없고, 왜선 200여 척이 부서졌으며, 죽고 부상당한 자가 수천여 명입니다. 왜군의 시체와 부서진 배의 나무판자, 무기나 의복 등이 바다를 뒤덮고 떠 있어

물이 흐르지 못했고 바닷물이 온통 붉었습니다.*

이처럼 노량해전은 조일 7년 전쟁 동안 치러진 해전에서 외형적 전과로만 본다면 최대의 승리를 거둔 해전이다. 그런데도 노량해전을 대첩이라 부르지 않는 이유는 이순신이 전사했기 때문이다.

이순신은 바로 조선 수군의 전부였다. 아니, 당시 이순신은 조선 그 자체였는지 모른다. '이순신이 곧 조선'이라고 생각한 백성이 많았기에 선조는 시기하고 의심했고, 이순신은 전쟁이 끝나도 자신이 죽을 것임을 예감했는지 모른다. 이순신에게 삶과 죽음은 하나였고 죽고 사는 것은 하늘의 뜻이니 죽게 되면 죽을 뿐(死生有命 死當死矣)이라는 말을 이순신은 다시 읊조렸을지 모른다.

죽기 전날 밤에 이순신은 하늘에 "오늘 진실로 죽기를 결심하니…"라고 말하지 않았던가.

이순신이 죽자 전쟁도 끝났다.

그러나 전쟁의 후과는 좋든 싫든 삼국 모두에게 컸다. 먼저 조일 7년 전쟁에서 패한 왜는 도쿠가와 이에야스를 주축으로 한 신흥 관동 세력이 도요토미 히데요시를 중심으로 한 관서 세력을 세키가하라 전투(1600년)에서 제압하고 에도(도쿄) 막부 시대를 열었다.

명나라는 참전으로 국력을 소진한 데다, 만주에서 누르하치가 세력을 키

---

* 오세진·신재훈·박희정 역해, 《징비록》, 282쪽

워 후금(1616년)을 건국해 위협해 오자 결국은 멸망하게 되었다. 그럼 조선은 어떻게 달라졌을까. 사실 조일전쟁은 조선의 땅과 바다에서 벌어진 전쟁이었기에 조선의 피해가 가장 막심했다. 전쟁과 역병, 기아로 인구는 1/3 정도가 줄었고 국토도 황폐해져 세수가 급감했다. 서예 류성룡이 쓴 《징비록》에는 7년 전쟁 때 굶주린 백성들이 자식들을 서로 바꿔 인육을 먹었다는 기록이 나온다. 말로는 형언키 어려운 참담함을 겪었음에도 당시 집권 세력(노론)은 재조지은(再造之恩)을 내세우며 명에 대해 사대를 더욱 강화하고, 성리학은 실질보다는 형식을 더 따지는 예학으로 흘렀다. 그 결과가 인조 때 정묘 · 병자호란으로 재현된 것이다.

아침 일찍 노량으로 가는 버스를 탔다. 버스가 달리는 내내 가슴이 뛰었다. 왠지 모르게 여행 중 장군을 가장 가까이서 만난다는 설렘이 들었다.

20여 분 달리니 이순신 순국공원에 도달했다. 나는 바로 장군이 마지막 숨을 거둔 관음포 바다로 갔다. 이 바다는 이순신이 마지막으로 순국한 바다라는 뜻에서 이락파(李落波)라고도 한다. 424년 전, 1598년 11월 19일 아침 해가 뜨려 할 때 나라를 구한 민족의 큰 별은 관음포 바다에 떨어졌다.

첨망대에서 바라본 이순신의 마지막 바다 – 남해 관음포

나는 첨망대의 마루에 앉아 한참 동안 바다를 바라보았다.

맑고 파란 바다는 고요하고 작은 섬들이 예쁘게 떠 있는데 바다 건너편에는 광양제철소와 하동화력발전소가 손에 잡힐 듯 가깝다. 첨망대를 돌아 나와 이락사(李落祠)를 둘러본 뒤 나는 이락사 옆으로 난 남해 바래길 13코스 이순신 호국길을 따라 충렬사까지 걷기로 했다.

길을 걸으면 바람에 실려 오는 장군의 목소리와 체취를 보다 선명하고 진하게 느낄 수 있을 것 같았다. 봐도 봐도 물리지 않는 이 아름다운 바다를 보며 나는 다시금 그때 이순신이 없었다면 지금 내가 이 바다를 볼 수 있었을까? 하고 반문했다

2시간여를 걸으니 노량대교에 이르렀다. 남해대교와 나란히 서 있어 더

욱 아름답다.

　노량·남해대교를 지나 5분 정도 더 걸으니 남해 충렬사에 도착했다. 충렬사는 순국한 이순신의 유구가 처음으로 안치된 것을 기리기 위해 세워진 사당인데 사당 바로 뒤에 가묘가 있다. 나는 묘를 한 바퀴 돌면서 흙을 만져 보았다. 마치 장군과 이별의 악수를 하는 것 같은 느낌으로.

　지난 5월 진도 울돌목에서 여수까지 여행에 이어 10월 부산에서 남해까지 이순신의 말을 따라 길을 걸었다. 지도를 펼쳐 놓고 걸어온 길을 다시금 돌아보니 마치 학이 날개를 활짝 폈다가 접은 것 같다는 생각이 들었다.

충렬사의 이순신 가묘

水.月.白.死.忠(수·월·백·사·충)

　여행을 다녀와서도 이순신은 계속 내 머릿속에 빙빙 돌고 있었다. 나 또한 뭔가 허전했다. 가만히 생각해 보니 나는 아직 현충사와 이충무공의 묘소조차 가 보지 않았다는 것을 상기했다. 사실 나는 '영웅의 무덤은 민초들의 가슴이다'라고 평소 생각했기 때문에 1960~1970년대에 정부 주도하에 이뤄진 '성웅 이순신' 만들기에 대한 거부감을 가지고 있었다.

　10월 30일 아침 일찍 나는 아산 현충사로 향했다. 예상했던 대로 현충사는 규모도 단연 크고 잘 정비되어 있었다. 방문객 또한 많았다. 그러나 나를 가장 기쁘고 놀라게 한 것은 일제 강점기인 1931년 충무공 종가의 경제적 어려움으로 충무공의 묘소와 묘답(제사 비용을 마련하기 위한 토지)이 은행 경매로 넘어가게 되자 전국 각처에서 백성들이 성금을 보내와 묘소와 묘답을 지키고 남은 돈으로 1932년에 현충사를 다시 세우게 되었다는 사실을 알게 된 것이다. 충무공 이순신 기념관 안으로 들어가 보니 당시 각계각층 많은 백성이 성금을 내며 함께 부쳐 보낸 편지들을 전시해 놓고 있었다. 내용을 읽어 보니 참으로 뭉클했다.

　　　　백성들의 성금 편지 1　　　　　　　백성들의 성금 편지 2

　아~ 현충사는 처음에는 아산의 유생들이 세웠고 없어질 뻔한 충무공의 묘소는 백성들의 성금으로 지켜졌으니 충무공은 진짜 백성들의 가슴에 묻히셨구나, 라는 생각이 들면서 그간의 나의 무지와 편견이 부끄러웠다.

　현충사 역내에는 막내아들인 이면과 장인 방진 묘 등이 있으나 충무공의 묘는 현충사에서 9km 정도 떨어진 아라산에 있다. 원래는 아산 금성산 아래 있었는데 1614년에 가족들이 아라산으로 이장한 것이다. 야트막한 산언덕에 충무공의 묘소는 자리 잡고 있었다. 주위는 푸르른 소나무숲이 병풍처럼 둘러쳐 있고 앞은 탁 트여 있어 바다를 대하듯 시원한 느낌을 준다.

아라산 이충무공 묘

　나는 충무공의 묘 앞에서 고개를 숙이고 석상처럼 한참을 서 있다가 묘소 뒷산 정상으로 올라갔다.

　소나무 그루터기에 앉아 충무공의 삶을 내 나름 정리해 보았다
水 · 月 · 白 · 死 · 忠

　이순신의 삶과 일생은 바로
水 · 月 · 白 · 死 · 忠 이 다섯 자로 요약, 정리될 수 있을 것 같았다.

　서쪽 하늘을 붉게 물들이며 해가 넘어가고 있었다.

나는 충무공께 헌사를 하고 일어섰다.

모든 것 내려놓고
죽음조차 두려움 없이
저 푸른 바다에 뛰어들어 나라를 구했으니
그 충혼 그 공훈
불멸의 달이 되어
겨레의 가슴속에 영원히 비치리라

아라산에서 본 해넘이

Ⅱ.

이산 정조와의
8일간의
여행

위로해 주고 싶었다.

칭찬해 주고 싶었다.

"산아, 너는 정말 대단하다"고.

"이산(李祘), 너는 정말 잘 참고 버텼다"고.

"이산, 너는 왕으로서도 최고였다"고.

그래서 산이와 8일간 여행을 떠났다.

행선지는 산이가 그토록 가고 싶어 했던 화성(華城)이다.

화성에는 산이가 그토록 보고 싶어 했던 아버지가 계시는 곳이요, 산이가 퇴임 후 한가로이 여생을 보내고자 한 곳이기도 했다.

8일간 나와 산이는 화성 일원을 두루 걸었다. 그러나 산이는 아무런 말도 하지 않고 그저 옅은 미소만 띨 뿐이었다.

나는 그 이유를 마음으로 알 것 같았다.

그것은 바로 산의 역사였기 때문이다.

역사란 바로 그런 것이다.

아바마마 편히 쉬시는지요?

아바마마 편히 쉬시는지요?
산이는 아버지 앞(융릉)에 엎드려 절하며 이렇게 문후를 여쭈었다.
그러나 산의 아버지는 아무런 말씀도 없다.

장삼이사(張三李四)가 죽으면 우리는 '이제 편히 쉬실 거다'라고 믿는다. 하지만 왕은 죽어서도 편히 쉬지 못한다. 사람들이 끊임없이 왕을 불러내 물고 뜯고 씹으며 묻는다. 그게 역사다. 그래서 왕은 죽어서도 편히 쉬지 못한다.
하물며 이산(정조)과 그의 아버지 사도세자 이선(李愃)은 새삼 더 말해 무엇 하겠는가.

한 사람의 호칭은 그 사람의 역사다.
장삼이사는 이름과 직업·직위가 그 사람의 역사를 이루고, 왕은 시호(諡號)와 묘호(廟號), 능호(陵號)로 역사를 말한다. 심지어 왕은 죽으면 역사적 평가 때문에 무덤의 이름도 달라진다.

이선(1735)-세자(1736)-사도세자(1762)-장헌세자(1776)-장조(1899)

수은묘(1762)-영우원(1776)-현륭원(1789)-융릉(1899)

전자는 조선 22대 왕이었던 이산 정조의 아버지 이선의 시호와 묘호의 변천사이고 후자는 무덤 호칭의 변천사이다.

이 호칭의 변천사야말로 이산의 역사를 가장 압축해서 보여 준다.

이선은 1735년 11월 영조와 영빈 이씨의 둘째 아들로 태어나 이듬해인 1736년에 세자로 책봉되었다. 그러나 아버지 영조의 미움을 받아 1762년 5월 뒤주에 갇힌 지 8일 만에 창경궁에서 27세의 나이로 죽는다. 이때 이산의 나이는 10살로 할아버지 영조에게 아버지를 살려 달라고 울부짖었으나 끝내 아버지가 뒤주에서 죽어 가는 것을 지켜볼 수밖에 없었다. 세자 이선이 죽자 영조는 이선에게 사도세자라는 존호를 내리고, 양주(현 서울 전농동) 배봉산에 묻으니 이 무덤이 바로 수은묘다.(영조는 사도세자라는 존호를 주었으나 무덤은 원(園)이 아닌 묘(墓)라 칭하게 함으로써 폐세자의 지위를 복원시키지는 않았다.)

1776년 이산이 경희궁에서 왕(正祖)에 오르자, 정조는 아버지 사도세자의 시호를 장헌세자로 하고, 아버지의 묘호를 영우원으로 바꾼다. 그 후 이산 정조는 1789년에 아버지의 묘를 수원 화산으로 옮기고 현륭원(顯隆園)이라 하였다. 200여 년 지난 1899년 12월 고종이 장헌세자를 장조로 추존함으로써 왕의 무덤인 능(陵)이 되어 정식 융릉(隆陵)이 되었다. 이상이 최소한으로 정리한 역사적 팩트다.

그러나 이런 역사적 팩트 속에는 아직 분명하게 밝혀지지 않은 수많은 사실과 진실이 역사라는 이름으로 소환되고 있다. 그래서인지 무덤 속에 있는 아버지 이선도, 문후를 여쭙는 이산도 아무런 말이 없다.

뒤주를 가져온(제안했다고도 함) 사람은 사도세자의 장인이었던 홍봉한이었다. 부인인 혜경궁 홍씨는 남편인 사도세자의 죽음에 수수방관하였다. 사도세자를 둘러싼 당파 간의 정쟁이 치열했고, 그가 죽은 후 그의 죽음에 관한 일(임오변란)을 언급하는 것은 금기되었다는 등의 사실은 끝없이 역사에 소환되었다. 그러니 이 역사의 주인공인 이선과 이산 아니 사도세자와 정조는 죽어서도 편히 쉴 수가 없는 것이다.

융릉, 용주사

하늘은 투명하게 맑았고 바람은 더할 수 없이 깨끗하고 상큼했다.

융릉은 용이 엎드려 있는 형상을 띠고 있다는 화성시(華城市) 용복면(龍伏面)의 화산(花山) 자락에 폭 안겨 있다.

이름에는 상징성과 실제성을 갖고 있다.

융릉이 들어서기 전에 이곳은 수원도호부 읍치(邑治)가 있던 곳으로 이전에도 천하 명당으로 지명되어 선조와 효종의 능 자리로 거명되었던 곳이다. 그러니 이곳이 천하 명당의 자리인 것만은 분명하다. 뒤는 산세가 부드러운 선으로 이어져 안온하고 앞은 탁 트인 평야 지대로 시원하니 풍수지리에 문외한인 내가 보더라도 첫눈에 길지라는 느낌을 들게 하니 마을 이름(龍伏面)과 산 이름(花山)이 허명이 아님을 알겠다.

더구나 사도세자 본인도 생전에 효종의 능역으로 선정된 후에 직접 이곳에 와 보고 천하 명당임을 확인하고 좋은 곳이라 감탄했다*고 하니 이산 정조가 이곳에 아버지를 모시고자 한 것은 당연한 마음이었을 것이다.

그러나 마음이 그러하고 왕이라 해도 이산 정조가 마음대로 할 수는 없었

---

* 김준혁, 《화성, 정조와 다산의 꿈이 어우러진 대동의 도시》, 217쪽

다. 그래서 이산은 기다리고 인내하며 때를 기다린 후 즉위 13년 만인 1789년에야 아버지를 이곳 화산으로 모시고 현융원으로 명명한 것이다. 그리고 이 천봉(遷奉)은 이산 정조가 오랫동안 꿈꿔 왔던 '백성을 위한 새로운 조선의 건설'이라는 거대한 계획의 서막을 알리는 일이었다.

능역내 융릉으로 가는 길 양옆에는 만만치 않은 연륜의 소나무가 빽빽이 늘어서 있는데 잎과 송피 모두 청정하여 보는 것만으로도 명당의 서기(瑞氣)를 느끼게 한다. 홍살문을 들어서 참도(參道)로 천천히 걸어가며 고개를 들어 보니 정자각(亭字閣) 뒤 푸른 잔디 언덕 위에 봉긋이 솟아난 능 하나가 보인다. 이산 정조의 아버지 장조와 어머니 헌경왕후(혜경궁 홍씨)가 합장된 융릉이다.

융릉

두 사람 모두 10세 때 생면부지의 상태에서 어른들의 이해관계로 만나 부부의 연을 맺었으니 애틋한 남녀 간의 사랑 같은 것은 각별치 않다고 하더라도, 부부간의 이해관계나 정으로 봐서는 같은 편이 될 만도 한데, 남편의 죽음에 부인이 수수방관했고, 오히려 남편의 가해자들을 두둔하고 변호하기까지 했다는 사실을 다시금 생각하니 지금 저 능에 함께 모셔진 이산 정조의 아버지와 어머니는 이승에서 못다 한 사랑과 행복을 저승에서는 누리고 계시는지 궁금증이 발동한다.

이산은 왕이기에 앞서 대단한 휴머니스트요, 로맨티스트다.
도화서 출신 궁녀 성송연(의빈 성씨)과의 사랑과 부부애, 정조가 퇴위 후에 꿈꿨던 삶을 살펴보면 이는 누구나 쉽게 인정할 수 있는 인물 규정이다.

융릉에는 여느 왕릉과는 다르게 곤신지(坤申池)라는 둥근 연못이 있다. 안내판에는 능의 생방(生方)*이었기에 능이 조성된 다음 해에 '용의 여의주' 형상을 본떠 만들었다고 쓰여 있다.
그러나 나는 생전 고단한 삶을 살다 참담한 죽임을 당한 아버지가 이곳 화산(花山)의 유택(幽宅)에서만은 정말 몸과 영혼 모두 아늑하고 편안하게 쉬시라고 연못을 만들어 드린 것으로 생각한다. 연못에는 잉어들이 평화롭고 유유하게 헤엄을 치고 있었다.

이산 정조는 아버지 장헌세자가 영원히 편히 쉬길 바라고 또 바랐다. 그

---

* 풍수지리에서 능이나 묏자리에서 처음 보이는 물을 지칭하는 말

래서 그는 능 옆에 용주사라는 절도 세운다.

그런데 용주사란 절은 좀 이상하다. 여느 절에서나 볼 수 있는 거대한 일주문은 보이지 않고 능이나 관아에나 세우는 홍살문이 서 있다. 건축 양식도 사찰의 건축 양식이 아닌 궁궐이나 대갓집의 건물 모습이다. 대웅보전으로 통하는 누각에는 안팎으로 각각 편액이 걸려 있는데 밖에는 천보루(天保樓), 안쪽에는 홍제루(弘濟樓)라는 편액이다. 밖으로는 하늘이 보호하고 안으로는 백성을 널리 구한다는 뜻을 담고 있다. 홍살문 좌우에는 효행박물관과 효림당이라는 건물이 들어앉아 있는데 이 또한 용주사가 장헌세자의 명복을 영원히 축원하는 마음에서 지은 원찰에서 나온 것이다.

수원은 효원(孝園)이라는 영예로운 호칭으로 불리는 도시다. 이는 전적으로 이산 정조의 덕으로 얻어진 역사의 훈장이다. 시인 조지훈은 이곳 용주사 대웅보전 앞마당에서 무녀(舞女)의 춤사위를 보고 난 후 걸작 승무를 지었다. 시인은 시를 지으며 어떤 마음이었을까?

장조(사도세자), 헌경왕후(혜경궁 홍씨), 이산 정조, 이제는 모든 것을 벗어 놓고 편히 쉬라고 눈을 감고 축원 또 축원했을 것 같다. 나 또한 용주사 느티나무 아래 의자에 앉아 눈을 감고 조지훈의 〈승무〉를 가는 목소리로 읊조려 본다.

…

파르라니 깎은 머리
박사(薄紗) 고깔에 감추오고

두 볼에 흐르는 빛이

정작으로 고와서 서러워라

...

용주사

   정조의 무덤인 건릉(健陵)은 융릉의 서쪽에 있다. 정비였던 효의왕후와 함께 묻혀 있고 소박하다.

   정조의 죽음을 마지막으로 지켜본 인물은 정조와 오랫동안 정치적으로 대립해 왔던 대비 정순왕후(영조의 계비)다. 그런데 대비 정순왕후는 어의도 물리친 채 홀로 수은의 연기를 피워 내는 연훈방이란 처방법을 썼다.

   그래서 정조 또한 독살되었다는 의혹이 끊임없이 제기되고 있다. 이래저래 이산 정조 또한 죽어서도 편히 쉬지 못하고 있다.

   화산 저쪽 너머로 해가 넘어가고 있었다.

화성
정조가 꿈꾼 새로운 조선

– 이산, 너는 다 계획이 있었구나

과인은 사도세자의 아들이다!

이산 정조가 1776년 3월 조선 22대 왕으로 즉위하면서 경희궁 숭정문 앞뜰에서 터트린 취임 일성이었다.

사도세자의 아들임을 천명한 왕이었기에 비명에 간 아버지의 묘를 명당으로 옮기는 일은 지극히 쉽고 당연한 일처럼 생각될 것이다. 그러나 쉽고도 당연한 일처럼 생각되는 일조차 이산이 왕이 된 지 무려 13년 만에야 이루어졌다. 그것은 바로 이산이 왕이었기에 그랬던 것이고, 왕인 이산의 처지가 그러했기 때문이기도 했다.

사도세자가 새로이 묻힌 수원 용복면 화산 아래는 본디 수원도호부의 읍치가 있던 곳이다. 따라서 이곳에 있던 관아와 백성은 수원 팔달산 아래쪽으로 옮겨가야만 했다. 왜냐하면, 조선의 법상으로는 왕의 무덤인 능(陵)이나 세자의 무덤인 원(園)이 조성되면 봉분을 중심으로 사방 10리 안에는 모든 민가가 철수해야 했기 때문이다.

1789년 10월 현륭원이 조성되자 정조는 처음으로 아버지의 묘를 참배한다. 현륭원의 조성과 참배 그리고 이에 따른 행궁과 새로운 읍치의 건설은 정조가 '사도세자의 아들'임을 드러내는 하나의 표징으로 그 효심만으로도 칭찬을 받을 만하다. 그러나 정조는 단순히 아들 이산으로서만 머무르지 않았다. 이산은 천봉과 참배, 행궁과 신읍치의 건설을 왕으로서 바라보고 입체적 개혁 과제로 묶어 구현시키고자 했다.

그래서 왕임에도 불구하고 아버지의 묘를 옮기는 데 13년이란 세월을 기다렸고 13년의 세월 동안 생각을 가다듬고 준비하여 그 꿈을 구체화한 것이 바로 화성이다. 말하자면 화성은 왕으로서 이산이 꿈꾼 조선의 미래이자 '성군이 되어 달라'며 뒤주에서 죽어 간 아버지의 무언의 유언을 실행해 옮긴 산물이라 본다.

정조는 즉위 2년인 1778년 6월 민생(民生), 인재(人才), 융정(戎政), 재용(財用) 부분의 경장대고(更張大誥)를 발표한다. 요즘 식으로 말하면 민생, 인사, 국방, 재정 개혁에 관한 원칙을 밝힌 것이다. 이때가 정조 나이 25세로 즉위 2년 만에 나라 경영을 위한 핵심 과제 계획을 천명했다는 것은 이산이 '준비된 왕'임을 알게 하는 대목이다.

정조는 즉위한 해인 1776년에 규장각을 설치하고, 초계문신제를 시행하여 실사구시적 학식과 재능을 갖춘 인재들을 대거 기용한다. 이때 중용된 인재들이 정약용과 소위 규장각 네 명의 검서관으로 불리는 서얼 출신의 박제가, 유득공, 이덕무, 서이수 등이다. 놀랄 만한 일이 아닌가? 상반의 신분제와 서얼의 차별이 엄격했던 그 시대에 비록 5~9품의 잡직에 불과하다지만 왕을 가까이서 보좌하는 자리에 이런 천한 신분의 인물을 기용했다는 것은 정조의 개혁 의지가 그만큼 강했다는 것을 보여 주는 것이다.

즉위 다음 해인 1777년 7월 경희궁 존현각에서 잠자던 정조는 지붕을 뚫고 잠입한 자객들에게 시해될 뻔한 일을 당한다. 이른바 정유역변(丁酉逆變)이다.

정조 9년에는 홍국영의 사촌 동생이었던 홍복영이 역모를 꾀한 사건도 발생했다. 왕의 나라에서 왕의 침전 지붕을 뚫고 왕을 죽이려 했고, 정조가 왕이 되는 데 절대 공을 세웠던 홍국영의 사촌동생이 역모를 꾀했다는 사실이 당시 왕이었던 정조가 처한 정치권력의 현실을 극명하게 보여 주는 것이다.

사실 그때까지도 조선의 병권은 실질적으로 무반벌열(武班閥閱)에 쥐고 있었다. 군사 개혁을 통해 병권을 장악하지 못한다면 나라의 안전은 고사하고 왕인 자신의 안위마저 보장할 수 없음을 정조는 뼈저리게 느끼고 있었다. 그러나 섣불리 치밀한 준비와 명분 없이 국방 개혁을 추진하다가는 오히려 기득권 반개혁 세력들에 뒤치기를 당할 수 있음을 정조는 잘 알았다. 그래서 정조는 시해 사건이나 역모 사건 등을 반전의 계기로 삼아 국방 개혁을 차근차근 추진해 나갔다.

존현각 시해 사건을 계기로 숙위소를 설치(1777년)하였고, 홍복영 역모 사건 후에는 왕의 친위 부대인 장용위를 창설(1785년)하였다. 그리고 3년 후인 1788년에는 새로운 군사 방위 체제를 구축하면서 장용위를 장용영으로 확대 개편하였고, 화성 축성을 시작하기 전해인 1793년에는 수원도호부를 수원 유수부로 승격시키면서 장용외영을 설치함으로써 장용영은 최정예 친위부대로서의 면모를 완성했다. 한마디로 말해서 정조에게는 다 계획이 있었던 거다.

정조의 영특함과 위민 정신 그리고 개혁 의지가 돋보이게 나타난 정책은 단연 1791년에 실시한 신해통공(辛亥通共)이다.

이전까지는 나라로부터 허가를 받은 상인들(육의전과 시전)만 상업행위를 할 수 있었고 이들은 다른 백성들이 장사하는 행위(난전)를 막는 권한을 갖고 있었다. 이를 금난전권(禁亂廛權)이라 했다. 말하자면 이런 정책은 특정인에게만 상행위를 하게 하는 특권이다. 지금으로 말하자면 이는 정경유착에 의한 특혜다. 이로 인해 일반 백성들은 장사를 할 수 없었고, 장사를 하려면 시전상인이나 벼슬아치들에게 돈을 바쳐야만 했다. 이는 마치 힘없고 가난한 백성이 악덕 상인과 조폭들에게 돈을 바쳐야만 장사를 할 수 있는 상황과 같은 것이다. 그런데 정조는 이런 금난전권을 폐지하고 일반 백성들도 장사를 하도록 한 것이다. 신해년에 모두 장사를 할 수 있도록 했다는 의미에서 신해통공이라 하는 것이다.

그러니 지금껏 권력과 유착하여 막대한 이권을 누려 오던 상인과 벼슬아치들의 반발과 방해 공작이 오죽 거세었겠는가.

영조 시대에도 금난전권을 제한하려는 움직임이 있었다. 그러나 상인과 결탁한 조정 관료들의 반발과 교묘한 책동으로 전면적인 폐지는 이뤄질 수 없었다. 이들은 상품과 화폐를 대량 보유한 채 유통시키지 않음으로써 시장의 기능을 마비시켰던 것이다. 이때 세손이었던 이산은 영조의 명을 받고 화폐로 사용되던 엽전 대신 어음으로 결제하는 방책을 대안으로 내놓음으로써 문제를 해결했고, 이런 경험으로 1787년(정조 11년)에 금난전권을 부분적 제한(丁未通共)한 데 이어 1791년에 금난전권을 전면 폐지하게 된 것이다.

신해통공으로 인해 조선의 상공업은 비약적인 발전을 하게 되는 계기가 되었는데 이보다 더 큰 민생 정책과 위민 정책이 어디 있겠는가. 이는 정조의 백성을 사랑하는 마음과 영민함 그리고 강한 개혁 마인드가 없었다면 결코 실현될 수 없었을 것이다.

재용(財用) 개혁은 정조가 솔선수범함으로써 실현해 갔다. 정조는 그동안 받아 왔던 왕실의 면세 혜택을 줄이거나 포기하였고, 씀씀이도 줄이고 낭비를 하지 않았다. 검소한 생활이야 할아버지인 영조로부터 보고 배운 바도 있지만, 사치와는 거리가 먼 성군의 품성을 갖고 있었다. 이렇게 해서 절약한 돈은 후일 화성 축성과 백성을 위해 유용하게 사용된다. 동서고금을 막론하고 사익 추구에 탐욕을 부리고 사치와 방탕을 일삼은 나라의 지도자가 백성을 배부르게 하고 위대한 업적을 남긴 역사는 없다. 그들은 백성을 도탄에 빠뜨리고 나라를 망하게 했을 뿐이다. '부패해도 유능하면 된다'라는 말은 그래서 거짓이고 사기다.

– 화성, 화성 행궁 – 또 하나의 도읍과 정궁

이산은 왕이기 전에 자신도 하나의 인간으로서 편안하고 행복한 삶을 살기를 마음속에 깊이 간직하며 살았다. 그러나 왕으로서의 이산에게는 평범한 인간의 소박한 삶이 허용되지 않는다는 것을 그는 잘 알았다. 그것이 자신의 운명이기에 이산은 자신의 안락한 삶을 포기하는 대신 만백성을 배부르고 편안하게 해 주기로 마음을 먹었다. 그렇게 하는 것이 곧 자신도 평화롭고 행복한 인생을 사는 것이라 생각하고 그 길을 걷기로 한 것이다. 그것은 "성군이 되어라"라는 아버지의 유언을 따르는 것이기도 했다.

그것을 이산 정조는 한시도 잊지 않았고 4대 개혁을 통해 조선을 새롭게 바꿔 백성을 편안하고 행복하게 해 주겠다는 계획을 품었다. 이산 정조는 백성들에게 자신의 이런 마음과 꿈을 보여 주고 싶었다.

아버지 사도세자의 묘를 수원 화산으로 옮기고 수원도호부 읍치를 팔달산 아래로 이전하고 이곳에 행궁을 짓고 화성을 축성하기로 한 것은 바로 이산 정조의 이런 꿈을 가시적으로 실현한 것이다.

나는 확인하고 싶었다. 이산에게 물어보고 확인하고 싶었다. 그래서 여행 이틀째 날에 나는 화성 행궁을 찾아갔다.

행궁 앞뜰은 광장처럼 넓디넓었다. 이 넓은 뜰에 가을의 투명하고 따사로운 햇볕을 받으며 많은 시민이 연을 날리며 여유롭고 평화로운 휴식을 취하고 있었다. 금천교를 지나 행궁의 정문으로 다가서자 연륜 있는 세 그루의 느티나무가 마치 세 명의 정승이 둘러앉아 정사를 보다 허리를 깊이 굽혀 정조를 맞이하는 것처럼 나를 맞이한다.

고개를 들어 행궁 정문을 바라보니 신풍루(新豊樓)라는 편액이 걸려 있다. 원래 행궁이 지어졌을 때(1789년 8월)의 이 누각의 이름은 진남루(鎭南樓)였는데 1795년에 정조가 신풍루로 이름을 바꾸었다고 한다. 이는 무엇을 의미하는가? 풍은 제왕의 고향을 뜻하는 풍패지향(豐沛之鄉)을 의미하는 것이 아닌가.

그렇다면 정조는 화성을 자신이 잠시 유숙이나 할 행궁으로만 생각하지 않았음이 분명해 보인다.

1789년에 묘를 화산으로 옮기고 행궁이 건설된 후 정조는 수원 부사이던 강유와 신기경 등의 성곽 축성 건의를 받는다. 이런 조정의 흐름을 기회 삼아 정조는 1793년에 수원도호부(3품관할)를 화성유수부(2품관할)로 승격시키고, 당시 좌의정이었던 채제공으로 하여금 장용외영을 신설케 하면서 화성 축성을 위한 사전 정지 작업을 마친다.

초대 화성 유수는 당시 좌의정이자 정조에게 두터운 신임을 받던 채제공을 임명한다. 이는 정조가 화성을 어떻게 생각했는지를 짐작케 하는 대목이다.

화성 축성과 관련하여 우리가 꼭 기억해야 할 인물이 있다. 바로 조심태란 인물이다. 조심태는 본디 무반이나 1789년 수원 부사로 임명되면서 사도세자 현융원 조성과 수원 신읍치 건설을 성공적으로 수행한 인물이었다. 이런 능력을 인정받아 조심태는 1794년에 화성 유수로 임명되어 화성 축성의 실무 책임자가 된다.

앞서 언급한 진남루란 행궁의 정문 편액은 조심태가 쓴 것으로 전해지는데 진남(鎭南)이란 남쪽의 방어 진지라는 의미로 화성을 군사적 호위적 관점에서만 바라본 정명(定名)이다. 그러나 신풍루의 신풍(新豊)은 제왕의 고향, 마을이라는 뜻을 담고 있으니 이름에서부터 그 격과 차원이 다른 것이다. 신료 조심태와 왕인 이산과의 포부와 격은 이처럼 차이가 컸던 것이다. 이산 정조는 분명 새로운 조선을 상징할 수 있는 도시로서 화성을 생각했음이 분명하다.

이산에게 물었으나 이산은 여전히 아무 말이 없다. 나는 이를 또 확인하고자 궁 안으로 천천히 걸음을 옮겼다.

행궁은 팔달산 아래에 자리 잡았고, 행궁의 중심 건물인 봉수당에 가려면 행궁의 정문 역할을 하는 외삼문(外三門) 신풍루로 들어와 중삼문(中三門)인 좌익문(左翊門) 그리고 내삼문(內三門)인 중양문(中陽門)을 지나야 한다. 이 세 개의 문은 일직선으로 서 있고 그 좌우에 건물들이 대칭적으로 들어앉아 있는 구조이다.

북악산 자락에 자리 잡은 경복궁이 정문이자 외삼문인 광화문, 중삼문인 홍례문, 내삼문인 근정문이 일직선으로 세워져 있고 근정전은 이 삼문을 통해야 다가갈 수 있는 구조로 지어진 것과 같은 구조이다. 이를 삼문삼조(三門三朝) 배치라 하는데 삼조(三朝)는 외조(外朝), 치조(治朝), 내조(內朝)를 말하는 것으로 외조는 의례를 치르는 공간, 치조는 정사를 보는 공간, 내조는 잠을 자거나 휴식을 하는 공간을 가리킨다.

화성 행궁은 삼문삼조라는 조선 궁궐의 기본 틀에 따라 건설한 것인데, 이를 기준으로 화성 행궁을 분류한다면 남북군영, 수리청, 비장청, 집사청, 외정리소는 외조이고, 유여택과 보수당은 치조에 해당하며 장락당과 미로한정 등은 침조 공간이다. 이렇듯 화성 행궁은 비록 규모는 한양의 경복궁, 창덕궁, 창경궁보다는 작으나, 삼문삼조(三門三朝)나 좌묘우사(左廟右社-좌측에는 종묘, 우측은 사직단)라는 조선 정궁의 격식과 체모를 갖추고 있어 정궁 같은 행궁이라고 할 수 있다. 화성 행궁의 경우 좌묘는 성신사(城神祠)로 대신했는데 정조는 1796년에 팔달산 기슭에 화성의 신을 모시는 사당이란 뜻의 성신사를 세우고 이를 종묘에 갈음했다.

실제 정조는 화성을 또 다른 도읍으로 키워 새로운 조선을 만들 꿈을 품고 있었다. 실로 엄청난 꿈이다.

생각해 보라.

200여 년 후인 2004년에 노무현 대통령이 세종시에 행정 수도를 만든다고 했을 때 대한민국의 기득권 세력들이 조선의 경국대전까지 끌어와 저항하고 반대하지 않았던가.

조선의 도읍 한양은 조선 그 자체라 할 수 있다. 나라의 모든 권력과 상징이 모여 있다. 양반 기득권 세력의 중심지인 한양을 두고 또 하나의 도읍을 만들겠다는 이 구상은 실로 나라의 근간을 뿌리째 흔드는 엄청난 것이었다. 이산 정조는 파괴력이나 기득권 세력들의 거센 반발도 충분히 예상했다. 그래서 서둘지 않으면서도 차근차근 치밀한 계획하에 이 계획을 실행해 나갔다.

나는 이산에게 "그렇지! 맞지?" 하고 물었다. 그러나 이산은 여전히 웃기만 할 뿐 대답이 없었다. 이산 정조는 그런 인물이었다. 그는 늘 그랬다. 느릿느릿 걸으나 늘 매운 눈으로 지켜보며 민첩하게 행동하는 호랑이 같았다. 화성 행궁과 화성 그리고 수원 일대에는 그 흔적이 곳곳에 남아 있다. 행궁의 건물을 신풍루(신풍-제왕의 새로운 고향), 장락당(장락궁-한나라 궁전), 낙남헌(낙남궁-후한의 수도인 낙양성의 남쪽 궁)이라 이름 지은 것은 화성이 단순한 행궁이 아니라 장차 새로운 조선의 또 하나의 도읍을 겨냥한 의미를 담은 것이다.

화성행궁 신풍루

개혁은 낡은 것을 새롭게 바꾸는 것이다.

새롭게 바꾸려면 새로운 생각이 필요하다. 이산은 오래전부터 새로운 조선을 꿈꿔 왔고 즉위하면서 가슴에 품어 왔던 계획을 하나하나 실현해 왔다. 이산 정조는 자신이 그리는 '새로운 조선'을 백성에게 확인시키고 누리게 하고 싶었다. 그래서 화산으로 아버지의 묘를 옮기고 화성 행궁을 지으면서 새로운 성을 짓기로 한다.

그게 바로 화성(華城)이다. 말하자면 화성은 '정조가 꿈꾼 새로운 조선의 상징적 결정체'라 할 수 있다.

화성 축성은 1794년 1월에 시작된다. 그러나 전술한 바와 같이 정조는 1793년에 수원도호부를 수원유수부로 승격시키고 중신 채제공을 유수 겸 화성 성역 총리대신으로, 수원 신읍치 건설에 능력을 보인 조심태를 화성 축성의 감독으로 임명한다. 그러나 이보다 앞서 1792년 정조는 정약용으로부터 화성 축성의 계획안이라 할 수 있는 성설(城說)을 보고받고 승인한다.

팔달산 아래 동면(東面)한 화성 행궁을 중심에 놓고 3,600보(4.24km) 둘레에 2장 5척(7.75m) 높이의 석성을 쌓고, 4개의 대문과 십자(十字) 모양의 대로를 놓는다. 이것이 화성 설계의 골간이다.

여기서 눈여겨볼 것이 3,600보와 동면 배치다.

둘레를 3,600보로 설계한 것은 요순시대의 왕성이 3,600보였다고 한다. 이는 정조가 태평 성대한 새로운 조선의 열망과 염원을 담은 것이다.

또 하나는 '새로운 조선'의 '또 하나의 도읍'으로 생각한 궁의 배치를 남면이 아닌 동면으로 했다는 점이다. 궁궐의 배치는 남쪽을 바라보는 것이 원칙이다. 그래서 왕의 권위를 '남면하다'라고 표현하는 것이다. 그런데 화성 행궁은 정문인 신풍루도 동면이고 정전으로 쓰인 봉수당도 동면이다. 이는 물론 풍수지리상 동면 배치가 자연스러운 것이 주된 이유겠지만, 나는 이산 정조의 실사구시적 사고의 결과이기도 하다는 생각을 한다. 왜냐하면, 만약 이산 정조가 고래(古來)의 형식적 논리에만 집착했다면 같은 팔달산 아래인 구 경기도청 자리에 세웠을 거라고 추측하기 때문이다(구 경기도청사는 남향 배치였다). 화성 행궁의 동면 배치는 명분에 집착하지 않고 실질을 중시하는 사고방식을 가진 이산 정조였기에 가능한 일이었다고 본다. 행궁을 동면 배치함으로써 수구 기득권 양반들의 반발과 저항을 피하면서도 실질적으로 정궁(正宮)의 역할을 갖게 하는 실사구시인 전략을 취한 것이라고 본다.

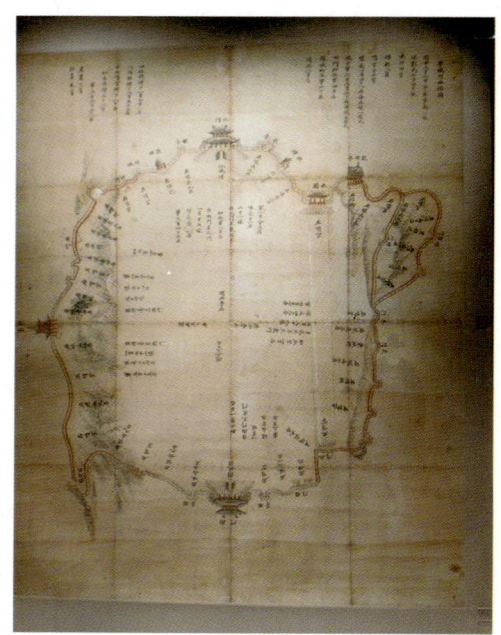

화성기본개념도

– 팔달문

여행 3일 차 나는 이산 정조와 화성을 한 바퀴 돌기로 했다.
"이산, 화성의 정문은 어디지?" 하고 물었다.
그러나 이산은 대답은 하지 않고 그저 웃을 뿐이다. 나는 남문 쪽에서부터 돌기로 했다.

남문의 정식 이름은 팔달문(八達門)이다.
버스에서 내리니 화강암으로 둥그렇게 쌓은 석축에 홍예문이 나 있고 그 뒤에 2층의 우진각 지붕을 한 팔달문이 당당히 서 있다. 차들은 쉴 새 없이 팔달문을 돌고 돌아 달리고, 팔달문 주변은 시장을 오가는 사람들로 붐빈다. 그러고 보니 이곳은 수원에서 사람들이 제일 붐비는 거리다. 그런데 이곳이 이처럼 수원 제일의 상업 지역이 된 것도 사실은 화성 축성과 깊은 연관이 있다. 앞서 밝혔듯이 정조는 화성 행궁 앞으로 남북으로 대로를 놓고 동서로 중심 도로를 닦은 후, 하루속히 도읍의 기능을 할 수 있도록 상업을 활성화하고자 했다. 그러기 위해서는 부자 상인들이 화성으로 이전해 장사할 수 있는 유인책이 필요했다. 그래서 조정은 인삼과 모자와 같은 품목의 독점 판매권과 자금 지원책을 제시했다. 그러나 이 정책은 현실적으로 한양의 특정 상인들에게 특권을 주어 장기적으로는 한양의 기득권이 수원의 상권마저 장악하여 백성들에게 피해를 줄 수 있다는 의견이 제기되었다. 그래서 이를 보완할 대책이 도입되었다. 그 내용은 한양의 부상과 함께 수원 지역에 사는 건실한 상인들에게 자금을 지원하자는 것이었다. 요즘 식으로 말하자면 먹튀나 철새 상인의 위험성이 있는 한양 부상만이 아니라 수원에 오래 기반을 두고 있는 건실한 향토 상인들도 함께 육성하자는 것이다. 이 정책을 낸 인물이 바로 조심태이다.

 조심태는 이미 1790년에 수원 신읍치 건설의 책임자로 있으면서 이와 같은 수원 상인 육성 방안을 건의했었다. 조정에서는 조심태의 방안을 받아들였고 그 결과 수원은 "한양의 부자상인과 수원의 상인 그리고 전국 경향 각지에서 올라온 상인들이 특정의 독점권 없이 자유롭게 장사를 할 수 있게 된 것이다. 이 시장이 바로 조선 3대 시장인 화성 성내외(城內外) 시장이었다."*사실 수원은 한양으로 가는 길목에 있어 조선 시대 전라·충청·경상

---

* 김준혁, 《화성, 정조와 다산이 꿈이 어우러진 대동의 도시》, 262쪽

의 문물이 모여드는 곳이었고 팔달문이 들어선 자리는 화성 십자로의 교차로였으니 이곳이 수원 제일의 상업 지역이 된 것도 다 이산 정조의 안목 때문이라 하겠다.

팔달문

– 정조 – 민방위 훈련을 지휘하다

팔달문 관광 안내소를 지나 오르는 성곽길은 제법 가파르다. 계단 길을 20여 분 오르니 서남 암문이 나온다. 그런데 암문 왼쪽으로 암문과 연결된 성이 있고 그 성벽 사이에 제법 널찍한 길이 나 있다. 화양루(서남각루)로 가는 용로(甬路)다. 용로란 좁고 긴 성벽과 성벽 사이로 낸 길을 말한다. 용로의 폭은 승용차 한 대는 거뜬히 지나갈 정도다.

그렇다면 용로와 화양루는 왜 만들었을까?

정약용이 처음 설계한 화성 계획안인 성설에는 화양루는 없었다(성설에는 서남암문과 포사가 서남쪽 성곽의 끝선이었다). 그런데 화성 축성의 실무 책임을 맡았던 조심태가 현장을 지휘하다 보니 성설의 설계대로 성을 쌓으면 현재 화양루가 세워진 곳에서 화성 내부가 훤히 보일 뿐만 아니라 포의 공격도 받을 위험이 있었다. 그래서 조심태는 이와 같은 문제점을 발견하고 건의하여 성곽을 서남쪽 250여 m 밖으로 늘려 쌓도록 만들었다. 화성이 애초 3,600보(4.24km)에서 4,600보(5.74km)로 길어진 이유다.

조심태가 무장이었기 때문에 그런 문제점을 발견할 수도 있었던 것이지만, 그것보다는 그가 얼마나 충성심을 갖고 성실하게 자기가 맡은 일을 수행했는지를 여실히 보여 주는 사례라 할 수 있다. 그래서 조심태는 화성 축성에서 우리가 기억해야 할 또 한 명의 위인인 것이다.

화양루에 다달아 신발을 벗고 마루에 올라앉아 커피 한 잔을 마셨다. 수원 서남쪽의 전경이 한눈에 들어온다.

용로와 화양루

    다시 암문으로 들어와 화성 한 바퀴 길을 이어 갔다. 낮은 돌담처럼 이어진 성곽과 길게 늘어선 푸른 소나무 사이로 난 흙길을 십여 분 오르니 파란 하늘, 흰 구름 속으로 치솟아 있는 위풍당당한 2층의 누각이 버티고 서 있다.
    화성 장대(서장대)다.
    팔달산 정상 위에 1층은 사면 3칸으로 2층은 1칸으로 위로 가면서 폭을 좁혀 지은 서장대다. 장대는 성곽을 내려다보면서 군사들을 지휘하던 시설이다. 서장대 앞에 서니 화성 행궁과 수원 시내가 바로 발밑에 있는 듯 보이고 아파트가 빽빽이 들어선 동탄 신도시가 선명하다. 서장대가 세워졌을 당시에는 팔달산을 둘러싸고 있는 100리 안쪽의 동정을 모두 살필 수 있었다고 한다. 청량한 바람을 맞으며 천천히 사위를 살피는데 이산 정조가 내 곁에 없다. 고개를 돌려 뒤를 보니 융복을 입은 정조가 장대 위에 위엄 있게 서 있다.

그랬다. 정조는 1795년 윤이월 현륭원 참배와 어머니의 회갑연을 위해 나선 8일간의 화성 행차 사흘째 되는 날에 이곳 서장대에 올라 대규모의 군사 훈련을 지휘했었다. 성곽 방어 훈련과 야간 군사 훈련으로 진행된 이날의 압권은 단연 야간 훈련이었다. 훈련에 참여한 3,700여 명의 장용외영 군사들과 성안에 사는 1,000여 가구의 백성들은 정조의 우렁찬 지휘에 따라 지축을 흔드는 함성과 함께 포를 쏘고 횃불을 일시에 들어 올리는가 하면 동시에 횃불을 끄는 훈련을 일사분란하게 수행했다. 이런 군사 훈련은 일찍이 없었다. 이는 민관군의 대규모 합동 군사 훈련으로 지금의 민방위 훈련과 같은 것이었다. 정조는 화성 방어군인 정예 장용외영 군사들의 위용을 신료와 백성들에게 보여 줌으로써 화성이 군사 중심지임을 각인시키고 자신의 권위를 드높임으로써 왕권을 강화하고자 했다.

나는 이산 정조에게 내 말이 맞지? 하고 물었다.
그러나 이산 정조는 여전히 말은 않고 웃을 뿐이었다.

나는 서북쪽으로 이어진 성곽을 따라 천천히 발길을 옮겼다.

화성장대(서장대)

- 화성의 정문은 어디지?

치성(雉城)과 포루(砲樓), 각루(角樓)가 점처럼 이어져 있는 성곽을 20여 분 걸으니 화서문이 나온다.

문 앞에 반달 모양의 옹성(甕城)을 쌓고 축대 가운데엔 홍예문을, 축대 위에는 팔작지붕의 건물을 올렸는데, 규모는 눈으로 보기에도 팔달문보다 작았다. 화서문보다 정작 눈길을 끄는 것은 북쪽으로 조금 떨어진 곳에 있는 공심돈(空心墩)이다. 이 서북공심돈은 말 그대로 속이 비어 있는 돈대라는 뜻이다. 돈대는 지금으로 말하자면 경비 초소와 같은 것이다. 그러므로 돈대는 높을수록 적의 동태를 잘 살필 수 있다.

서북공심돈은 중국 무비지(武備志)에 있는 돈대에서 힌트를 얻어 돌로 된 치성 위에 벽돌로 3층의 외벽을 쌓은 후 내부는 목조의 건물을 올렸는데 건축의 문외한이 보더라도 눈길을 끌 만한 독특함과 아름다움을 갖고 있다. 대단하지 않은가? 현장 순행 길에 이토록 새롭고 창의적인 아이디어를 낸다는 것이 놀랍기만 하다. 이는 정조의 정치적 식견과 군사적 안목이 뛰어났음을 입증하는 것이다. 사실 '봐도 보지 못하고 들어도 듣지 못하는(視而不見 聽而不聞)' 리더가 얼마나 많은가. 현장에 나가면 대개 밑의 사람들의 보고나 듣고 '잘하라'라는 의례적인 말밖에 못 하는 리더가 얼마나 많은가? 그러나 정조는 앉아서도 청나라의 군사 시설이나 축성에 관한 지식과 정보를 꿰뚫고 있었다.

서북공심돈

　서북공심돈을 뒤로하고 조금 걸으니 웅혼한 대문이 우리를 맞는다. 장안문이다. 구조나 형식은 화서문과 비슷하나 규모는 훨씬 크다. 서울의 숭례문보다도 커서 우리나라에서 가장 큰 성문이란다. 이름도 전한(前漢), 수(隋)·당(唐)의 수도였던 장안(현 西安)에서 따온 것이다.

　한양에서 내려오는 임금을 맞이하는 문이기도 하다. 그러니 장안문을 화성의 정문으로 생각하는 것은 상식에 부합한다. 그런데 장안문이 원래 들어설 위치는 지금의 자리가 아니고 화홍문 쪽의 200m 안쪽이었다고 한다. 그런데 이곳에 장안문을 세우면 그곳에 살고 있던 200여 가구 백성들을 이주시켜야만 했다. 사실 새로운 도읍으로 생각하는 화성을 세우는데, 200여 호의 백성을 이주시키는 게 별 대수겠냐고 생각할 수도 있다.

그러나 이 200여 호 백성은 5년 전 현륭원을 건설할 때 수원 구읍치에서 이곳으로 이주해 온 백성이었다. 이산 정조는 이미 한 번 삶의 터전을 옮긴 그들에게 또다시 이주를 강제하는 것은 아무리 전제 군주 시대라도 말이 안 된다고 생각했다. 그래서 정조는 원래 계획을 바꿔 지금의 자리로 옮겨 장안문을 세우게 했다. 설계 변경으로 성의 기본 체제가 흔들리고 막대한 추가 비용이 들어감에도 불구하고 정조는 장안문의 위치를 바꿔 세우게 했다. 이는 백성을 제일 우선시하는 정조의 위민 정신이 아니었다면 있을 수 없는 일이었다.

분명 장안문은 규모도 팔달문보다 크고 임금을 맞이하는 문이라는 점에서 한양을 기반으로 한 권신들로서는 장안문을 정문으로 생각했을 것이다. 반면 팔달문은 남면이고, 규모는 장안문보다 작으나 많은 백성이 주로 이용하며 삼남의 물산과 사람들이 모이는 문이었다. 즉 백성으로서는 남문인 팔달문이 정문이었다고 할 수 있다.

나는 이산 정조에게 슬쩍 물었다.

화성의 정문은 어디니?

이산은 여전히 웃으나 말이 없었다.

장안문

- 고통스레 아름다운 방화수류정

 장안문을 뒤로하고 성벽을 따라가며 안팎을 두리번거리며 걸으니 단아한 지붕을 한 누각이 보인다. 화홍문이다.
 가까이 가 보니 누각 아래에 내가 흐르고 있다. 수원천의 별칭인 버드내(柳川)다. 버드내는 수원의 허파이자 진산인 광교산에서 발원하여 화성을 관통하여 아산만까지 흐른다. 그러니 화홍문은 수문이기도 하지만 화성의 동서를 잇는 다리이기도 한 것이다. 내려가 보니 7개의 홍예문을 통해 돌계단으로 쏟아져 내려오는 물은 마치 폭포수 같고, 그 물은 다시 모여 소(沼)나 담(潭)을 이룬 후 천천히 흐르고 있다. 그 물 위에 파란 하늘을 이고 있는 화홍문이 비치고 청둥오리들은 한가롭게 유영을 하고 있다.

아~ 어찌 이리도 아름다울 수가 있나!

보고 보고 또 봐도 새로운 느낌과 감흥이 솟아나 발을 떼기가 어렵다.

그런데 현재의 화홍문은 1922년 대수재 때 파괴된 것을 지역민들이 힘을 모아 1935년에 복원해 놓은 것이란다. 지금도 쉽지 않았을 문화재 복원을 일제 강점기 시절에 수원의 백성들이 돈을 모아 화홍문을 복원해 놓았다니 참으로 놀랍고도 아름다운 일이 아닌가.

화홍문

화홍문 뒷면으로 넘어가니 높은 석축 위에 팔작의 지붕을 겹쳐 한 마리 공작이 날개를 편 듯한 화려한 자태를 한 그림 같은 정자가 눈에 확 잡힌다.

방화수류정(訪花隨流亭)이다.

화양루(서남각루), 서북공심돈와 마찬가지로 방화수류정은 기본적으로는 군사 시설이다. 방화수류정도 정약용이 설계한 최초 화성 설계안인 성설(城說)에는 없으나 정조가 축성 순행 시에 이곳이 군사 전략상 요지임을 간파하고 각루라는 군사 시설을 또 설치한 것이다. 수많은 대소신료도 생각지 못한 것을 끄집어내다니 정조의 혜안에 그저 놀랄 뿐이다.

방화수류정은 다양한 이름을 갖고 있다.

정식 이름은 동북각루다. 이는 앞서 기술한 대로 설치의 주목적이 군사용이었다. 그러나 많은 백성은 용머리같이 생긴 바위에 세워진 건물이라 하여 용두각(龍頭閣)이라 불렀고, 수원 사는 백성들은 누각 바로 아래에 용연(龍淵)이라는 연못이 있었기에 용연정(龍淵亭)이라고 불렀다. 그러나 가장 대표적으로 불리는 이름은 방화수류정으로 재상 채제공이 정조를 모신 자리에서 지어 올린 것인데 남송 때의 정주학자인 정호(호는 明道)의 〈춘우일성(春日偶成 - 봄날 우연히 이루다)〉이란 시의 방화수류과전천(傍花隨柳過前川)이라는 구절에서 따온 것이란다.

구름은 맑고 바람은 살랑살랑 가볍게 부는 오후에
(雲淡風輕近午天)
꽃을 곁에 끼고 버들을 따라 내를 건너니
(傍花隨柳過前川)
사람들은 내 마음의 즐거움을 알지도 못하면서
(時人不識余心樂)
(나에게) 어린애처럼 한가하다고 훈계하네
(將謂偸閒學少年)

나는 채제공이 이산 정조의 속마음을 꿰뚫고 춘우일성 시의 뜻을 다음과 같이 해석해서 방화수류정이라고 이름 지은 것으로 생각한다. 시의 원문에는 분명 곁 방(傍)자를 썼으나 채제공은 '찾을 방(訪)'자를 쓰지 않았나. 이는 분명 유천(버드내)을 지나 화산으로 아버지 사도세자를 만나러 가는 이산 정조의 즐거움을 의미한 것이다. 그러니 이산 정조의 속도 모르고 함부로 탓하지 말라는 의미를 담고 있다.

채제공이 누구던가?
영조는 죽으면서 자기에게도 손자인 정조에게도 충신인 사람은 번암 채제공뿐이라고 말했던 신하다. 실제 번암은 충성스러웠고 유능했던 명재상이었다. 그래서 정조는 초대 화성 유수로 채제공을 임명하고 화성 축성의 총책임을 맡겼다.

용연을 한 바퀴 천천히 도는데도 눈은 자꾸만 방화수류정으로만 향하게 된다. 각도마다 다른 모습으로 보이는데 필설로는 제대로 표현할 수가 없어 고통스럽다.
이산 너는 도대체 어쩌자고 군사 지휘소를 저토록 아름다운 정자로 만들었단 말이냐!
황홀한 아름다움으로 적을 유혹해 절멸시키고자 함이었냐? 그렇다면 그것은 도대체 병법의 무슨 계(計)란 말이냐?

흔히 창덕궁 부용정, 경복궁 향원정, 방화수류정을 3대 아름다운 정자로 꼽는데 나는 단연코 방화수류정을 으뜸으로 생각한다. 방화수류정은 뜻도 기능도 아름다움도 다른 정자와는 다르기 때문이다.

　방화수류정에 신을 벗고 올라 내려다본다.

　둥그런 용연 한가운데는 봉긋이 솟아오른 정원에 푸른 소나무가 짝을 이루어 평화롭게 서 있다.

　이산 정조에게 추일우성(秋日偶成)이란 제목으로 시 한 수 지어 보라 얘기했는데 이산 정조는 대답은 하지 않고 그저 웃기만 한다.

　나는 다시 성벽을 따라 동으로 걷기 시작했다.

　하지만 고개는 자꾸 방화수류정으로 돌아갔다.

용연

방화수류정

- 봉돈(烽墩)에서 시루떡 김이 피워 오르라

서쪽 팔달산 아래에 궁을 짓고 좌우로 성을 쌓으니 동으로 갈수록 경사가 완만하다. 암문과 포루를 지나쳐 조금 더 걸으니 세 개의 단으로 나누어진 대지 맨 윗단에 전면 5칸 측면 4칸의 팔작지붕을 한 건물이 딱 버티고 서 있다. 기품이 당당하다. 동장대(東將臺)다. 전면에서 바라보니 연무대(鍊武臺)라는 편액이 걸려 있다. 이곳이 주로 무예를 닦고 군사 훈련을 하던 곳임을 알게 한다. 연무대 앞 넓은 뜰에서는 많은 시민이 연을 날리고 여유롭게 산책을 하며 청명한 가을의 오후를 즐기고 있었다.

연무대

　정조는 화성 축성이 마무리되어 가던 무렵인 1796년 8월에 축성에 참여한 기술자와 백성들을 위해 술과 고기를 내려 대규모 회식을 열어 주고 영의정 김조순, 채제공 등도 참석하게 했다고 한다. 가히 파격적이라 할 수 있다. 백성들을 위해 왕이 회식을 챙겨 준 것도 엄청난 일인데 그 회식 자리에 정승 판서 대신들도 참석했다니 이야말로 여민동락(與民同樂)을 극명하게 실천한 것 아니겠는가. 연무대와 조금 떨어진 곳에는 동북공심돈이 있다. 한국 전쟁 때 파괴되어 하부만 남았었는데 1976년에 복원해 놓았다고 한다.
　화서문 옆 서북공심돈이 사각 모양인 데 비해 동북공심돈은 원형의 모습이다. 내부도 서북공심돈은 사다리를 통해 올라가게 되어 있으나 동북공심돈은 나선형으로 설계되어 오르내리게 되어 있다고 하는데 직접 안으로 들어가 볼 수는 없어 아쉬웠다.

화성을 도는 내내 나는 한 가지 궁금하고 놀라운 것이 있었다.

도대체 세상에 어떻게 이토록 아름다운 군사 시설물이 있을 수 있단 말인가?

서북공심돈, 방화수류정, 동북공심돈은 기본적으로 군사 시설이다. 그러나 이들은 군사 기능은 물론 찬란한 아름다움도 갖고 있다. 도대체 왜 이리 했을까? 혹시 본말을 잊고 이런 실수를 한 것은 아닐까?

그래서 나는 이산 정조의 눈치를 보며 조심스레 물어보았다.

그랬더니 이산 정조는 역시 웃기만 할 뿐 답이 없고 대신 이산 정조를 잘 아는 김준혁 교수가 이렇게 알려 준다.

"정조는 화성을 축성할 때 '미려함은 적에게 두려움을 준다'라고 강조했습니다."

그 말을 듣고 나는 이산을 다시 한번 올려 봤다.

이산 정조.
참으로 대단하다. 대단해.
정조 넌 진정 대왕이야.
최고야!

몇 번을 감탄하며 걸으니 화성의 동문인 창룡문(蒼龍門)이 나왔다. 창룡문은 왜소하다 싶을 정도로 화성의 다른 3개 문에 비해 작았다. 그만큼 화성의 동쪽 방면은 군사적으로나 경제면에서 중요성이 덜했던 것을 반영하는 것이리라.

서쪽에서 비춰 오는 따가운 햇볕을 받으며 묵직한 발걸음을 옮기니 잠시 후 다섯 개의 떡시루를 엎어 놓은 듯한 봉돈(烽墩)이 나온다. 말 그대로 봉수대와 돈대의 기능을 가진 군사 시설이다.

그런데 화성 봉돈은 우리의 상식을 뛰어넘는다. 봉수대와 돈대는 대개가 높은 산 위나 해안가 절벽 위에 세우는 게 보통이다. 그런데 화성 봉돈은 성곽 일부로서 들어서 있다. 봉수대와 돈대를 합한 것도 처음이요, 봉돈을 성곽 일부로 한 것도 처음이란다. 참으로 참신하고 대담한 발상 아닌가. 이런 아이디어를 제안한 사람은 조심태라 한다. 조심태의 제안을 정조가 수용한 것이다.

봉돈의 설치 스토리를 알고 나니 '아이디어의 본질은 용기다'라는 말과 '현군(賢君)에 명신(名臣)'이란 말이 떠오른다. 좋은 아이디어가 있어도 리더가 우둔하거나 아집이 강해 부하들을 눈치나 보게 한다면 감히 누가 기탄없이 의견을 말하겠는가?

가까이 다가가 보니 봉돈은 화강암으로 기초를 쌓고 그 위에 벽돌로 성벽보다 높게 쌓은 후에 그 위에 암회색의 벽돌로 5개의 떡시루 같은 시설물을 설치했다. 벽면에는 총과 대포를 쏠 수 있도록 구멍이 나 있다. 봉돈 또한 한눈에 봐도 견고한 기능성과 아름다움을 동시에 느낄 수 있다.

나는 뒤로 물러나 벤치에 앉아 커피를 마시며 봉돈을 바라보며 잠시 생각에 잠겼다.

조심태의 봉돈 제안을 윤허하며 정조는 어떤 생각을 했을까?

정조가 진정 보고 싶고 듣고 싶었던 것은 봉수대에서 피어오른 연기나 불, 대포나 총소리가 아니고, 온 백성이 부뚜막에 커다란 시루를 얹혀 놓고 아궁이에 불을 지펴 떡시루에서 올라오는 구수한 김과 아궁이에서 타닥타닥 타고 있는 불빛이 아니었을까?

봉돈

나는 이산 정조에게 물어보았다.

그러나 이산 정조는 역시 웃기만 할 뿐 말이 없었다.

서쪽 하늘엔 어느덧 석양빛이 감돌고 마침내 나는 다시 팔달문에 섰다.

– 화성 – 아름답고 빛나는 꽃

1794년 1월에 시작한 화성 축성 작업은 1796년 9월에 끝났다. 여기서 화성의 규모와 시설물을 간략히 살펴보자.
- 총 길이: 5.74km
- 높이: 4.9~6.2m
- 주요 시설물: 행궁, 4개 대문, 암문(5개), 수문(2개), 연못, 장대(2개), 노대(2개), 공심돈(3개), 각루(4개), 포루(5개), 봉돈, 치성(9개), 용도, 적대(2개) 등 48개소
- 총공사비: 87만 량
- 연 동원 인력: 70여만 명
- 소요 돌덩이: 187,600개

애초에는 10년에 걸쳐 완공할 계획이었다. 그러나 불과 2년 9개월 만에 축성을 끝낸 것이다. 실로 엄청난 공사 기간 단축이다. 오늘날과 같은 토목 건축 기술과 기계, 기구가 없던 200여 년 전에 어떻게 이렇게 놀랄 만한 속도로 성을 완성할 수 있었는지 궁금하지 않을 수 없다.

결론적으로 말한다면 이런 결과는 '정조의 새로운 생각, 새로운 과학 기술과 기법, 뜨거운 위민 정신'의 소산이라고 할 수 있다.

먼저 정조는 자기 뜻을 잘 이해하면서도 실용적인 사고를 가진 채제공, 정약용, 조심태와 같은 인재들을 중심으로 일을 추진하였다. 채제공은 정치 행정적으로, 정약용은 총괄 계획을, 그리고 조심태는 현장 관리·감독을 맡

있다. 그러나 무엇보다도 정조 자신이 화성에 대한 큰 그림을 갖고 이론과 실무에도 해박한 식견과 안목을 갖고 있었기에 일사불란하게 축성 작업을 추진할 수 있었다.

두 번째는 유형거(遊衡車), 거중기(擧重機), 녹로(轆轤) 같은 새로운 과학 기기와 공법을 개발해 활용했다.

유형거 거중기 녹로

화성은 기본적으로 돌로 쌓은 성이다. 그래서 수많은 돌을 인근 숙지산 등에서 갖고 와야 했다. 무거운 돌을 쉽고도 안전하게 공사 현장으로 운반하는 것이 축성 작업에 매우 중요했다. 그래서 돌을 채석한 곳에서 축성에 맞는 크기로 다듬은 후 축성 현장으로 옮기는 방법을 썼다. 이때 사용된 수레가 유형거다. 종전 수레의 단점을 보완한 유형거는 비탈길에서도 빠르고 가볍게 움직일 수 있도록 개량 제작되었는데 일반 수레 100대가 324일 걸려 운반할 것을 70대로 154일 걸렸다니 얼마나 효율성이 좋았는지를 알 수 있다.

녹로는 지금의 타워 크레인과 같은 것으로 돌을 높이 들어 올릴 수 있는 기기인데 2대를 제작하여 사용하였다. 거중기는 중국에서 선교사로 활동하던 포르투갈인 요한네스 테렌츠(중국명 鄧玉函)가 지은 기기도설(奇器圖說)을 참고로 정약용이 제작하였는데 도르레의 원리를 이용하여 무거운 것을 들어 올리는 기기였다. 이런 것들은 당시 조선에서는 첨단의 토목건축 기기였으니 작업을 안전하고도 쉽게 할 수 있었음은 불문가지다.

셋째는 축성에 성과급제를 도입한 것이다.

정조는 축성에 동원된 백성들에게 하루 일당을 정해 노임을 지불하는 방식이 아니라 노동의 성과에 따라 노임을 차등 지급함으로써 비용의 절약과 함께 공정을 대폭 단축할 수 있었다. 이는 자본주의 시장 경제 원리를 도입한 획기적인 방식으로 공사 기간 단축의 결정적 요인이 아니었나 생각된다.

공기만 단축한다고 능사는 아닐 것이다.

공사 기간 단축도 필요하지만 가장 기본적인 것은 제대로 된 성을 쌓는 일이다. 그러려면 성을 쌓는 사람들이 책임감을 느끼고 성실하게 일하도록 만들어야 한다. 그래서 정조는 공사 실명제를 시행했다. 즉 축성에 참여한 목수, 석수, 미장이 등은 물론 일꾼들의 이름을 공사 실명판에 새겨 넣도록 했다. 이는 기술자들과 일꾼들에게 강한 책임감과 더불어 자부심을 느끼게 함으로써 공기를 단축하고 우수한 화성을 만드는 또 하나의 동인(動因)이 되었을 것이다.

마지막으로는 정조의 백성을 사랑하는 마음이 축성 공사에 참여한 백성들에게 전해진 것을 빼놓을 수 없다.

기술자와 일꾼들의 이름을 새겨 넣은 돌

　정조는 공사가 한창인 1794년 6월에는 척서단(더위를 이기는 약)을 하사하고 7월에는 공사를 중지시키기도 했다. 또한, 겨울에는 기술자는 물론 허드레 일꾼에게도 털모자를 하사했다. 당시 조선에서는 털로 된 방한용 귀덮개는 정3품 이상만 쓰게 되어 있었는데 일반 백성들이 왕에게서 털모자를 받았으니 그 감격이 오죽했겠는가. 이런 이유로 화성은 원래 계획을 훌쩍 뛰어넘어 2년 9개월 만에 견고하고 아름다운 성으로 태어난 것이다.

화성을 한 바퀴 돌고 나서 나는 다시 행궁 신풍루 앞의 느티나무 벤치에 앉아 옛 화성 전도를 들여다보았다.

순간 나는 그곳에서 활짝 핀 꽃을 보았다.

화성은 그 자체로 한 송이 꽃이었다.

화성은 새로운 생각과 백성을 사랑하는 마음이 피워 낸 새로운 조선의 꽃이었다.

화성 그 꽃은 참으로 아름답고 빛나는 꽃이었다.

이산 정조의 귀거래사

- 만화방창(萬·華·防·槍)? 만화방창(萬花方暢)!

창업(創業)보다 수성(守城)이 어렵다는 말이 있다. 이는 나라도 마찬가지다. 새로운 조선의 상징성을 띤 화성을 쌓았지만, 화성을 지키며 백성들을 편안하게 하는 것은 더욱 중요하면서도 쉬운 일이 아니다. 더군다나 화성은 한양과 더불어 또 하나의 도읍의 성격을 띠고 세운 성이었기에 외부의 침략을 막으면서 백성들의 삶을 풍요롭게 하는 것은 무엇보다도 중요한 과제였다.

이산 정조 또한 이런 점을 누구보다도 잘 알았다. 그랬기에 그는 즉위 초 4대 개혁(민생·국방·인재·재정)을 발표했고 무엇보다 민생과 국방 개혁에 심혈을 기울였다. 정조 즉위 당시 국방비가 전체 예산의 절반이 넘고 있었고 병권 또한 노론이 장악하고 있었기에 국방을 개혁해서 통수권을 장악하는 것은 왕권 강화를 통한 정치적 안정은 물론 민생 경제를 튼튼하게 하는 핵심 과제였다. 그래서 정조는 치밀한 계획하에 차근차근 국방·민생 개혁을 추진했다.

나와 이산 정조는 여정의 4일간은 그 개혁의 현장을 천천히 둘러보기로 하였다.

　화성을 관통하여 흐르는 수원천 변에는 버드나무들이 줄지어 늘어서 있다. 개천이 넘치는 것을 방지하기 위해 친수성(親水性) 나무인 버드나무를 줄지어 심어 놨기에 사람들은 수원천을 버드내(柳川)이라고도 한다. 물가에는 수초들과 이름 모를 꽃들이 헝클어진 듯 어우러져 있고 그 사이로 맑은 냇물이 흐르고 있다. 한양이 뒤로는 북악산, 앞으로는 한강을 두고 청계천이 동서로 흐른다면, 화성은 팔달산을 병풍처럼 두르고 뒤로는 한강을 두고 수원천이 남북으로 흐르는 형세를 갖추고 있다. 말하자면 궁을 중심으로 봤을 때 남면이냐 동면이냐의 차이만 있을 뿐 도읍으로서의 지리적 요건은 화성이나 한양이나 같다고 할 수 있다. 그래서 이산 정조는 화성을 조선의 또 하나의 도읍으로 구상했음이 분명해 보였다.

　청계천의 물이 인공의 냇물인 데 비해 버드내 물은 광교산에서부터 흘러온 자연수라 생각하니 정감이 더 간다. 돌다리도 건너 보고 꽃향기도 맡아 보며 늘어진 버들가지 흐느적거리듯 느린 걸음으로 걸어도 이내 북수문인 화홍문에 다다랐다. 엊그제 봤던 그 문인데도 새로운 느낌이 들어 자꾸 사진을 찍게 된다.

　화홍문을 넘어 용연으로 넘어가니, 소풍을 나온 연인과 가족들이 연못을 빙 둘러싸고 앉아 갖가지 음식과 음료를 마시며 한가로운 오후를 즐기고 있다. 너무나 평화롭고 여유로워 보였.

　이산 정조가 꿈꾼 새로운 조선은 바로 이런 세상이 아니었을까?

　맞지? 하고 나는 이산 정조를 바라보며 물었다.

　그러나 그는 웃기만 할 뿐이었다.

백성을 배부르게 하려면 토지가 있어야 한다.

토지가 있어야 밥을 만들고, 밥이 있어야 사람도 모이고 세상이 평화롭다. 이는 상식 중의 상식이다. 그런데 이 상식을 이뤄 내는 게 결코 쉬운 일이 아니다. 아니 어쩌면 가장 어려운 일이다.

이산 정조도 이 사실을 너무 잘 알았다. 그러기에 이산 정조는 화성을 계획하면서 농사지을 땅을 만들고 저수지를 만들 것을 함께 구상했다. 그 결과가 바로 만석거(萬石渠), 만년제(萬年堤), 축만제(祝萬堤)다.

나와 이산 정조는 그곳을 가기로 했다.

만석거는 화성 북문(장안문) 밖에 있는 방죽이다.

정조는 1795년 1월부터 작업에 착수하여 5월에 1022보 규모의 만석거를 완성한다. 그리고 주변에 둔전(屯田 - 군사 요지에 군량을 마련하기 위한 토지)을 설치했다. 이것이 대유둔(大有屯)인데 정조는 이곳에 장용외영 군사와 땅을 갖고 있지 못한 백성들을 이주시켜 농사를 짓게 하고 수확의 40%를 세금으로 내게 하여, 이 돈으로 장용영 군사들의 급여와 화성의 수리 비용을 충당케 하였다. 이는 병농일치(兵農一致)를 실현함으로써 당시 군역과 군포로 백성들의 삶과 재정을 피폐하게 했던 것을 바꾸게 할 수 있는 하나의 모범적 성공사례였다.

정조는 대유둔과 같은 정책을 전국적으로 시행하여 국방을 튼튼하게 함은 물론 백성의 삶을 풍요롭게 만들고 싶었다.

지금 만석거는 만석거 공원으로 바뀌었다. 벚나무와 단풍나무 등이 저수지를 둘러싸고 있고 저수지 수면 위에는 연(蓮)이 군락을 이루고 있다. 철이

지나 만석거에 핀 연꽃의 고아하고 그윽한 정취 (北池賞蓮)를 감상할 수 없는 것이 못내 아쉽기만 했다. 만석거 너머로 빽빽이 들어선 아파트 단지가 시야를 막는다. 저 아파트 단지가 대유둔이 있던 곳이다.

만석거를 에워싼 산책로에 시민들이 산책과 운동을 하며 만추의 오후를 즐기고 있다. 모두가 평화롭고 여유가 있어 보였다.

만석거

만석거와 대유둔의 성과를 확인한 이산 정조는 1798년 4월에 아버지가 묻혀 있는 화산 현륭원 앞에 또 하나의 저수지를 축조하는데 이게 만년제(萬年堤)다. 만년제가 있던 자리는 현재는 흔적만 남은 채 주변은 각종 개발로 어수선하기만 하다. 현재 지동 시장이 있는 곳에도 동지(東池)라는 못을 팠다고 하나 지금은 흔적조차 찾기 어렵다.

　1799년 5월 이산 정조는 화성 서쪽에 길이 1,246척, 높이 8척, 두께 7.5척, 수심 7척, 수문 2개를 갖춘 제방을 쌓고 저수지와 둔전을 만들었는데 이것이 바로 축만제(祝萬堤) 일명 서호(西湖)와 서둔(西屯)이다. 여기산 아래, 서호천을 옆에 끼고 축조된 축만제는 만석거나 만년제의 3배 정도 컸는데 당시로서는 가장 큰 저수지였다고 한다.

　화서역에서 서호천을 따라 조금 걸으니 이내 축만제가 나온다. 10월의 화사한 햇살을 받은 물빛은 투명함과 고요함을 담은 지상의 천공(天空) 같았다. 그 속에 작은 섬이 박혀 있고 물 위에는 이름을 알 수 없는 새들이 무리를 지어 헤엄을 치고 있고 하늘에는 기러기(?)가 편대를 이뤄 날쌔게 비행을 하고 있다.

　서호낙조(西湖落照)를 수원 팔경의 하나로 꼽지만 나는 서호유안(西湖遊雁)도 필적할 만하다는 생각을 한다. 송나라 소동파를 데려와 두 서호를 비교한 후 시 한 수를 읊게 하면 어떤 시가 나올까 하는 생각이 문득 스쳤다.

　동서로 쌓은 제방을 따라 걸으니 저수지 아래에 멍석을 이어 놓은 듯한 논에 누렇게 익은 벼들이 황금을 뿌려 놓은 듯 펼쳐져 있다.

축만제(서호)

서둔

아!

이산 정조가 화성의 동서남북에 제방을 쌓고 물을 담은 것은 바로 이 광경을 보기 위함이 아니었던가.

나는 황금 들판에 꽂힌 눈길을 억지로 돌려 이산 정조에게 물어보았다.

맞지? 그렇지?

그러나 이산 정조는 여전히 웃기만 할 뿐 대답이 없었다.

꿋꿋한 기상을 뽐내는 소나무 아래 벤치에 앉아 서호의 고요한 물 위에 생각을 담가 보았다.

만석거, 만년제, 축만제….

모두 만 자(萬字) 돌림이다. 만은 무슨 뜻인가?

천석 만석 자손만대 풍요로움을 빈다는 뜻이 아닌가?

그렇다면 만석거 옆에 있는 영화정(迎華亭)의 화는 우리가 관성적으로 생각하는 중화(中華)의 화가 아닌 부귀영화(富貴榮華)를 누리라는 뜻의 화(華)가 분명하다. 그렇다면 화성(華城)의 화는 중국을 흠모하거나 의식해서 쌓은 성이 아니라 모든 백성이 천석 만석의 배부름과 평화롭고 존귀하게 대접받는 그런 새로운 조선의 모습을 상징하는 이름임이 틀림없다.

사실 가정이든 나라든 외부의 침략으로부터 백성을 안전하게 지켜 주고 배부르게 해 주는 것이 경영의 요체가 아닌가. 요순의 태평성대라는 것도 바로 이것이 아니었던가. 그러기에 안보와 경제는 별개가 아니라 경제가 곧 안보인 것이다. 많은 전사(戰史)를 살펴보면 군수 물자(경제력)가 전쟁의 승패를 가른 경우가 얼마나 많은가. 그래서 손자병법에서도 싸우지 않고 이기는 전략(伐謀)이 가장 좋은 것이라 했다. 이산 정조는 바로 이 점을 분명히 알고 이것을 하나하나 차근차근 실현해 온 것이었다.

만(萬) 화(華)가 곧 방(防) 창(槍)이요, 만화방창(萬華防槍)이면 만화방창(萬花方暢) 할 수 있음을 이산 정조는 통달하고 있었던 것이다.

나는 옆에 있는 이산 정조에게 말없이 웃으며 엄지 척을 해 주었다.
그래, 너는 최고였어. 그래서 너는 그레이트 킹이야.

– 불취무귀(不醉無歸) – 취하지 않으면 집에 가지 마라

나는 화성 행궁 앞 광장을 천천히 거닐며 조정 내 변변한 지지 세력도 없이 즉위한 이산이 아버지의 묘를 화산으로 옮기고 불과 2년 9개월 만에 또 하나의 도읍이라 할 수 있는 화성을 완성하며 대동세상을 향한 새로운 조선의 전범(典範)을 세울 수 있게 한 정치적 동력은 무엇이었을까를 생각했다.

비록 이산 정조가 효장세자(사도세자의 이복형으로 진종으로 추존됨)의 후사로 입적되었다 하더라도 이산의 생부가 사도세자라는 것은 엄연한 사실이다. 그런데 사도세자는 반역자로 취급되어 그 자식은 군왕이 될 수 없다(罪人之子 不爲君王)는 것이 정조 즉위 전까지 조정의 지배 권력들이 가진 정치적 태도였다. 따라서 정조로서는 군왕으로서나 자식 된 도리에서도 사도세자를 정치적 죄인에서 복권시켜 놓지 않으면 안 될 처지였다. 그것은 정조 자신의 왕위에 관한 정통성의 문제로서 정통성이 확보되지 못하면 왕권마저 위협받고, 왕권이 위협받는 정치적 상황에서는 민생 안정도 기약할 수 없었다. 그래서 정조는 즉위 일성으로 "과인은 사도세자의 아들이다"라고 선언하면서 정면 돌파를 시도하였고 결국은 성공시킨 것이다.

나는 이때 정조가 내세운 정치적 명분은 한마디로 '군사부일체'였다고 생각한다. 성리학을 지배 이념으로 하는 조선에서 가장 중요한 가치는 부모에 대한 효다. 비록 사도세자가 역모의 죄를 쓰고 죽었다고는 하나 이는 정치적 죄목일 뿐이다. 그런 아버지의 아들이 왕이 되어 아버지에 대한 효를 다하겠다는데 이를 막을 명분은 약할 수밖에 없었다.

그러나 왕이 아무리 효의 명분을 내세운다고 하더라도 왕이 조정 신하를 제압할 수 있는 역량이 부족했다면 실행될 수가 없었을 것이다. 이때 정조가 조정의 신하들을 제압한 힘은 바로 학문의 힘, 지적 우위였다. 조선에서 신료들의 힘의 원천은 바로 학식이었다. 그래서 과거는 입신양명을 이루는 가장 확실하고도 강력한 통로였다. 학식의 높고 낮음은 관료들 사이에서도 보이지 않는 위계를 갖게 하는 힘을 갖고 있었다. 이런 이유로 왕의 스승은 자연 정치적 힘과 권위를 가질 수 있었다. 그런데 정조의 경우에는 경연 때나 학문을 논하는 자리에서 가르치는 신하가 오히려 정조에게 판판이 깨지고 배우는 형편이 되니 신료들은 정조에게 기를 펼 수가 없게 된 것이다. 말하자면 정조는 군왕이자 스승이기도 한 군사(君師)가 된 것이다. 정조의 학문은 넓고도 깊었다.

신료들이 단순히 관념적 지식을 전달하는 수준과 한계에 머무른 데 비해 정조는 새로운 생각과 해석으로 세상과 현실의 문제를 해결하는 식견과 통찰력을 갖고 있었다. 요즘으로 말하면 단순 암기식 공부를 한 사람과 폭넓은 독서와 사고로 무장한 사람이 토론 할 때 벌어지는 상황이라 할 수 있다.

그러니 신료들은 정조에게 제압당할 수밖에 없었다. 화성 축성 과정에서 각루의 설치는 바로 정조의 학문적 내공의 소산이라 할 수 있다.

군왕의 힘의 정점은 병권이다. 그러나 정조 즉위 시만 해도 병권은 왕보다는 특정 정파가 쥐고 있었다. 그래서 정조는 병권을 장악하기 위한 국방 개혁을 조심스럽지만 치밀하게 추진하였다. 오군영 체제를 오위로 개편하고 장용영을 설치하여 정예 친위대로 육성함은 물론 능 행차와 화성 행차 시에 군사 훈련과 시위를 통해 왕의 힘과 권위를 과시함으로써 왕권을 공고히 다져 갔다.

이렇게 내가 생각에 빠져 있는 사이 이산 정조는 앞서 남문 시장터로 가고 있었다. 시장에는 장을 보러 온 사람들로 왁자지껄 흥청대고 있었다. 이런 풍경을 보고 있는 이산 정조의 마음도 흡족한 듯 보였다.

버드내를 사이에 두고 지동 시장, 못골 시장과 남문 시장, 영동 시장이 가까이 붙어서 있다. 나는 순대로 유명한 지동 시장에서 순대로 간단히 요기하고 남수문을 건너 다시 남문으로 향했다. 두리번거리며 걷는데 시장 한 모퉁이에 곤룡포에 익선관을 쓴 정조가 평상에 앉아 술을 마시고 있는 모습이 보였다. 가까이 다가가 보니 정조가 '취하지 않으면 집에 가지 마라(不醉無歸)' 하며 술을 치고 있지 않은가.

'맨 정신으로 집에 가기 없기'라니 도대체 이게 무슨 말인가?

1795년 2월 이산 정조는 어머니인 혜경궁 홍씨의 회갑연을 화성 행궁 봉수당에서 가졌다. 동시에 정조는 가난한 백성에게 직접 쌀을 나눠 주고 양반, 평민을 가리지 않고 모든 노인을 초대하여 잔치를 베풀면서 불취무귀(不醉無歸)라는 건배사를 외쳤다. 정조는 모든 백성이 배부르고 흥에 겨워 술 한잔을 맘껏 마실 수 있는 그런 세상을 만들고 싶었기에 불취무귀, 불취무귀를 외쳤던 것이다.

정조의 불취무귀상 – 남문 시장과 지동 시장 사이에 있다.

영조 재위 52년 동안 기근을 막기 위해 40년간 금주령이 내려졌으니 불취무귀는 바로 이산 정조가 꿈꿨던 새로운 조선 백성의 삶의 모습을 대변하는 구호였다.

실제 정조는 자신이 꿈꾸는 새로운 조선을 위한 탄탄한 토대를 쌓은 후 세자가 15세가 되고, 어머니인 혜경궁 홍씨가 칠순이 되는 해인 1804년에 왕위를 세자(순조)에게 물려주고 자신은 상왕으로 물러난 뒤 이곳 화성에 내려와 아버지 사도세자를 장조(壯祖)로 추존할 계획이었다.

 문득 나는 화성 행궁 후원에 있는 미로한정(未老閑亭)이라는 작은 정자가 떠올랐다. '늙기 전에 한가로움을 얻어야 진정한 한가로움이다(未老得閑方是閑)'란 뜻을 지닌 정자다. 그렇다면 이 정자는 바로 정조의 귀거래사를 읊은 정자가 아니던가.
 숨 가쁘게 힘난하고 고달팠던 삶을 살아온 정조는 만천명월주인옹(萬川明月主人翁)의 자리에서 내려와 이선의 아들인 이산으로 평화롭고 한가하게 살기를 갈망했던 것 같다.

 여행 마지막 날, 나는 이산 정조를 만나러 화산 건릉으로 갔다.
 하늘은 여전히 높고 맑았고 바람도 상쾌했다.
 이산 정조가 환한 얼굴로 나를 맞았다.
 정말 편안해 보였다.

건릉

Ⅲ. 신 증도여지승람 (新 甑島與地勝覽)

상정봉 올라서서
사위를 둘러본다

가쁜 숨 내리 앉히고
부신 눈을 손 가려
앞을 휘둘러보는데
창창히 뻗은 짙푸른 솔숲에 침침했던 눈이 일순간 개운하다

허리를 곧추세우고
동공을 크게 해서 내려다보니
그 형상이 영락없는 온전한 이 나라 모양이다

이름하여 한반도 해송 숲이란다
동북으로는 회령,
서북으로는 신의주에서부터
평양 개성을 거쳐
서울을 지나
대전으로 이어지고
동남쪽으로는 부산
서남으로는 이곳 신안 목포까지
푸릇푸릇 울울창창이 뻗어 있다

전란의 고인(孤人)들이 만든 소금밭, 해송숲

덧섬(曾島)는 시루 섬(甑島)으로 불리고 쓰이기도 하는 섬 아닌 섬이다.

서울에선 800여 리, 목포로부터 근 백 리 길이나 이는 불과 10년 전에 다리(사옥 대교·증도대교)가 놓인 후의 얘기고 그전에야 만 리 길 천 리 길에 유배자도 외면(?)했던 그런 섬일 게다(나는 흑산도·신지도·보길도·고금·제주도로 유배된 인물들은 들어 봤으나 증도에 유형된 인물은 알지 못한다).

하기야 시루처럼 물이 빠져 물이 귀한 섬이라 하여 시루섬이라 했다니 시루섬 증도는 그야말로 생존을 거부하는 못 살 섬이었음이 틀림없다.

그랬던 시루섬 이 증도(甑島)에 민족의 삶터를 고스란히 본떠 웅대하고 아름다운 솔숲을 가꾸고 이뤄 낸 이들은 과연 누구였을까?

덧섬, 증도(曾島)는 한국 전쟁 시 북에서 남으로 피난 온 사람들이 먹고살기 위해 1953년 제방을 쌓아 염전을 만들고 앞섬(前 甑島)과 뒷섬(後 甑島)을 연결하여 더 큰 섬으로 만들었다.

하나의 섬에 또 하나의 섬이 더해져 더 큰 섬으로 태어났기에 얻은 이름이 바로 덧섬, 증도(曾島)다.

전란의 고인(孤人)들이 절애고도인 이곳 섬으로 떠밀려 들어와 오직 먹고 살기 위해 온몸으로 둑을 쌓아 소금밭을 만들고 소금을 만들어 냈다.

그 염전이 바로 오늘날 여의도 면적의 2배에 달하는 국내 최대의 태평염전(太平鹽田)이다.

초기 염전의 일꾼들은 대문을 북쪽으로 내고 고향을 그리워했다니 이곳 염전에서 만들어 낸 소금은 그들의 땀과 눈물의 결정체이고 소금밭 옆 갯벌에 피어난 퉁퉁마디(일명 함초)는 그들의 핏방울이 꽃으로 피어난 것처럼 보인다. 그래서 이곳에선 소금 꽃도 함초도 맨드라미도 코스모스를 보아도 숙연해진다.

태평염전

태평염전 한가운데를 일직선으로 가로질러 낸 길을 갯바람 맞아 가며 1시간 정도 걸으니 증도면 소재지인 증동리와 연결되고 이곳에서 좌측으로 방향을 트니 짱뚱어다리가 나온다. 짱뚱어다리는 광활한 갯벌 위에 하늘과 해송숲과 갯벌이 환상적인 조화를 이뤄 만들어 낸 거대한 설치 예술이다.

짱뚱어는 거무튀튀하게 생긴 꼴이 머리는 꼭 망둥이인데 몸통은 미꾸라지다. 놈들은 지나치는 바람에도 구멍 속으로 숨기 바쁜 게족들을 비웃듯 질펀한 뻘밭을 날렵하게 미끄러지며 나댄다.

나대지만 밉상은 아니다.

짱뚱어다리 끝은 상정봉에서 바라본 한반도 해송숲이다.

우전리 해수욕장 백사장을 따라 심고 가꾼 숲이 무려 십 리란다. 지금부터 약 50여 년 전에 이 숲이 조성되었다는 기록을 보니 이제야 이 소나무들을 심은 뜻을 알 것만 같다. 제방을 쌓아 염전을 만들었으니 피난민의 생활도 안정되며 벼를 심을 논이 필요했을 거다. 바닷가에 바짝 붙여 어린 솔을 심을 때 겉으로야 거칠게 몰아치는 바닷바람을 막고 바람에 실려 속절없이 스며드는 실 모래를 잡아 앉혀 소금과 곡식들을 보호하려 심은 소나무들이지만 속으로야 어찌 그 계산만 있었겠나 하는 생각이다.

그네들은 혈육같은 어린 솔을 꽂고, 흙을 덮고 북돋우며 흙더미를 삽으로 툭툭 쳐 주며 "어서 남북이 하나가 되어라, 어서 남북이 탈 없이 푸르게 푸르게 크거라"를 수없이 되뇌고 염원하며 심었을 것이다. 그렇지 않고서야 어찌 생김새가 삼천리강토 한반도를 빼닮듯 닮았단 말인가?

한반도 해송숲 왼편으로는 가을볕에 농익은 황금 논판이 넉넉한 폭의 비단 치마 펼쳐진 듯 여유롭고 풍요로우며, 저 멀리 아스라이 보이는 소금밭에는 맑은 햇살과 투명한 하늘빛에 반사된 소금밭이 별이 뜬 듯 반짝반짝 빛나고 있다.

오른편 백사장은 조비연의 허리처럼, 서시의 눈썹처럼 날렵하게 휘어져 십 리나 뻗어 있다. 뭍 마을 우전리에 절세의 미인이 있다는 소문을 듣고 달려온 숫총각 같은 바닷물은 여인의 허리 같은 백사장을 후려치듯 휘감고 싶어 안달을 내 연신 들락날락하나 우전 백사장은 희디흰 민얼굴을 살짝 붉힐 뿐 눈길조차 안 준다.

증도 한반도 해송숲

우전의 본래 이름은 깃밭이었다.

한겨울에 기러기가 날아들어 월동하고 가던 마을이라 붙여진 깃밭이란 이름을 우전(羽田)이라 고쳐 지었단다.

식자우환(識字憂患)이다. 이럴 땐 아는 것이 거추장스럽고 일을 그르친다. 우전보다는 아무래도 깃밭이 예쁘고 정감 있다.

이왕에 아는 체를 하고 싶다면 낙안(落雁)이 낫지 않나?

하얀 은빛 모래밭이 늘어지게 펼쳐지고 그 곁을 울울창창한 소나무 숲이 겹싸고 있는데 그곳에 기러기가 떼를 지어 날아와 깃드는 곳이 바로 이곳이니 이곳의 이름으로는 평사낙안이 제격이다.

증도 우전리 해변

증도 사람들은 살기 위해 전쟁의 포탄을 피해 이곳으로 상륙했고 그저 생존하기 위해 피와 땀과 눈물을 밤낮으로 뿌렸다. 그것이 오늘날 이처럼 아름답고 풍요로운 땅과 세상 으뜸인 소금밭과 어장을 일궈 낸 것이다. 그러기에 증도 사람들의 투박하고 뚝뚝한 말투는 그들의 깊은 자부심에서 나온 소리처럼 들린다.

한반도 해송숲을 등지고 동쪽으로 눈을 돌리면 찰진 갯벌이 광활하게 전개되는데 가느다란 직선 한 줄이 갯벌을 가로질러 그어져 있다.

꽃섬(花島)으로 가는 노두길이다.

노두길을 걸을 때
최대한 천천히 걸어라

노두길은 썰물 때만 걸을 수 있는 길이다.

그러기에 노두길은 썰물 때만 길이 열리고 하루에 두 번만 길이 뚫린다.

화도는 노두길을 통해서만 들어갈 수 있다. 화도 노두길은 1.2km에 이른다. 그러니 처음에는 많은 사람이 수많은 돌을 이고 지고 날라 길을 냈을 것이다. 그때 흘린 땀은 바닷물보다 더 짜디짰을 것이다. 그때 놓인 돌들이 있었기에 지금은 콘크리트로 포장되어 차들도 교행할 수 있다.

화도노두길

한자 이름 전 화도가 꽃섬이 된 사연은 두 가지 설이 있다.

하나는 옥황상제의 딸인 선화공주가 이곳에서 귀양살이를 할 때 외롭고 쓸쓸하여 꽃을 심어 꽃섬이 되었다는 설이고 또 다른 하나는 이 섬에 해당화가 많이 피어 물이 차면 섬 전체가 꽃처럼 보였기에 붙은 이름이라는 설이다.

그러나 정작 화도에는 해당화도 없고 선화공주가 살았다는 조그만 흔적도 보이지 않는다. 이 두 가지 설은 그야말로 이야기꾼들의 썰일 것이다.

나는 화도는 꽃이 없어도 꽃섬이라 불리는 데 추호도 손색이 없다고 생각한다. 화도는 섬 속의 섬이다. 섬이란 본디 사람이 귀한데 섬 속의 섬에 사람의 발길을 닿게 했으니 화도는 그 자체가 꽃이다.

해가 뜰 때 찬란한 햇빛과 어우러진 화도.

해 질 무렵 붉은 노을 속에 두둥실 떠 있는 화도는 상상보다도 더 아름다운 자태를 드러내는 그런 꽃이다. 노두 길을 걸어 화도에 갈 땐 최대한 느리게 걷자. 뒤꿈치를 들고 걸어도 좋고 게처럼 옆으로 걸어도 좋다. 그래야 짱뚱어와 칠게, 농게, 방게 등 조무래기들과 놀면서 갈 수 있다.

느릿느릿 걸어야 갯벌의 온갖 생명의 숨소리를 들을 수 있으며 어슬렁 걸어야 바람의 속삭임을 느낄 수 있으며 한눈팔며 걸어야 소금기 담은 바람도 달콤하게 맛보며 걸을 수 있다.

노두 길을 걸어 화도를 만날 땐 생각조차 멈추자.

섬에선 스스로 유폐돼야 자유롭다.

증도는 현재 대략 1,600여 명이 사는데 아직은 농업과 어업·제염을 주업으로 하는 사람이 다수나 곳곳에 들어선 펜션과 관광 리조트 시설들은 머지않은 미래에 이곳이 커다란 바람에 흔들릴 것을 예감케 한다.

염전들이 많이 현대화되었다지만 아직도 인력으로만 소금밭을 밀고 쓸고 해야 하기에 소금밭 일꾼들은 홀쭉한 체구에 얼굴은 햇볕에 새까맣게 타 버렸고 기름기 잔뜩 묻은 머리는 떡이 진 채 헝클어져 있는데 그들은 아직도 염전 한복판에 지어 놓은 허름한 나무판자 집에서 살고 있다.

이런 삶이나마 그들은 자본의 피난민이 되지 않고 살기를 소망하는지 모르겠다. 자본이 이 꽃같은 증도를 탐욕의 엘도라도로만 여긴다면 이곳 증도 주민의 삶은 또다시 돈의 전란을 피해 이곳을 떠나야 하는 피난민이 될지도 모른다.

부디 그런 비극이 이 꽃같이 아름다운 섬 증도에선 헛된 망상이길 빌어 본다. 갯벌의 못난 짱뚱어도, 언제나 삐딱한 길만 가는 철부지 게들도 평화롭게 함께 살아가는 새롭게 더함의 섬이 되기를 소망하며 나는 증도대교를 넘어 되돌아가고 있다.

2020.10.4.~10.7.
증도 여행길에서

IV. 호국 항쟁·생명·평화의 꽃섬
— 강화 나들길을 걷다

심도(沁都)를 아십니까?

심도(沁都).

스며들 심(沁)에 도읍 도(都)를 쓰니 물과 관련이 있는 지명인 줄은 알겠으나, '마음에 물이 스며든 도읍'이라 하니 뭔가 상서롭지 못한 비운의 땅 같은 느낌을 갖게 한다.

그러면 강화(江華), 강화라는 이름은 어떤가?

강화는 하늘에서 내려다보면 강으로 둘러싸인 모습이 마치 꽃과 같다는 데서 붙여진 이름이다. 강꽃, 즉 강물 위에 핀 꽃처럼 아름답고 빛나는 고을이라는 뜻이니 이 얼마나 멋지고 서정이 넘치는 이름인가.

그러므로 강화는 꽃 같은 섬, 꽃섬인 것이다.

심도는 바로 이런 강화의 별칭이다.

같은 땅, 같은 고을인데도 이토록 다른 느낌의 지명을 갖게 된 데는 나름의 곡절이 있는 것인가?

강화는 통일 신라 시대에는 혈구군(穴口郡), 해구군(海口郡)이었다가 고려 왕건 태조 때 지금의 이름인 강화현(江華縣)이 된다. 그 후 1231년 고종 18년 몽고군의 침략으로 이듬해 고려가 개경에서 강화로 천도를 하자, 강화는 강도(江都), 황도(皇都)가 되었고 그때까지 심주(沁州)로도 불리었던 강화는 심도(沁都)로 자연 격상(?)되어 불리게 된다.

'산천은 의구한데 인걸은 간데없네'라는 말이 있듯이 시대에 따라 사람마다 강화를 혈구·해구·강화·심도·강도·황도로 각기 다르게 불렀지만, 강화는 예나 지금이나 꽃섬의 자태를 한 번도 흐트러뜨린 적이 없었다.

다만 호명된 이름에서 알 수 있듯이 강화는 세파에 따라 활짝 핀 꽃이기도 했다가 밟히고 찢긴 꽃이기도 했다.

구한말 서구 열강의 침략 물길이 조선에 스며들던 시절, 강화도 선비였던 화남(華南) 고재형(高在亨, 1846~1916년)은 조선의 국권이 일본에 넘어가던 1906년 봄 강화 도우미 마을을 시작으로 200여 마을을 발로 걸어 돌며, 강화의 풍광, 풍속, 생활상, 인물 등을 256수의 한시(漢詩)로 그려 냈는데 그 책이 바로 《심도기행》이다. 화남은 강화의 산길 들길 물길 꽃길 고샅길 뱃길을 두루 거닐며 때론 수려한 산천을 찬미했고, 때론 곤궁한 민초들의 삶에 가슴 아파했으며 순후했던 풍속이 퇴락해 감을 한숨짓고, 나라와 대의를 위해 충절의 생을 살았던 지사(志士)를 흠모하며 걸었을 것이다.

강화 나들길.

나는 100여 년 전 화남이 걸었던 그 길이 나들길이란 새로운 이름으로 태어났다고 생각한다. 산천이 의구하니 화남이 걸으며 보고 느낀 바가 내가 걸으며 떠오르는 감상(感傷)과 다르지 않을 것 같다. 나들길마다 순박하고 선하고 의로운 민초들이 "오~ 자네 왔는가!" 환하게 웃으시며 마중 나와 반겨 줄 것 같았다.

강화 답사 1번 길
고려궁 성곽길

꽃섬(강화)는 강도·황도·심도다.

도(都)는 도읍(수도)이란 뜻을 가진 문자인데 도읍의 읍(邑)은 성(城)으로 둘러싸인 마을이라는 의미를 담고 있으니 도읍에는 응당 성이 있었다. 도읍은 아니더라도 성이 있다는 것은 그곳이 정치적, 경제적, 군사적인 면에서 중요한 위치에 있었다는 것을 웅변하는 것이다.

봉건 체제를 무너뜨리고 근대 민주주의와 시민 사회를 여는 데 중심 세력 역할을 한 부르주아를 '성안의 사람'이라 말하고, 중국어로 대도시를 성시(城市)라고 표기하는 것만 보더라도 성이 갖는 상징적이고 역사적 문화적 의미는 심대하다 할 수 있다. 더구나 짐이 곧 국가였던 절대 군주 시대에 왕이라는 지존이 머무는 왕도에 궁과 성을 쌓는다는 것은 나라의 첫 번째 과업이었다.

그러니 비록 몽골의 침입으로 말미암은 잠시 수도였기는 하지만 어엿한 고려 왕조의 도읍이었으니 강화에 성과 궁이 있는 것은 당연한 일이고, 이 성과 궁을 보고 이해하는 것이야말로 강화라는 꽃을 깊이 있게 알아 가는 첫걸음이라 할 수 있다.

강화성은 내성, 중성, 외성으로 구분하는데, 성을 쌓기 시작한 것은 고려 고종 18년(1231년)에 몽골의 침입으로 이듬해인 1232년 개경에서 강화로 천도를 하면서부터였다.

맨 처음 축조를 시작한 것은 내성으로 동서남북에 포진한 4개 산(동 - 견자산, 서 - 진고개, 남 - 남산, 북 - 북산)과 지형을 이용하여 궁궐을 에워싸고(길이 1,200m), 외성은 1233년에 초지돈대에서 대산리 적불돈대까지(23km) 쌓기 시작하여 1237년에 완성한다. 중성은 내성을 더욱 견고히 방어하기 1250년(고종 37년)에 축조된 성으로 북쪽으로는 북장대에서 옥림리 옥창돈대까지, 남쪽으로는 남장대에서 선원면 신정리까지 그리고 북장대와 남장대 사이는 내성과 중첩되는 성으로 총 길이는 대략 9km에 달한다. 강화의 성들은 축성 당시에는 모두 토성이었고 1259년에는 몽골의 압력에 의해 성이 모두 헐리었으나 조선 숙종 연간에 석성(石城)으로 개축하고, 정조 때 개수(改修)를 거쳐 1970년대 강화전적지 정화사업의 일환으로 복원되어 현재의 모습을 갖추게 되었다.

이렇듯 강화의 성은 염하(鹽河)라고도 불리는 강화 해협(강화~김포 사이를 흐르는 물길) 방향으로 3중의 성이 궁궐을 감싸고 있다.

그러면 고려는 왜 강화로 천도를 했을까?

무엇보다도 강화는 섬이라 기병을 주력으로 하는 몽골군이 수전(水戰)에 약하다는 점을 제일 먼저 고려했을 것이다. 그런데다 강화와 개경은 일의대수(一衣帶水) 격이다. 더구나 강화는 예성강, 임진강, 한강이 서해로 흘러드는 위치에 있는 하구로서 세금으로 거둬들이는 각종 곡물과 물산을 실어 나르는 물길의 요충지이기 때문이다.

전쟁의 승패도 실은 밥에서 결정된다.

제때 제대로 먹어야 잘 싸울 것 아닌가?

강화는 지정학상 중요함 때문에 섬임에도 불구하고 조선 시대에는 종2품 유수가 통할하는 곳이었다. 이렇듯 강화에는 내 · 외 · 중성이 있지만 여행객이 쉽게 접하면서 가 볼 수 있는 성은 내성으로 흔히 강화산성이라 하면 내성을 말한다. 이 강화산성으로 나들이를 하려면 강화나들길 15코스로 나서면 된다.

나들길 15코스는 한마디로 고려궁 성곽길이라 할 수 있다.

강화 버스터미널에서 걸어 7~8분 거리에 있는 강화 남문에서 출발하여 남장대에 오르고 국화저수지를 거쳐 북문, 북장대를 넘어 동문에 이르는 총 거리 11km에 이르는 길이다. 이 길을 따라가다 보면 연무당 옛터 부근에서 나들길 5코스와 겹치며 인근에 있는 서문까지 감상할 수 있어 강화 내성의 4大 문루(門樓)와 석수문, 암문까지 모두 볼 수 있다.

그러니 강화 나들길 15코스는 강화 기행 1번지라 할 만하다.

남문 앞에 섰다.

강화남문 안파루

겹처마 팔작지붕으로 된 문에 성곽이 두 날개를 펼치듯 뻗어 우아한 자태로 서 있다. 조선 숙종 37년(1711년)에 강화유수 민진원이 건립했단다. 고개를 들어 지붕을 보니 문루에 안파루(晏波樓)라는 편액이 걸려 있다.

안(晏)·파(波)라….

말하자면 파도가 편안해지기를 담은 뜻일 텐데 安 대신 晏을 쓴 이유는 파도를 잠재워 편안케 하는 것은 사람의 힘이 아닌 하늘의 뜻과 힘일 테니 해(日)를 이고 있는 편안할 晏을 쓴 것이 아닌가 생각해 본다.

사실 섬사람에게 물길 뱃길은 전적으로 자연의 조화다. 조선 시대 강화의 해상관문은 갑곶으로 내성의 네 대문중 남문과 가장 가깝다. 그러므로 남문은 강화의 관문 역할을 한 중심 문루다. 강화성의 중심 문답게 성에 꽂힌 청홍황색의 군기가 씩씩하게 펄럭인다.

성벽을 따라 남장대로 오른다.

돌로 쌓은 성벽을 따라 얼마간 걷자 석벽은 끝나고 이내 토성의 흔적이 나타나 마치 야트막한 산길을 걷는 듯한 기분이다. 그러나 길게 이어진 오르막길을 내리 걷자니 숨이 가빠진다. 이럴 땐 뒷걸음질로 오르는 거다. 바로 걷기와 뒷걸음질을 번갈아 해 대며 오르다 보니 순간 눈앞에 창문처럼 뚫려 있는 문이 나타난다.

아하, 이게 바로 암문이라. 암문은 원래 4개를 만들었으나 지금 남아 있는 것은 이 암문뿐이란다. 암문은 비밀 출입문이다. 암문을 지나 조금 더 오르니 사각의 2층으로 된 장대(將臺)가 늠름하게 서 있다.

남장대다.

남장대는 적의 동태를 감시하고 군사를 지휘하기 위해 높은 곳에 설치한 군사 시설이다. 불어오는 해풍에 땀을 식히며 가슴을 쭉 펴고 사방을 둘러보니 동남쪽으로는 강화읍이 한눈에 들어오고 멀리는 문수산이 보인다. 몸을 돌려 동북쪽으로 머리를 치켜드니 드넓게 펼쳐진 강화 평야가 눈을 시원하게 만들고 그 너머로 개성의 산하도 아스라이 보인다. 참으로 장쾌하다.

깊은 산 정상에서 보는 풍광이 묵직하면서도 그윽하여 마치 수묵화를 보는 것 같다면, 섬 산 위에서 보는 풍광은 개활(開豁)하여 수채화를 보는 듯 경쾌하다.

남장대

　남장대를 뒤로하고 타박타박 산길을 걸어 내려오니 그다지 높지 않은 산으로 둘러싸여 안온하게 자리 잡은 마을 앞에 파아란 봄물을 담고 있는 곳이 보인다. 국화저수지다. 저수지 수면이 봄바람에 살랑살랑 일고 있다. 따스한 봄볕을 기꺼이 맞으며 가느다란 내를 따라 내려가니 개천 위에 아치형으로 수문을 낸 석수문이 나온다. 냇가에 놓인 큼직한 징검다리를 밟고 건너니 연무당 옛터란 표지석이 눈에 들어온다.

　연무당은 강화와 한강 수로의 경비를 담당하던 진무영(鎭撫營) 군사의 훈련을 지켜보는 지휘관을 위한 공간이었는데, 1876년에는 운양호 사건의 결과로 조선이 일본과 맺은 조일수호조규(강화도조약)의 조인식이 있었던 장소이기도 하다.

연무대 옛터

연무당 옛터에서 차도를 건너면 바로 강화 서문이다.

서문은 숙종 37년(1711년)에 강화유수 민진원이 세우고 '아름다움을 본다'라는 뜻의 첨화루(瞻華樓)라는 현판도 직접 썼다는데 당시 민 유수는 어떤 아름다움을 보았으며 무엇을 아름답게 느꼈을까?

첨화루 곁에는 제법 연륜이 된 듯한 팽나무 한 그루가 처마를 살짝 가려주어 문루의 풋풋한 어색함(지금의 첨화루는 1977년 개수)을 중후하게 해주고 있다.

문루 앞에서 정면을 응시하니 서문 안 동네 골목길의 풍경이 아날로그 사진처럼 아치 프레임에 잡힌다. 다닥다닥 어깨를 맞대고 있는 수수한 집들의 모습이 정겹다. 포토존 게시판에 걸려 있는 1967년 사진에는 서문 앞에 초가집이 늘어선 것이 찍혀 있다.

서문은 강화 나들길 15코스의 중간 지점이다.

아치문에서 눈을 거둬 좌우를 둘러보니 북쪽으로는 돌로 싼 성이 계단처럼 늘어섰고 남으로는 5월의 엷은 숲속으로 굵은 밧줄 풀어져 있듯 산성의 길이 이어져 있는데 그 끝에 점 하나 찍힌 듯 정자의 지붕이 아스라이 보인다.

아~ 남장대구나!

저 유려한 곡선을 타고 내가 내려왔구나, 아~ 이제야 알겠다.

왜 사람들은 지나온 길을 추억이란 이름으로 그리워하고 아름다워하는지를!

그러나 추억이 진정 아름다운 것은 미래와 연결되어 역사를 만들 때가 아닐까?

서문에서의 아름다운 추억을 뒤로하고 나는 북문으로 떠난다.

강화서문 첨화루

강화산성 서문을 떠나 소나무 숲속 가느다란 오솔길을 따라 솔잎을 밟으며 동북쪽으로 30여 분 걸으니 북문이 나타났다.

팔작지붕의 우람한 문루는 학이 날개를 펼친 듯 성곽 좌우로 길게 늘어뜨려져 있고 문 앞에는 두 그루의 거목이 마치 성문을 지키는 군병처럼 서 있다. 문루의 이름은 진송루(鎭松樓)다.

당초 북문에는 누각은 없었으나 조선 정조 7년(1783년) 강화유수였던 김노진이 성문을 개수하면서 누각을 세우고 이름을 진송루라 지었다 한다. 김노진이 누각을 왜 진송루라 했는지 알 수는 없으나 이곳에 소나무가 많고 소나무의 기상과 충절을 생각해 북문이 적의 침략을 막아 내는 호국의 보루가 되기를 바라는 마음에서 지은 이름이 아닐까 하고 생각해 본다. 그런데 해서체로 반듯하게 써진 진송루 편액은 남문(안파루), 서문(첨화루)과는 다르게 편액의 글자가 왼쪽에서 오른쪽으로 쓰여 있다. 이 또한 나의 호기심을 자극한다.

서울 숭례문(남대문) 편액이 세로로 쓰인 것은 이유가 있다. 풍수지리상 불기운이 센 관악산의 화기가 궁성으로 번질 것을 막고자 위에서 아래로 숭례문이라 썼다는 것이다. 서울 4대문의 이름이 모두 세 글자(서 – 돈의문, 남 – 숭례문, 북 – 숙정문)인데 동대문만 흥인지문(興仁之門)으로 4자인 것도 원래는 흥인문이었는데 풍수지리상 서울의 서·남·북은 모두 지세(地勢)가 좋으나 동쪽만은 지세가 약해 지세를 보강해 주는 차원에서 '之'를 집어넣었다는 것이다. 이처럼 진송루 편액의 글씨를 좌에서 우로 쓴 것도 나름의 이유와 곡절이 있었을 것인데 이를 알려 주는 글이나 사람을 알지 못한다.

다만 화남 선생의 북문(北門)이란 한시가 나무판에 새겨 있다.

鎭松門下久徘徊(진송문하구배회)

진송루 성문 아래서 한참을 머물러 보니

山自高麗屈曲來(산자고려굴곡래)

산은 고려산에서 굽이쳐 흘러왔고

眼下一千茅瓦屋(안하일천모와옥)

눈 아래에는 일천 채의 초가집과 기와집

煙火影裡半塵矣(연하영리반진의)

연기 그림자 속에 절반이 티끌이네

강화북문 진송루

성곽을 따라 산등성을 오른다.

폭이 1m 남짓한 산성 위를 걸어 10여 분 오르니 북장대다. 그러나 장대는 없고 터만 남아 있다.

북장대에서 내려다보니 하늘과 바다 땅이 모두 내 밑이다. 하늘 아래 저 멀리 북녘땅 개성이 아스라이 보이고 그 앞에는 문수산 줄기가 그리고 연이어 염하의 물줄기 그다음은 드넓은 강화 벌판이 수만의 명석을 깔아 놓은 듯 광활하게 펼쳐져 있다. 남장대에서 보던 것과는 또 다른 아름다움이다.

북장대터에서 바라본 염하와 강화 들판

　북장대터에서 찍은 꽃섬의 황홀한 눈 사진을 가슴속에 고이 담아 동문으로 내려간다.
　동쪽이라 봄볕을 더 받아서인지 제멋대로 좁게 난 길가엔 잡초 속에 솟아난 쑥을 캐는 아낙들이 가끔 눈에 띤다. 마을 동네에 이르자 골목길이 사방으로 뚫려 있는데 나들길 안내 띠가 눈에 띄지 않아 왔던 길을 몇 번 되돌아가길 한 후, 느티나무 아래 평상을 마실방 삼아 한담을 나누시는 어르신들께 길을 물어 동문에 다다랐다.
　동문 또한 고려가 몽골 침입으로 강화로 천도를 함에 따라 세워진 뒤 몽골의 압력과 청나라의 침략(병자호란)으로 헐리고 파괴된 후 개축과 개수를 거쳐 2004년에 지금과 같은 모습의 문루로 복원되었다.

 동문도 서·남·북 문루와 규모나 양식에서 별반 차이가 없지만 문루의 받침돌로 쓰인 돌과 성벽을 쌓은 돌을 보면 동문과 다른 문과의 차이를 확연히 알 수 있다. 즉 서·남·북 문루의 축대에 사용된 돌은 정으로 다듬고 잘라 돌의 크기도 다르고 돌의 질감도 살아 있다. 반면 동문루의 축대로 사용된 돌은 대리석을 기계톱으로 자른 듯 규격이 모두 일정하고 기계식 그라인더로 갈아서인지 표면이 매끄럽다. 그래서 문루에 붙어 있는 성벽의 돌과 모양·색·질감이 뚜렷이 달라 자연스럽지 못한 모습이다. 한마디로 덕지덕지하게 화장한 여인의 모습 같다. 이왕 늦었으니 제대로 복원했으면 좋았을 걸 하는 생각이 들었다.

 동문에는 망한루(望漢樓)라는 편액이 달려 있다.
 그런데 망한루라는 편액이 달린 곳은 문의 안쪽(앞)이 아니라 바깥쪽(뒤)이다.
 그렇다면 망한루의 뜻은 분명한 것 같다. 여기에 쓰인 한(漢)은 임금을 가리키는 것이겠다. 강화 동문의 앞쪽은 남쪽인데, 뒤쪽은 북쪽으로 바로 임금이 있는 서울 방향이기 때문이다.
 남문에서 출발하여 동문까지 걸었으니 고려궁 성곽길인 강화 나들길 15코스를 형식적으로는 다 걸은 것이다. 그러나 강화 내성을 쌓은 궁극의 이유는 고려 왕조의 심장인 궁궐을 지키기 위함이었으니 이제 고려 궁궐이 자리 잡고 있었던 곳으로 발길을 옮겨야 했다.

강화동문 망한루

고려 궁지는 동문에서 걸어 10분이면 족히 닿을 수 있다.

고려가 1232년에 강화로 도읍을 옮겼으니 가장 먼저 해야 할 일은 궁궐을 최대한 빨리 짓는 일이었다. 그래서 당시 "고려는 본궁인 연경궁을 비롯한 14개의 건물과 궁궐 부속 시설을 지었다고 전한다. 이때 고려 궁의 뒷산을 개성 송악산이라 부를 정도로 고려 궁을 중심으로 주변의 지명과 궁궐 각 건물 및 문루까지도 개성의 궁궐을 모방했다고 한다."* 그러나 1259년 몽골의 압력으로 고려 궁궐은 모두 헐렸고 지금 남아 있는 건물들(동헌, 이방청, 외규장각)과 동종은 모두 조선 시대의 것이다. 유일하게 남은 고려의 것이라고는 궁의 정문에 해당하는 승평문(昇平門)이라는 이름뿐인데, 지금도 고려 궁지로 들어가려면 남쪽으로 난 승평문을 거쳐야만 한다.

산천은 변하고 인걸도 간데없어도 이름은 영원하다. 이게 바로 역사다.

---

* 최보길, 《강화도의 기억을 걷다》, 52쪽

호국 항쟁의 나들길

외규장각 뒤편 넓은 궁터에는 잔디만이 가지런히 깔려 있다.

텅 빈 궁터를 왔다 갔다 하니 갖은 상념이 떠오른다. 몽골의 압력에 쫓겨난 고려 궁궐의 주인들은 그러면 어디로 갔단 말인가?

약탈당한 왕실의 책과 의궤를 돈 주고 빌려 오는 이 황당함은 도대체 뭔 시추에이션인가?

외세가 이 꽃섬을 짓밟고 찢을 때 그대들은 무엇을 했는지….

외세에 밟히고 찢겼어도 강화는 이렇게 아름다운 꽃을 피우고 있는 섬이다.

나는 이제 그 호국 항쟁의 꽃들을 보러 다시 길을 나선다. 그 길에서 낯설지만 순수하고 아름다운 풀꽃들을 주목하여 보려 한다.

나는 나태주 시인의 풀꽃을 읊조리며 호국 항쟁의 나들길로 향했다.

고려궁지

– 염하(鹽河) · 진(鎭) · 보(堡) · 돈대(墩臺)

강화는 서울에서 자동차로 1시간여 달리면 갈 수 있는 섬이다. 강화에 닿으려면 누구나 강화 해협을 건너야 한다.

앞서 얘기했듯이 강화는 한강 · 임진강 · 예성강이 서해로 흘르드는 위치에 있는 하구로서 경상 전라 충청 삼도와 평안 황해도에서 거둔 세곡을 실어 나르는 조운의 거점이었으며 군사 전략상 요충지였다.

서울 방향 강화대교 왼쪽, 김포 쪽 문수산을 바라보며 흐르는 강화해협의 끝지점(월곶) 유도(留島)가 있는 곳을 조강(祖江)이라 부르는 것은 바로 이런 의미를 담고 있는 것이다. 《조강의 노래(최시한, 강미 저)》에서 "조강은 한강의 끝줄이 김포를 감싸고 서해로 들어가는 일정한 구간의 강을 의미하는 한강 하구의 다른 이름으로 어른 강, 여러 강이 모여 이룩한 큰 강이란 뜻으로 풀이된다"라고 하였다.

서울의 턱밑에 있는 섬이라는 지리적 조건이 바로 강화의 영욕을 운명짓게 한 것이다. 이런 지정학적 중요성 때문에 조선 숙종 때는 강화에 진무영을 설치하고 섬 전체를 둘러 가며 5진(鎭) 7보(堡) 53돈대(墩臺)의 군사 진지를 구축하였다.(53개 돈대 중 48개는 숙종 5년 1679년에, 나머지 5개는 영조 때 축조)

진은 군사 주둔지이며 오늘날로 치면 대대, 보는 중대, 그리고 돈대는 적의 동태를 살피고 감시하는 소대급 경비 초소라고 할 수 있다. 그런데 5개 진(초지진, 덕진진, 용진진, 제물진, 월곶진)이 모두 서울을 바라보는 강화 해협 쪽에 설치되었다. 이것만 보더라도 이곳이 안보 경제상 얼마나 중요시 되었는가를 가히 알 수 있다.

강화 나들길 1, 2코스는 바로 5개의 진과 보, 돈대를 만날 수 있는 길이다. 말하자면 이 1, 2코스는 외세에 맞서 싸운 우리 역사를 만나는 호국 항쟁의 길인 것이다.

강화 해협(염하)

　동문~고려 궁지~강화 향교를 거쳐 전에 왔던 강화산성 북문과 북장대에서 오읍약수 쪽으로 방향을 틀어 한참을 걸으니 팔작지붕의 날개를 활짝 펴고 해안가에 당당히 서 있는 문루가 나타난다. 문루 옆에 쌓아 올린 성곽이 꽤 규모가 있다. 문루에는 조해루(朝海樓)라는 편액이 걸려 있다. 지금은 이곳을 월곶돈대라 하지만 위치나 규모, 조해루라는 문루의 이름으로 봤을 때 이곳이 바로 조강(祖江)을 바라보며 월곶에 세워진 월곶진이 분명하다.
　계단을 타고 돈대 안으로 걸어 오르니 돈대 안은 마치 성안처럼 아늑하고 면적도 상당하다. 천천히 걸으며 살펴보는데 야트막한 언덕 위에 오래된 느티나무 두 그루를 양옆에 낀 날씬한 몸매의 정자 하나가 멋스럽게 서 있다. 연미정(燕尾亭)이다.

정자 앞에서 만나는 한강과 임진강의 물길이 한 줄기는 서해로 또 한 줄기는 강화 해협으로 흐르는데 그 모습이 마치 제비 꼬리와 비슷하다 해서 붙여진 이름이다. 연미정에서 바라보는 풍광은 그야말로 절경이다. 강화 팔경의 하나로 연미제월(燕尾霽月)을 뽑았으니 바람이 맑고 시원한 날에 연미정에서 바라보는 밝은 달은 얼마나 환상적일까? 밝은 달이 하늘에도 떠 있고 강 위에도 떠 있는 것을 보면 이태백의 시심이 자연 떠오르지 않겠는가.

그러나 연미정의 아름다운 서정 뒤에는 굴욕적이고 쓰라린 우리 민족의 서사가 있으니 그것은 바로 정묘호란 때 인조가 이곳 연미정에서 자신이 그토록 업신여기고 우습게 여기던 오랑캐 후금과 형제의 맹약을 맺었다는 사실이다.

연미정

월곶돈대를 떠나 물길을 따라 걷는 내내 철조망도 함께 따라온다. 마치 역사 속에서 강화의 운명처럼 따라붙었던 성벽처럼.

강화 해협의 물길을 강화사람들은 보통 염하(鹽河)라고 부르는데 염하라는 명칭을 얻는 과정도 외세의 침략과 연관되어 있다.

강화 출신 향토사학자인 이경수 선생이 쓴《강화도, 근대를 품다》에 써진 사연을 간단히 요약하면 이렇다.

"병인양요 때 침입한 프랑스 군인들이 이 물길의 이름을 묻자, 강화 주민들이 '짠 물', '짠 강'이라 했고 프랑스군은 짠 강을 riviere salee이라 번역하여 해도에 기록했는데 후에 일본이 프랑스 해도를 입수하여 자기들 식으로 번역한 것이 염하라는 것이다.(riviere=강, 하천 salee=짜다, 소금을 치라는 뜻을 가진 프랑스어)"

어쨌든 염하라는 명칭 속에도 이처럼 강화의 역사가 진하게 묻어 있는 것이다.

이런저런 생각을 하며 걸으니 나들길 1코스의 종착점인 갑곶돈대다.

강화 나들길 2코스의 출발점은 통상적으로 1코스의 끝점인 갑곶돈대다.

갑곶이란 명칭은 "삼국 시대 강화를 갑비고차(甲比古次)라 부른 데서 전해 오는 것으로 보기도 하고 고려 때 몽골군이 이곳을 건너려고 하다 뜻을 이루지 못하고 안타까워하며 '우리 군사들이 갑옷만 벗어서 바다를 메워도 건너갈 수 있을 텐데'라고 한탄했다는 말에서 유래했다"(문화재청 국가문화유산 포털 인용)라는 설이 있다.

지명의 연원이 어떠하든 갑곶은 제물진(濟物鎭) 소속으로 이곳이 서울과 김포 쪽에서 강화로 들어오는 대문 역할을 한 것만은 분명하다. 그러니 강화의 여러 곳 중에서도 첫 번째(甲) 곶(串)이 되었다. 지금은 옛날 진과 돈대의 흔적이 대부분 없어져 그 실체를 정확히 볼 수는 없지만 위치나 지세, 또 현재도 강화 전쟁 박물관이 있고 이전에는 강화 역사 박물관도 있었던 곳이라는 사실에 비추어 봤을 때 갑곶이 가장 규모가 큰 군사 진지였을 거라는 것은 쉽게 추론할 수 있다. 이런 이유로 갑곶은 외적과 부딪치는 첫 번째 지점이기도 했다. 1866년 프랑스군이 조선 정부의 프랑스 신부 처형을 구실로 침략해 온 곳도 바로 갑곶이다. 당시 프랑스군은 염하의 북쪽에 있는 월곶에 선박을 정박시켜 서울로 들어가는 한강의 물길을 봉쇄하고 갑곶에 상륙했다. 이때 강화유수로서 국방을 책임져야 하는 이인기는 줄행랑을 쳤고, 조정에서는 순무영을 설치하여 대응했다.

갑곶돈대

이때 순무천총으로 임명되어 정족산성(일명 삼랑성)에서 승리를 이끈 이가 바로 양헌수다.

유서 깊은 강화 전등사가 있는 삼랑성의 동문 옆에는 순무천총 양공헌수 승전비(양헌수 승전비)가 세워져 있다. 당시 프랑스군은 조선군보다 사거리는 5배나 멀고, 정확도도 높은 총을 갖고 있었다. 그런데도 양헌수의 뛰어난 지휘력으로 조선군은 승리를 거둔다. 그래서인지 삼랑성전투 승리를 말할 때 빠지지 않고 등장하는 메뉴가 '강계 포수 활약론'이다. 즉 평안도 강계의 명사수 100여 명의 활약이 승리의 동력이 되었다는 주장이다.

그러나 향토사학자 이경수 선생은 이것은 사실이 아니라는 것이다. 즉 "강계 포수 100여 명이 한양에 도착한 것은 정족산성 전투가 끝난 6일 뒤였다"라는 것이다. "그런데도 갑곶돈대와 가까운 진해공원에는 죽산 조봉암 추모비 옆에 강계 군민의 이름으로 '병인양요 강계 포수 전첩 기념비'가 세워져 있다"라고 지적한다.

나로서는 어느 것이 역사적 진실인지 알 수 없다

다만 갑곶돈대 입구에 들어서 오른쪽으로 20여 m 걸어가면 수십 개의 비석을 모아 놓은 강화비석군이 나오는데 대개가 강화유수, 판관, 군수의 영세불망비나 공덕비다. 임지를 떠나면서 아랫것들이나 백성들이 세워 주었다는 것인데 정말 선정과 덕을 베풀어서 자발적으로 세워 준 것인지는 도저히 알지 못하겠다.

벼슬아치들의 '허깨비 같은 비석'(虛蓋碑 – 진실을 덮고 허실을 세운 비석)은 세워져서는 안 되지만, 비록 신분이나 지위는 낮아도 역사가 꼭 기억하고 존경해야 할 인물들의 비를 세우는 일은 가치 있는 일이다.

강화 전쟁 박물관 뜰에 세워진 비석군

순국열사 연기우 의병장 공적비가 바로 이에 해당한다.

1907년 고종이 헤이그 만국 평화 회의에 밀사를 파견하자 일제는 이를 빌미로 고종을 강제로 퇴위시키고 뒤이어 조선 군대를 해산시킨다(1907년 7월). 이때 연기우는 강화 진위대 부교로 있었는데 진위대가 8월 초 해산당하자 곧바로 의병이 된다. 다음 해 1월에는 전국 의병 조직체인 13도창의대진소(道倡義大陳所)의 대대장으로 서울 진공 작전에 참여했으나 진공 작전은 실패하고 연기우는 상처를 입는다. 그 후 연기우는 포천·연천 장단 적성 등 경기 북부와 황해도에서 주로 활약했다.

연기우 공적비에는 이런 내용이 적혀 있어 옮겨 놓는다.

어느 날 아들이 아버지 연기우를 찾아왔다.

일본군이 집에 불을 질렀고 어머니는 병이 깊어 누워 있기에 생계가 막막하다고 했다. 아버지의 도움을 요청한 것이다.

연기우는 꿈쩍하지 않았다. 오히려 아들을 혼냈다. 수중에 돈은 있었다. 그런데 무기를 사고 군사들을 먹일 돈이다. 사사로이 한 푼도 쓸 수 없었다. 딱하게 여긴 부하 한 사람이 연기우 몰래 아들에게 돈을 주었다. 그걸 안 연기우는 아들에게서 돈을 받았다. 아들은 빈손으로 돌아갔다.

이 땅에는 아직도 일제 강점기 자신의 친일 매국 행위를 갖은 이유로 변명하는 자들이 수두룩하다. 지식과 지위가 높았던 자들일수록 더하다. 이들에게 연기우가 이렇게 불호령을 내리는 것 같다.

네 이놈들,
입 닥치지 못할까!

– 밟히고 찢긴 길에서 항쟁의 풀꽃을 만나다

갑곶돈대를 떠나 이제 초지대교까지 가야 한다.

나들길 안내 팸플릿을 보니 17km 호국돈대길이라 명명되어 있다.

이 길은 염하를 따라 동남쪽으로 뻗은 길인데, 이 길은 사실은 월곶돈대에서 초지진까지 이어진 강화외성에 해당하는 길이다. 그 외성을 따라 5개의 진과(월곶진~제물진~용진진~덕진진~초지진)과 1개 보(광성보), 16개의 돈대가 설치되었으니 이 길이야말로 조선 시대 강화의 모든 안보 시설을 시찰할 수 있는 길이라 할 수 있다.

왼편엔 염하, 오른편엔 시원스레 뚫린 해안 도로를 끼고 봄나들이 길에 나선다.

강화외성은 토성이었으니 나는 지금 성곽 위를 걷는 것과 마찬가지다. 뺨 위를 스치는 바람과 발바닥에서 타고 오르는 부드러운 흙의 질감, 투명하고 맑은 허공, 그 속을 가르며 들려오는 자동차의 질주음조차도 모두 봄을 찬란하게 만들어 주고 있다. 한 발 한 발 내딛을 때마다 갖가지 풀과 꽃들이 반겨 준다. 함초롬한 꽃봉오리가 마치 먹물을 머금은 붓과 같고 줄기는 실타래처럼 꼬이며 자란다 해서 이름 붙여진 타래붓꽃, 튀긴 좁쌀을 온몸에 하얗게 붙인 듯 피어 있는 조팝나무, 꽃 모양이 며느리의 비단 주머니 같다는 금낭화, 발에 짓밟히는 것도 두렵지 않은 듯 길 위에 널브러져 피어 있는 민들레와 토끼풀, 그 외 이름 모를 빨간 꽃, 노란 꽃, 하얀 꽃, 보랏빛 꽃들과 야들야들 솟아오른 연초록의 쑥 등이 지천에 피어 있어 나들길은 걷는 내내 마치 봄 소풍을 나온 듯 신기하고 들뜬 기분을 갖게 한다.

용진진, 용당돈대, 화도돈대, 오두돈대를 횡 둘러 일별하고 해안 둑길을 따라 40여 분 걸어가니 광성보 입구 삼거리 도로 한복판에 누런 갑옷과 투구를 쓰고 왼손에 큰 칼을 움켜쥔 장군의 동상이 눈에 들어온다.

충장공 어재연이다.

어재연은 1866년 대동강변에서 발생했던 미국 상선 제너럴셔먼호의 격침에 대한 책임을 묻겠다고 1871년 이곳 광성보로 침입한 미국 함선들과 격렬한 전투(신미양요)를 벌이다 장렬하게 순국한 분이다.

광성보는 염하 쪽으로 용머리처럼 튀어나와 있어 이곳에 용두돈대가 설치되어 있고 건너편 김포 덕진진과는 물길의 폭이 가장 짧은 곳이다. 그런 만큼 염하 중에서도 가장 물살이 빠른 곳인데 사람들은 이곳을 손돌목이라 했다.

미국 함선 5척은 초지진, 덕진진을 거쳐 이곳 광성보로 거슬러 왔다. 이때 어재연은 진무영 중군으로 광성보의 수비를 책임지고 있었다. 아무리 해협과 절벽, 갯벌과 같은 지형상의 이점을 내세워 수비하더라도 함포의 화력지원을 받아가며 수적으로 우세한 미군의 침략을 막아 내기에는 한계가 있었을 것이다.

결국 어재연 군대는 보를 함락당하고 양군은 광성보 안에서 치열한 백병전을 벌였다. 이때 어재연은 전사했다. 동생 어재순도 함께 전사했다. 그런데 어재순은 군사가 아니라 선비였다. 어재순은 형을 도와 나라를 구하려 광성보전투에 참전한 것이다. 형제는 용감했고 의로웠다.

지금 이곳 광성보 전적지에는 이때 전사한 무명의 조선 군사를 기리는 신미양요 순국 무명용사비가 세워져 있다. 나는 이 무명용사비 앞에 잠시 서서 묵례를 올린 뒤 무명용사들이 묻혀있는 묘소로 향했다.

묘는 신미양요 순국 무명용사비 아래에 있고 모두 7기다. 53명의 무명 전사자를 7기의 묘에 합장하여 모셨단다. 어찌 무명 전사자가 53명뿐이겠는가. 그런데도 53명이라 하는 것은 고종실록에 전사자가 53명이라 기록되어 있기 때문이다. 7기 묘의 잔디는 상당 부분 벗겨져 봉분이 맨살을 드러내 놓고 있다. 비라도 내린다면 당장이라도 봉분이 무너져 내릴 듯하다. 살아서나 죽어서나 업신여김받고 괄시받는 것은 계급 없는 민초들이라 생각하니 씁쓸하다.

신미양요 순국 무명용사비

신미양요 순국 무명용사묘

손돌목돈대에서 유유히 흐르는 강물을 본다.

저곳이 바로 물살이 제일 센 손돌목이다. 그런데 손돌목이라 이름 지어진 사연 또한 기가 막힌다.

정묘호란 때 인조가 강화도로 피난을 하기 위해 염하를 건널 때 손돌(孫乭)이란 백성이 길 안내를 맡았다고 한다. 이곳의 물길과 물살을 잘 아는 손돌은 노를 저어 인조를 태운 배를 물살의 한가운데로 몰아갔다. 인조는 이를 손돌이 자기를 죽이려고 하는 짓으로 생각하고, 손돌을 죽이라고 명령했다. 손돌은 죽기 전에 강물에 바가지를 띄우고 바가지가 흘러가는 곳으로 배를 몰라고 말했다. 결국, 손돌은 죽었고 마침내 배가 강화도에 도착하고 바람이 세차게 불자 그제야 인조는 자신의 잘못을 알아차렸다고 한다.

인조라는 어리석은 임금이 선량하고 충성스러운 한 백성을 죽인 것이다. 이 어처구니없는 얘기에 나는 '무신불립(無信不立, 믿음이 없으면 아무것도 바로 설 수 없다)'이란 말의 의미가 새삼 떠올랐다.

인조는 서인 쿠데타로 광해군을 몰아내고 왕이 된 인물이다. 인조실록에 "최근 도성 안에서 유언비어가 날로 생겨난다"라는 기록이 있고, 쿠데타 세력이 남인인 이원익을 영의정을 앉혔다는 것을 보아도 당시 쿠데타에 대한 민심은 싸늘했던 것이 틀림없다. 더구나 강화도는 인조 자신이 쫓아낸 광해군과 왕비 유 씨, 그리고 세자와 세자빈이 유배된 곳이다. 이런 상황에서 임금이란 자가 외침을 막아 내기는커녕 피란을 오게 되었으니 인조는 불안해서 모든 사람을 믿지 못하고 손돌을 의심하고 죽게 만든 것이다. 정통성 없는 정권의 무능한 임금이 보여 준 전형적인 사건이 손돌의 죽음이었던 것이다.

강화손돌목

　남쪽 초지진에서 북으로 염하를 타고 침략해 왔던 외세와는 반대로 나는 해안선을 따라 덕진진에서 초지진까지 다시 걸었다. 이렇게 걸으니 마치 염하를 거슬러 올라오는 외적을 차례로 물리치며 걸어가는 개선장군이 된 듯한 생각에 피식 웃음이 났다. 2시간 정도를 걸으니 깃발이 나부끼는 성 위에 삿갓 모양의 소나무가 위풍당당하게 서 있다.

　초지진이다. 나무판에 쓰인 안내문을 보니 초지진의 이 소나무는 "효종 7년 1656년에 강화유수였던 홍중보가 초지진을 설치하며 선비의 기상과 지조를 상징하기 위해 심었다"고 적혀 있다. 효종 7년 때라면 효종이 즉위하면서 호란의 치욕을 씻고자 북벌 정책을 추진하던 때이다.

　나는 소나무를 보며 청에 인질로 잡혀갔다 돌아와 설욕과 자주 조선의 기치를 내세웠던 효종의 기상을 생각했다.

초지진의 소나무

왜란·호란을 겪고 열강의 먹잇감이 된 후 마침내 나라까지 뺏기게 된 데는 당시 노블레스(noblesse)들이 오블리주(oblige)를 제대로 하지 못한 것이 가장 큰 원인이다. 특히 권력과 부와 명예를 모두 손에 쥐고도 부패를 일삼고 무능했던 주류 지배 집단이 주범들이다.

그러나 진흙탕 속에서 연꽃이 피고, 길항작용(拮抗作用)으로 세상이 유지되고 발전해 가듯 강화도에는 비록 비주류 마이너리티였지만 시대적 과제를 외면하지 않고 자신들만의 방식으로 시대적 소명을 실천해 간 사람들이 있었다. 나는 그 비주류 마이너리티들의 흔적을 찾아 다시 길을 나섰다.

주자의 말씀이나 해석은 일점일획도 바꿀 수 없던 시기에 주자와는 다른 주장을 편 왕양명의 학문을 받아들이고 제자를 길러 강화 학파의 태두가 된 인물이 바로 하곡 정제두(霞谷 鄭濟斗, 1649~1736년)이다.

양명학의 태두 하곡 정제두의 묘

정제두는 정몽주의 9대손으로 19세(1668년)에 문과에 합격했으나 벼슬길에는 나서지 않고, 40세(1689년) 때 안산에서 강화도로 이주해 와 양명학을 연구하고 후학을 길렀다. 이 후학의 대표적인 인물들이 이시원 가계(家系)의 사람들이다.

이시원(李是遠 1790~1866년)은 아호가 사기(沙磯)인데 이는 그가 강화 화도면 사기리 출신이기에 지명에서 따온 것이다. 이시원은 개성 유수, 형조판서, 대사헌, 이조판서 등을 두루 거쳤으나 화문석을 직접 짜서 생계를 보탤 정도로 청빈한 삶을 살았는데 병인양요 때 강화가 프랑스군에 찢기고 밟히자 동생 이지원과 함께 음독 자결했다.

경재(耕齋) 이건승(李建昇, 1858~1924년)은 이시원의 둘째 손자이자 조선왕조 최연소로 문과에 합격하고, 조선의 붕당 정치사를 양명학의 관점에서 쓴 당의통략(黨議通略)의 저자이자 고종 때 암행어사로 이름을 날린 영재(寧齋) 이건창(李建昌 1852~1898년)의 동생이다. 이건승은 을사늑약이 체결된 1906년 사기리에 계명의숙을 세워 우리 민족 고유의 학문과 서구 신학문을 결합한 주체적 근대화 교육에 매진한다. 그러나 1910년 8월 29일 조선이 일제에 병탄되자 이건승은 가문의 일체 일은 조카인 이범하(이건창의 아들)에 맡기고 진천에 있던 대사헌 출신 양명학자인 홍승헌과 함께 9월 26일 강화 승천포에서 배를 타고 만주 망명길에 올랐다. 이들이 최종 도착한 것은 만주의 횡도촌이었고 그곳에서 미리 와 있던 또 다른 강화 학파 동지 정승헌을 만나 항일 구국 투쟁을 벌였다. 이건승은 1924년에 서간도에서 죽었다.

하곡 정제두의 묘와 영재 이건창의 묘는 강화 나들길 4코스를 지나는 길에 있다.

주류 주자학자들의 교조적이고 관념적인 사상에 맞서 마음이 곧 진리요(心卽理), 아는 것을 실천함(知行合一)이 참된 지식인의 자세임을 학문의 종지(宗旨)로 삼은 양명학자로서, 양지(良知)에 따라 나름의 방식으로 구국 항쟁에 나설 수밖에 없었던 비주류 마이너리티들의 절절한 심정이 느껴진다.

이건창 생가 명미당(사기리소재) – 건물 바로 옆에 조부인 이시원의 묘가 있다

이건창의 묘를 지나 야트막한 구릉을 넘으면 바로 마을이 나오고 이내 건평항에 이른다. 건평항 옆 도로에 맞붙어 조그만 공원이 있다. 시인 천상병 귀천 공원이다. 공원 한쪽에 소풍 나온 천 시인이 커다란 바위에 걸터앉아 술 한 잔 들고서 천진난만하게 환하게 웃고 있다.

시비에 새겨진 시 〈귀천(歸天)〉을 읽으며 생각에 잠겼다.
동백림 사건의 억울한 누명을 쓰고 모진 고문을 당해 그 후유증으로 평생 불편과 궁핍한 삶을 살았던 시인이다. 그런 사람이 어떻게 순수한 마음과 언어로 세상이 아름다웠다고 말할 수 있는지….
그저 놀랄 뿐이다.

외포리 항으로 걸어가며 나는 어느 인문학자의 말이 떠올랐다.
"나는 이 세상에 잘 살려고 왔지 오래 살려고 온 게 아니야."

맞다, 죽음은 삶의 거울이다!

귀천공원의 천병상 시인상

대한 독립을 대표하는 인물은 단연 백범 김구다.

이런 김구 선생이 망명 생활을 마치고 귀국(1945년 11월 23일)한 후 얼마 안 되어 신문을 통해 사람을 찾았다면 그 사람은 김구와 대단한 인연을 가진 사람일 것이다.

김주경(金周卿)이 바로 그다.

김주경은 강화 진무영의 관리로서 사업 수완이 좋아 큰돈을 벌었다. 김주경은 김구(당시 이름은 김창수)가 명성황후의 시해 원수를 갚기 위해 황해도 안악에서 일본군 장교를 살해한 죄로 사형을 선고받고 인천 감옥에 갇혀 있을 때 자신의 재산을 써 가며 김구의 석방을 위해 힘을 썼다. 김구는 사형 직전에 고종의 형 집행 명령으로 사형을 면한 뒤 탈옥을 했다. 김주경이 자신의 석방을 위해 온갖 노력을 했던 것을 알았기에 김구는 1900년에 강화도로 김주경을 만나기 위해 왔으나 만나지는 못하고 그의 집에서 3개월 정도 머물며 학생들을 가르쳤다고 한다.

그 후 김주경은 죽었고 해방된 조국에 김구가 귀국하자 김구는 앞서 언급한 대로 신문을 통해 김주경의 아들들을 찾았다. 그러나 아들들도 찾지 못하자 김구는 1946년 11월에 강화도에 다시 찾아와 하룻밤을 묵으며 합일학교에서 연설하고 홍익인간이란 휘호를 써 주었다. 김구가 하룻밤 묵었던 집이 바로 대명헌이란 한옥으로 강화 남문을 통과해 직진하면 만날 수 있다. 지금 이 한옥의 사랑채는 카페로 변신해 있고 사랑채 옆문에는 '백범 김구 선생과 강화도와의 인연'이라 쓰인 팻말이 세워져 있다. 합일학교는 대명헌 뒤에 있는데 1904년 미국인 선교사 존스 목사가 세운 학교로 1908년에 잠두의숙에서 잠두 합일학교로 교명을 바꾼 학교다.

김주경 이야기를 들으니 돈은 버는 것도 중요하지만 어떻게 쓰느냐가 더 중요하다는 것을 다시금 깨닫는다. 돈은 소유하고 있을 때는 아무런 가치를 만들어 내지 못한다. 써야만 가치를 생산해 낸다.

김주경은 세상에서 벌어들인 돈을 나라를 위해 다른 사람을 위해 가치 있게 썼다. 부자는 바로 이런 사람이 아니겠는가.

노블레스가 되려는가? 오블리주하라!

강화 대명헌

생명의 나들길

- 강화 들판

송강 정철의 관동팔경 때문이지 언제부턴가 우리는 고장이나 지역의 경승지를 뽑아 ○○ 팔경이란 칭호를 붙였다. 강화에도 당연히 강화8경이 있다. 마니산의 단풍, 해 질 무렵의 전등사 목탁 소리, 연미정의 달빛, 적조사의 낙조 등이 그것이다. 그러나 나에게 강화의 제1경을 뽑으라면 나는 주저 없이 산 위에서 내려다보는 드넓은 강화 들판을 들겠다. 섬의 산 위에서 바라보는 개방감은 어느 섬이나 호쾌하지만 특히 강화의 산 위에서 내려다보는 강화 들판은 장쾌한 개방감 외에 또 다른 감상과 감동을 불러온다. 그것은 바로 강화 들판이 민초들의 피와 땀과 눈물로 만들어 낸 간척지이기 때문이다.

남장대, 북장대, 고려산, 화계산 등 강화 나들길에서 거쳐 가는 높은 지대에 오르면 언제든지 광활하게 펼쳐져 있는 강화 들판을 볼 수 있다. 그런데 이 들판의 대부분은 간척 사업으로 조성된 것이란다. "강화도 전체 면적의

3분의 1가량에 해당하는 새로운 땅이 간척 사업을 통해 만들어졌다"고 한다.

믿기 어려워 사실 확인을 위해 인터넷에서 간척 이전의 강화도 지도를 찾아보니 사실임을 확인할 수 있었다. 지금의 석모도도 송가도와 어류정도의 간척 사업으로 1개의 커다란 섬으로 재탄생하였음을 확인할 수 있었다.

강화의 간척 역사는 고려 때부터 시작된다.

몽골의 침략으로 강화로 천도를 하자 고려 집권층은 수도인 강화를 지키고 왕과 지배층을 먹여 살리기 위한 일이 제일의 과제였다. 비록 개경과 강화가 가까운 거리였다 하더라도 전란의 와중에서 개경으로부터 세금으로 거둬들인 곡식과 물자를 안전하고 안정적으로 강화로 운반하기에는 어려움이 많았을 것이다. 또한 많은 인구가 개경으로부터 강화로 이주해 왔으므로 이들이 먹고 살 식량이 필요했다. 이런 이유로 강화의 고려조정은 간척 사업에 착수했다. 간척 사업에서 제일 중요하면서도 어려운 일은 바닷물을 막아 제방을 쌓는 일인데, 고려는 이 제방을 강화외성의 개념으로 축조했다. 이 제방을 쌓는 데 동원되었을 수많은 백성들을 생각하니 그저 숙연해질 뿐이다. 이런 역사의 흔적이 쌓여 있기에 강화 들판은 단순한 들판이 아니라 '생명의 역사적 들판'인 것이다.

나는 이 흔적을 만나러 다시 길을 나섰다.

출발점은 강화 나들길 8코스 분오리 돈대다. 돈대에 올랐으나 아침 안개가 잔뜩 끼어 있어 앞을 볼 수 없기에 서둘러 내려와 길을 재촉했다. 분오저

---

* 마경복·박선희, 《역사가 묻고 지리가 답한다》, 72쪽

어새 생태 마을을 지나 해안선을 따라 30여 분 걸으니 내가 보고 싶었던 길이 나왔다. 바다 한가운데 곧게 제방을 쌓아 낸 길이다.

제방길 오른쪽에는 암회색의 찰진 갯벌이 아침 안개 속에 둘러싸여 드넓게 펼쳐져 있다. 갯벌 위엔 조그만 게들이 쉴 새 없이 구멍을 들락거리고 저 어새인 듯한 바닷새는 여유롭게 거닐며 왼쪽에는 분오리 저수지와 드넓은 간척지가 펼쳐져 있다. 제방길에는 이제 막 봄기운을 받아 솟아오른 쑥과 푸릇한 잡초 등이 널려 있고, 해풍을 막으려 심어 놓은 이름 모를 나무들이 제방길 양옆에 도열하듯 서 있다. 푹신푹신한 발바닥 촉감을 느끼면서 안개를 헤치며 걷는데 허술하게 지어 놓은 낮은 지붕의 쉼터가 쉬어 가라며 말을 걸어온다.

여보게 쉬어 가시게나
바쁠 게 무어 있나?
찰지고 윤기 반지르한 회묵빛 갯벌에서 함께 놀자고
손짓, 몸짓, 칭얼대는 뭇 생명들을
모른 체 하시려는가

여보게 쉬어 쉬어 가시게나
산다는 건 쉬엄쉬엄 숨 쉬는 걸세
뒤쫓는 이 하나 없는데
헐레벌떡 간다고
어디까지 가시겠나?

여보게 쉬어 쉬어 가시게나
두텁게 내려앉아
천지를 휘두른 안개가
자네의 갈 길을 막아서도

가늘고 곧게 뻗은 한 오라기 외길
저어새가 앞서서 오라 하니
여보게 쉬엄쉬엄 가시게나

분오리돈대에서 선두리로 가는 제방길

쉼터에서 일어나 다시 걷는다.
　제방길은 길게 곧게 뻗다가 크게 곡선을 그리더니 다시 곧게 뻗었다. 갯벌 뭇 생명의 평화를 깰까 두려워 묵상의 걸음으로 타닥타닥 걷는다. 그렇게 걸으니 어느새 선두리다. 물 빠진 갯벌 수로에 덩그러니 묶여 있는 고깃배 대신 저어새 몇 마리가 나를 반긴다. 저어새는 주걱처럼 생긴 부리를 물속에 넣고 좌우로 흔들어 대며 먹이를 잡는 습성이 마치 나룻배의 노를 젓는 것과 같다 하여 붙여진 이름인데 선두리 일대가 최적의 생태 조건을 갖춘 곳이라 한다.

선두포에는 조선 숙종 때 강화유수 민진원이 간척 사업의 과정을 기록한 '선두포축언시말비(船頭浦築堰始末碑)'가 세워져 있었으나 지금은 강화 역사 박물관으로 옮겨졌다.

비에 새겨진 내용을 번역한 글을 그대로 옮겨 본다.

> 병술년(1706년) 9월 5일 왕의 허락을 받아 18일 공사를 시작하여 이듬해 5월 25일 완료하였다. 둑의 길이는 410보로 흙과 돌로 축조하였다. 넓이는 47파(把), 높이는 10파, 포구의 수심은 7파이고, 동쪽 수문의 넓이는 15척(尺), 길이는 20척, 서쪽 서문의 넓이는 13척, 길이는 18척이다. 역군을 통계하면 군병, 각청 소속의 모군(募軍) 및 연군(煙軍), 상도면·하도면의 팔결군(八結軍) 및 소속 관졸, 인천·김포·풍덕·연안·배천의 군병으로 합조 부역을 제해도 대략 11만 명의 1일 부역이다.
> 들어간 물력은 역량미 2,000석, 모군의 역가목 50동(同), 신철 7,000근, 니탄 800석, 생갈 3,000사리 등이다.

요즘 용어를 써 알기 쉽게 요약하면, 숙종의 허락을 받아 민관군 11만 명을 동원, 8개월간 작업하여 500여 m의 제방을 쌓았는데 이때 들어간 양식은 2,000석이었다는 것이다.

나는 이 내용을 보는 순간 이런 생각이 퍼뜩 떠올랐다. 고작 2,000석으로 8개월 동안 11만 명을 먹였다니, 동원된 사람들은 얼마나 허기진 배를 움켜쥐고 부역을 해야 했을까?

이런 생각이 들자 다시금 밥이 하늘이란 말이 떠올랐다.

선두포축언시말비

산 위에서 바라본 강화 들판 중에서도 가장 압권은 북쪽 교동에 바둑판처럼 광활하게 펼쳐져 있는 들판이다. 이 들판 또한 간척 사업을 통해 만들어진 평야다. 그래서인지 강화의 13개 읍면 중 가장 큰 곳이 교동면이다.

교동은 2014년 7월 1일 교동대교가 완공되기 전까지는 섬 속의 섬으로 접근이 쉽지 않은 곳이었다. 이런 지리상의 특성 때문에 조선 시대에는 연

산군·광해군이 유배된 곳이다. 그러나 교동대교가 세워진 이후로는 교동은 강화를 찾는 사람들이 가장 즐겨 찾는 곳 중의 하나가 되었는데 내가 교동을 특별히 좋아하는 이유는 드넓게 펼쳐진 교동 들판 때문이다.

대룡 시장 앞 공용 주차장 건너편에 세워진 나들길 안내판을 보고 10코스의 개념을 익힌 후 길을 나섰다.

도로에 서자 교동 들판의 한가운데를 가르는 일직선의 길고 긴 차도가 눈앞에 들어온다. 들판 한가운데에 이런 차도가 있다는 것이 생경하기도 하고 경이롭기도 하다. 한국 전쟁 시에는 이 길이 비행기 활주로로 쓰였다고 한다. 차도 곁에 붙어 있는 인도를 따라 걸으니 커다란 농기계 수리공장이 나타난다. 이것만 보더라도 교동 들판의 규모가 가히 짐작이 갔다. 농기계 수리공장을 끼고 돌아 들판으로 들어서니 수로를 따라 농로가 반듯하게 나 있다. 논에는 갈아엎어진 논바닥의 흙들이 모내기를 앞두고 물을 흠뻑 먹어 검붉은 광채를 발하고 있다. 저 검붉은 흙에서 모든 생명의 원천인 밥을 만들어 낸다고 생각하니 경이로웠다. 검붉은 흙을 보며 생명의 신비함과 위대함을 느끼는 경험이 나를 걷고 또 걷게 한다.

강화교동들판

이 생명과 풍요의 땅을 밟고 갈 때 내 마음엔 고요와 평화로 충만하다.

뺨 위에 살랑이며 와 닿는 봄바람을 맞으며 걸으니 육중한 둑이 길을 막아서고 있다. 난정저수지 둑이다. 둑 위에 올라섰다. 만수 면적이 42만 평이라니 저수지가 아닌 호수로 착각할 만하다. 이곳은 원래 난초 마을 30여 가구 100여 명이 오래전부터 살고 있었으나 교동도 전체 땅에 물을 공급하기 위해 2006년에 저수지를 만들었다는 것이다. 그러니 난정저수지는 물만 담고 있는 아니라 더불어 함께 살려는 난초 마을 사람들의 착하고 따뜻한 마음도 함께 담고 있는 것이다.

강화에는 저수지가 참으로 많다. 자료를 보니 강화에는 28개의 저수지가 산재해 있는데 이 저수지들이 모두 생명수의 역할을 하는 것이다.

바람에 낭창거리는 물결을 바라보며 걸으니 저수지 끝에 난정리 해바라기 정원에 다다랐다. 난정리 주민이 운영하는 정원인데 청보리가 이삭을 피운 채 바람에 흔들려 물결치고 있다. 아~ 푸르디푸른 보리가 넘실대는 풍경을 정말 얼마 만에 보는 것인가. 한 달 뒤면 이 푸른 보리밭은 황금빛으로 바뀌고 또다시 한두 달 후면 환한 웃음을 띤 얼굴을 한 해바라기 군락지로 변신할 것이다. 자연의 변화가 만들어 내는 이 황홀경은 걷는 자만이 누릴 수 있는 축복이다.

난정 저수지

– 훈맹정음(訓盲正音)을 아십니까?

훈맹정음은 시각 장애인들을 위한 한글 점자를 달리 부르는 말이다. 세종대왕이 나라 말씀이 중국과 달라 어려움과 고통을 겪는 백성들을 위해 훈민정음을 만드셨듯이 앞을 못 보는 분들이 글을 읽을 수 있도록 창안한 한글 점자는 바로 그분들에는 훈민정음과 같은 것이다. 이런 의미에서 한글 점자를 훈맹정음이라 부른 것이다. 그러므로 훈맹정음을 만든 분은 시각 장애인들에게는 세종대왕과 같은 분이요, 생물학적 생명과는 다른 차원의 생명을 준 사람이라 할 수 있다.

이 훈맹정음을 만들어낸 분이 바로 송암 박두성으로 강화 교동 사람이다.

박두성은 1888년 강화 교동면 상용리에서 태어나 1906년 한성사범 학교를 졸업한 후, 교사 생활을 거쳐 일제 강점기 총독부 산하 제생원 맹아부에서 근무하면서 조선어 점자 연구회를 비밀리에 조직하여 연구한 끝에 1926년 한글 점자를 만들어 냈다. 일제 강점기 우리말과 글도 제대로 쓰지 못하게 하는 상황에서 비밀 조직을 만들어 한글 점자를 만들어 냈다는 것은 목숨을 건 독립운동과 다름없는 것이었다.

박두성 생가는 나들길 9코스의 출발점인 월선포에 있다.

월선포구에서 차도를 따라 교동교회를 조금 지나면 오른쪽 마을 입구에 나무 장승이 서 있고 장승 옆 전봇대에 '박두성 생가 터'라 쓰여 있는 안내 표지가 붙어 있다. 걸어서 한 500m를 더 들어가니 초가집 2채를 한창 건축 중이다.

내가 박두성 생가터를 방문한 때에는 생가 복원 작업이 한창이었다.

복원 중인 박두성 생가

    생가터 뒤쪽 숲속에는 파란 기와집이 보이고 마당 앞에는 종탑이 서 있다. 다가가 보니 옛날 교동 교회다. 송암 선생의 생가가 복원되면 다시 한번 들러 보리라 다짐하고 나는 동진포 쪽으로 방향을 틀어 다시 걷기 시작했다.
    월선포에서 동진포, 남산포로 이어지는 나들길은 왼쪽에 갯벌을 끼고 일직선으로 이어지는 둑방길이다. 물 빠진 진회색 갯벌 위엔 갈매기 떼들이 여유롭게 앉아 있고 붉은 발의 농게들도 아무런 경계 없이 구멍에서 나와 있다. 사람의 발길이 뜸해서인지 둑길은 억새와 잡풀로 뒤덮여 있어 걷기가 편치 않다. 잡풀 숲 사이로 실줄처럼 가느다랗게 난 길에는 거미들이 십여 m 간격으로 거미줄 바리케이드를 쳐 놓았고, 나비와 방아깨비들은 거미들이 쳐 놓은 거미줄 망을 비웃듯 여유 있게 잡풀 속을 날고뛰고 있다.

어릴 적 처마 밑이나 후미진 곳에 쳐진 거미줄을 철사로 둥그렇게 만든 거미줄 채로 훑어서 그 끈적함으로 매미나 잠자리를 잡아 곤충 채집 방학 숙제를 했던 추억이 새록새록 떠올랐다.

그때 나에게 곤충은 그저 단순한 벌레였다. 하지만 지금은 내가 먹이 사슬의 맨 위에 있는 존재라 하더라도 나 또한 수풀 속 거미와도 함께 공존해야만 하는 존재라는 것을 안다. 이를 알게 되니 내 앞을 거추장스레 막고 있는 거미와 거미줄조차도 어릴 적 친구처럼 친근하게 느껴진다.

'그래 세상에 무의미하고 쓸모없는 존재란 하나도 없다. 더불어 같이 살자.'
나는 허리를 굽혀 거미줄이 쳐진 덤불 숲길을 지나갔다.

강화 들판을 볼 때마다 노란 비단결처럼 넘실대는 섬 들판을 상상했다. 2020년 5월 창후 선착장에서 외포 여객 터미널까지 연결된 나들길 16코스(서해 황금들녘 길)를 걸으면서 "아~ 벼가 농염하게 익은 10월의 이 들판은 얼마나 멋질까"를 연발하며 "내 꼭 다시 오리라"라고 다짐했다. 하지만 자연은 때맞춰 변하지만 삶과 인생이야 꼭 때맞춰 살 수 없다 보니 10월의 서해 황금들녘길을 아직껏 다시 걷지 못했다. 나의 이 허전함을 메워 준 것이 바로 석모도 바람길(강화 나들길 11코스)이다.

석모도 바람길은 안으로는 보문사를 품은 낙가산, 밖으로는 서해를 끼고, 그 가운데로 난 들을 가로지르며 걷는 길이다. 이런 까닭에 석모도 바람길의 풍광은 매우 다채롭다.

가깝게 오른쪽으로 고개를 돌리면 잘 구워진 빵처럼 차지게 부풀어 오른 갯벌이 가을 햇살을 받아 윤기 있게 펼쳐 있고, 멀리 왼쪽으로 고개를 돌리면 낙가산의 푸르름이 따른다. 그 사이에 펼쳐 있는 석모도의 들판엔 아직은 때가 아니라며 빛바랜 녹색을 띠며 완숙의 때를 기다리는 벼들이 고개를 숙이고 서 있다.

갯벌 위에 피어난 붉은 염초와 식생들
수로 위를 유유자적 유영하는 물새 떼
둑방에 흐드러진 은빛 갈대꽃
가을 숲속에 숨어 노니는 곤충과 벌레
물 빠진 갯벌의 수로에 낚싯대를 내던진 강태공들
시린 듯 파란 하늘에 떠 있는 뭉게구름

천지사방 말문을 막는 이 기막힌 아름다움은
축복 그 자체다
아~ 이런 축복을 받으려고 지금껏 때를 기다렸던 것인가!

석모도의 가을하늘

지금 이맘때
가을 들판은 축복을 맞이하는 길이다
투명하게 맑은 햇살은 내 눈을 활짝 열게 하고
모시 결처럼 깔깔한 바람은 소리 없이 날아와 내 가슴에 안긴다
한여름 모질고 험한 비바람 견뎌낸 들판의 벼들은 묵직한 하중을
여유롭게 받아 내고
물 빠진 갯벌엔 조무래기 농게들이 갓난아이 엉덩이골을 장난치듯
뛰어다닌다

갈대꽃 더미 흐느적거리는 수로 둑에는
해오라기 한 놈이 하얀 도포 자락 걸친 채
졸린 눈을 내리깐 채 하염없이 앉아 있다
검노랑 몸통의 살지고 덩치 큰 나비는 시들어져 향기 저문 싸리나
무라도 좋아라고 연신 날개짓으로 나댄다

하늘은 짙푸른 산줄기와 맞대어 더욱 투명하고
끝 모르게 펼쳐진 바다와 만나 더없이 크고 머나멀다

눈 시린 하늘에 순백의 구름은 숨조차 멎은 듯 박혀 있고
나는 그 구름 사이를 무념 무취의 발걸음으로 간다

방죽의 웅덩이엔 망둥이가 뛴다
그래도 이때의 그놈은 경박하지 않다

야트막한 숲속에서 지져대는 온갖 벌레 소리도
이때만큼은 고요를 깨뜨리지 않는다
바닷가 모래벌판에서 들려오는
아이의 절규 같은 울음조차
이때만큼은 평화롭게 들을 수 있을 때다
그래서 가을 이맘때 걷는 나들길은 누구나 축복받는 길이다
나는 지금 그 길을 걷는다

석모도의 가을 풍경

평화 번영의 나들길

– 평화라고 쓰고 전쟁이라 읽는다?

현재까지 강화 나들길은 1코스에서 20코스까지 만들어져 있다. 나들길 안내 지도를 펼쳐 놓고 보면 강화 본섬과 교동도·석모도는 물론 본섬과는 배로만 통행이 가능한 볼음도·주문도까지 나들길 1~20코스가 마치 서울·수도권 메트로 노선도처럼 각자의 이름을 갖고서 촘촘히 뚫려 있다.

그런데 강화 본섬의 동북방면 해안선으로는 나들길이 나 있지 않다. 사실 연미정에서 동북쪽 해안선을 따라 교동대교에 이르는 곳까지는 강화에서 돈대가 가장 많이 분포해 있는 곳이고 한강·임진강·예성강이 합류하는 지점이라 예로부터 군사 전략 요충지였다. 그렇기에 볼 것도 많고 가 봐야 할 곳도 많은 지역이지만 지금은 민통선 접경 지역이라 철책선이 둘러쳐진 곳이 많고 깊숙이 들어가려면 군 검문소의 통제를 받아야만 한다. 이런 사정으로 이곳을 가려면 어쩔 수 없이 걷기 대신 자동차를 이용해야 한다. 민통선, 철책선, 군 검문소와 같은 분단의 실체적 생활어는 나에게는 조건 반사적으로 '평화'라는 당위적 문제를 불러일으킨다.

삼남과 평안·서해의 물류를 잇고 서울로 들어가는 물길의 관문이라는 지정학적 요충지였기에 겪어야 했던 강화의 호국 항쟁 역사를 보더라도 강화에서 평화를 생각하고 염원하는 것은 자연스럽고 당연한 일이다.

자동차에 몸을 싣고 강화 평화 전망대로 향한다.

강화대교를 건너 우회전하면 이내 평화 전망대로 향하는 시원스레 뻗은 자동차 도로가 나온다. 도로에는 차량도 별로 없어 좌우를 살펴보기에 여유롭다. 왼쪽으로는 강화 들판이 펼쳐 있고, 오른쪽은 조강(祖江)이 흐르는데 조강을 따라 길게 철책선이 쳐져 있어 긴장감을 일으킨다. 차 없는 차도를 나 홀로 질주하듯 20여 분 달려오니 철산리 삼거리에 주민 이광구 님이 걸어 놓은 '여기=산이포'라고 쓴 현수막 붙어 있다.

아~! 여기가 산이포구나!

나는 차를 세웠다.

산이포는 개성 개풍면이 고향이신 장모님이 한국 전쟁 시 월남하여 처음 정착하신 곳이다. 몇 해 전 장모님을 모시고 강화에 바람 쐬러 왔을 때 장모님께서 불현듯 산이포를 한번 가고 싶다고 해서 강화 평화 전망대를 찾은 일이 있었다. 그때 나는 산이포와 장모님이 그런 인연을 가졌는지 처음 알았다.

> 철산리 산이포는 조강을 사이에 두고 북녘땅 해창포와 직선거리로 1.8km에 불과하다. 철산리는 한강과 임진강이 만나 서해로 들어가는 위치에 있으며 대부분 평지로 이뤄져 있다. 자연 마을로는 산이포, 진말, 철곶이 있다. 1914년 행정 구역을 개편할 때 조선 시대

철곳보가 있던 철곳(鐵串)과 포구 마을인 산이포(山伊浦)를 합해 철곳의 철(鐵)과 산이포의 산(山)을 따서 철산리라 했다고 한다 산이포는 6.25 이전까지 700여 가구가 모여 살았고, 교역의 중심지로서 강화의 가장 번화한 항구 마을로 알려져 있었다. 서울과 북한을 오가던 배들의 정박지이기도 하고, 삼남 지방에서 생산되는 곡물을 비롯한 다양한 물자가 한강을 따라 서울로, 예성강을 따라 개성으로 올라가며 물때를 기다리며 머물던 포구였다.*

나는 차에서 내렸다.

철산 삼거리 도로 표지판이 걸린 방향으로 시선을 두니 야트막한 구릉 아래 빨간 파란 지붕의 집들 몇 채가 푸릇푸릇한 논을 품고 앉아 있다. 파아란 하늘 위엔 하얀 뭉게구름이 그림처럼 걸려 있다. 참으로 평화롭다.

몸을 돌렸다. 단단히 박은 철책 위에 겹쳐 치고 두른 철조망이 눈을 막고 찌른다.

강 건너 북녘땅이 아슴푸레 보인다.

아~ 저기가 장모님 고향이구나. 전쟁 통에 저기서 강을 건너 이곳으로 건너오셨구나. 마실 가듯 건너온 저 좁은 강을 70여 년 동안 다시 돌아가지 못하고 있다니…!

길가 한 모퉁이에는 '청정·평화·화합의 땅, welcome to 양사'라는 푯

---

* 김시완, "강화섬 재발견, 마을 이야기 – 사라진 포구와 남아 있는 사람들", 2020-11-25.
http://www.ganghwanews.com > news > articleView

말이 세워진 자그만 공원에 이를 모를 야생화가 만발해 있었다.

강화 산이포에 바라본 북녘

다시 차를 타고 평화 전망대로 향한다.

이번 방문은 2번째다. 첫 번째는 연로하신 장모님을 모시고 갑작스레 방문한 것이기에 찬찬히 관람할 수 없었고, 주마간산식으로 훑어봤었다. 그래서 이번에는 좀 찬찬히 살펴보리라 마음먹고 찾아가는 길이었다. 철산리 삼거리를 떠나 얼마쯤 달리니 검문소가 나온다. 해병대 초병들이 목적지를 묻는다. 평화 전망대를 간다고 했더니 코로나19 때문에 전망대가 문을 안 연다고 한다. 아뿔싸!!

이후 2022년 10월경 방문 관람이 가능하다는 소식을 듣고 나는 다시 평화 전망대를 찾았다. 그런데 평화 전망대 안내 팸플릿 표지에는 분명 '강화 평화 전망대'라고 씌여 있는데 건물의 현관과 측면에는 '강화 제적봉 평화 전망대'라는 한글 현판이 붙어 있었다. 제적(制赤)은 '붉은 것을 제압한다'는 것이니 말인즉슨 북한을 제압한다는 뜻일 게다.

왜 이런 모순된 작명이 있나? 하여 알아보니 과정은 이랬다.

박정희 군사 정권 시절인 1966년에 당시 공화당 의장이던 김종필이 이곳을 방문했을 때 북한 땅이 훤히 내려다보이는 이곳을 제적봉이라 명명하고 휘호도 써 주었다는 것이다. 그 후 2008년에 평화 전망대가 준공되었고, 2011년 4월에 공정식 전 해병대 사령관의 건의로 전망대의 명칭을 제적봉 평화 전망대라고 바꾸고 글자를 붙여 달았다는 것이다.

이런 난센스가 있나.

이거야말로 평화라고 쓰고 전쟁이라 읽는 격이고, 평화를 말하며 싸움을 거는 것과 무엇이 다른가?

그래서 그런지 전망대에 전시된 내용을 보면 평화를 모색하는 내용보다는 자극적이고 도발적인 내용(전쟁의 참상, 남북한 군사력 비교, 북한의 도발, 장갑차 등) 위주로 채워져 있다. 이런 난센스가 벌어지는 이유는 충분히 알 만하다.

이쯤에서 나는 앞서 언급한 강화 뉴스의 기사에서 전한 철산리 주민의 말이 다시금 떠올랐다.[*]

"(이곳은) 남북이 서로 방송을 엄청나게 했다는 곳이에요. ... 그런데 대북 방송 때문에 주민들이 더 힘들었어요. 이곳에서 북으로 하

---

[*] 남북 정상 회담 후 남북은 2020년 5월 1일부터 확성기를 해체하고 상호 비방을 하지 않기로 했다.

는 방송이 더 크게 들리니까요. 대남, 대북 방송으로 새벽부터 밤늦게까지 일상생활을 하기 힘들 정도였어요. 다행히 그 방송이 작년(2020년 5월)부터 없어져서 살 것 같아요."

강화 평화 전망대

– 제적(制敵)의 길 – 평화 번영

 적의와 도발의 뜻을 공공연히 드러내며 평화를 외치는 부조화 현장을 떠나며 나는 제적(制敵)의 길을 생각했다.
 제적(制赤)이든 제적(制敵)이든 핵심은 이기는 길이 무엇이고, 무엇 때문에 이기느냐이다.

이런 의미에서 전쟁은 옳은 수단도 목적도 될 수 없다. 그러기에 손자병법에서도 이겨 놓고 싸우거나(先勝求戰) 싸우지 않고 이기는 것(不戰而屈)을 최고의 전략으로 친다. 평화 번영 정책이 바로 이런 전략에 해당한다.

부강하게 잘사는 대상을 상대로 싸움을 걸 바보는 없다. 힘 있고 잘살면 누구든 감히 시비를 걸고 도발하지 않는다. 그러므로 평화와 번영은 수단인 동시에 목적이요, 적을 억제하는(制敵) 합목적 최상의 방책인 것이다.

우리는 종종 "잘사는 게 갚아 주는 거야!"라는 말을 한다. 이 말도 바로 부전이굴(不戰而屈)이란 병법을 삶의 지혜로 삼은 말이다.

반면 '너 죽고 나 죽자' 식으로 병사를 이끌고 죽자 살자 성을 공격하는 공성전(攻城戰)은 가장 하책(下策)이다. 그런데도 제적을 위해서는 전쟁만이 능사라는 태도를 보이는 사람들이 있다.

나는 이런 사람들을 볼 때마다 "이자들은 전쟁이 나면 다른 사람은 죽어도 자기는 안 죽을 거란 확신이 있단 말인가? 총알과 포탄이 자기만 피해 간다는 망상에 사로잡혀 있는 것은 아닌가? 아니면 전쟁이 날 것을 대비해 미리 해외 도피처를 마련해 놓아서 저런 말을 하는 것은 아닐까?" 하는 생각이 든다.

강화와 관련해서 내가 큰 기대감을 갖고 감격했던 평화 번영 정책 중의 하나가 2007년 10월 4일 노무현 대통령과 김정일 국방 위원장 간에 합의한 10.4 남북 공동 선언이다.

10.4 남북 공동 선언문에는 "남북은 민족 경제의 균형적 발전과 번영을 위해 경제 협력 사업을 공리 공영과 유무상통의 원칙으로 적극 활성화하고 지속해서 확대 발전시켜 나가기로 하고, 구체적으로는 해주 지역과 주변 해

역을 포괄하는 '서해 평화 협력 특별 지대'를 설치하고 공동 어로 구역과 평화 수역 설정, 경제 특구 건설과 해주항 활용, 민간 선박의 해주 직항로 통과, 한강 하구 공동 이용 등을 적극적으로 추진키로 한" 내용을 담고 있다.

한반도의 화약고라는 서해상에서 남북의 어부들이 공동으로 고기를 잡고, 민간 선박들이 북한의 해주 직항로를 통과하고, 남한이 해주항 개발에 참여하고, 남북이 한강 하구에서 공동으로 골재를 캐서 이익을 공유하는 일을 상상해 보라.

이런 일이야말로 군사적 대결과 전쟁의 가능성을 제거하며 평화와 번영을 이루는 길이 아니겠는가?

사람이나 국가나 상호 의존성을 높이면 서로 존중하며 협력하게 되어 있다. 만약 '서해 평화 협력 특별 지대'가 실현되었다면 내 조국 대한민국, 내 고향 인천, 지금 내가 걷고 있는 강화는 어떻게 되었을까를 생각하니 그저 답답함과 안타까운 한숨만 나올 뿐이다.

– 강화 나들길 21, 22, 23··· 코스를 뚫어라!

강화에는 분단의 상처를 안고 살아가는 사람들이 많다. 한국 전쟁 때 북한의 고향 땅을 떠나 강화에 정착한 분들이 바로 그런 분들이다. 그래서 실향민들의 애환을 느낄 수 있는 곳이 곳곳에 있다. 교동의 대룡시장과 망향대도 그중 하나다. 대룡시장은 6.25 한국 전쟁 때 황해도 연백 주민들이 강화 교동으로 피난 왔다가 돌아가지 못하고 정착하면서 먹고 살기 위해 고향 연백시장을 본떠 만든 골목 시장이 그 유래다. 지금도 대룡시장에는 60~70년대의 정취를 물씬 느낄 수 있는 곳이 많은 곳으로 교동대교의 준공과 방송을 타면서 강화의 명소가 되었다.

망향대는 교동의 북쪽 끝단인 율두포의 율두산 자락에 있다.

대룡시장을 간략히 돌아보고 친구 차에 몸을 싣고 교동 들판 사이로 차를 몰아 30여 분 달리니 길가에 망향대를 알리는 이정표가 나온다. 좁은 농로를 조심스레 운전하며 들어서니 막다른 길에 조그만 주차장이 있다. 주차장에 차를 세우고 100m 정도를 오르니 망향대가 나타났다.

왼쪽에는 사각의 단 위 검은색 자연석에 망향대(望鄕臺)라 쓴 망배비가 세워져 있고, 바로 오른쪽에는 망배 제단이 있는데 제단 위에는 재이북부조지단(在以北父祖之壇)이라 쓰인 대리석이 놓여 있다. 제례 시 위패를 대신하는 것이리라. 연백 출신의 실향민들이 뜻을 모아 1988년에 이곳에 비와 제단을 마련했다고 한다.

망향대에서 북녘을 바라보니 짙은 해무(海霧)로 연백평야는 보이지 않고 갯가에 길게 늘어선 철책선만 눈에 들어온다. 이곳에서 연백까지는 직선거리로 3km에 불과하다.

망원경에 눈을 대고 바라보니 연백의 산과 들이 들어온다.

아…!
왜 갈 수 없는가!
왜 저 무시무시한 철색선이 나의 발길을 가로막는가!
저 철색선 대신에 강화 나들길 21, 22, 23코스가 뚫려야 하지 않는가.

강화 망배비

해안 철책선에서 바라본 연백

걸으면 사랑에 빠진다

강화 나들길은 모두 20개 코스로 총길이는 310.5km에 달한다.

2019년 4월 20일 흙냄새를 맡고 싶어 불현듯 나서 걸었던 강화 나들길 1코스.

'그때 거기'서 보고 듣고 맡고 스쳤던 강화의 풍광, 소리, 냄새는 '첫사랑의 추억'처럼 내 마음속 깊은 곳에 고스란히 가라앉아 있었다. 이듬해 봄이 되자 강화 나들길과의 첫사랑의 추억은 '원초적 맛을 찾는 본능'처럼 나를 강화 나들길로 내몰았다.

나는 휴일을 이용하여 강화 나들길을 모두 돌아보리라 마음먹고 2020년 4월 26일 강화 나들길 2코스를 시작으로 본격적으로 나들길을 걷기 시작하여 2021년 8월 28일에 마침내 나들길 20개 코스를 모두 걸었다. 햇수로는 3년이요, 공식적으로 걸은 총거리는 310.5km다.

나들길에서 나는 외세에 무참히 짓밟히고 찢긴 이름 모를 무수한 민초들을 보았고, 살기 위해 바다를 메우기 위해 흘린 백성의 땀과 눈물의 냄새를 맡았으며, 시절과는 상관없이 아름답게 피고 지는 온갖 풀과 나무, 꽃, 벌레, 갯벌의 뭇 생명을 보았다.

내가 본 강화도는 한마디로 꽃섬이었다.

밟히고 찢긴 땅에 피와 땀과 눈물이 뿌려져 강 위에 피어난 꽃이기에 한없이 아름다웠다.

사랑한다는 것은 알아가는 것이다.
사랑에 빠진 사람은 상대방에 대해 모든 것에 대해 속속들이 알고 싶은 열정에 빠진다. 속속들이 알려면 천천히 보고 듣고 생각해야 한다.
그래서 가장 깊게 사랑할 수 있는 여행은 걷는 것이다.

지금 꽃섬 강화로 나들이를 떠나시라.
그리고 걸어라.
그러면 사랑에 빠지리라.

[강화 나들길 일지]
- 1코스(2019.4.20.): 심도 역사 문화길(강화 버스터미널~갑곶돈대)
- 2코스(2020.4.26.): 호국돈대길(갑곶돈대~초지진)
- 3코스(2020.5.1.): 고려 왕릉 가는 길(온수 공영 주차장~가릉)
- 4코스(2020.5.16.): 해가 지는 마을 길(가릉~망양돈대)
- 5코스(2020.6.6.): 고비고개길(강화 버스터미널~외포 여객 터미널)
- 6코스(2021.4.24.): 화남 생가 가는 길(강화 버스 터미널~광성보)
- 7코스(2021.6.12, 8.15: 낙조 보러 가는 길(화도 공영 버스 터미널~갯벌 센터~화도 공영 버스 터미널)
- 8코스(2020.5.2.): 철새 보러 가는 길(초지진~분오리돈대)
- 9코스(2021.8.28.): 다을새길(월선포 선착장~화개산~월선포 선착장)

- 10코스(2021.5.1.): 머르메 가는 길(대룡 시장~머르메~대룡 시장)
- 11코스(2020.9.19.): 석모도 바람길(나릇부리항 시장~보문사 주차장)
- 12코스(2021.5.30.): 주문도길(주문도 선착장~주문도 선착장)
- 13코스(2021.5.31.): 볼음도길(볼음도 선착장~볼음도 선착장)
- 14코스(2021.8.20): 강화 도령 첫사랑길(용흥궁~철종 외가)
- 15코스(2021.4.18.): 고려궁 성곽길(남문~동문)
- 16코스(2020.5.17.): 서해 황금 들녘길(창후 선착장~외포 여객 터미널)
- 17코스(2021.5.1.): 고인돌 탐방길(강화지석묘~오상리고인돌군)
- 18코스(2021.6.26.): 왕골 공예 마을 가는 길(강화 역사 박물관~강화 역사 박물관)
- 19코스(2020.9.26.): 석모도 상주 해안길(동촌~상주 마을버스 종점)
- 20코스(2021.6.12.): 갯벌 보러 가는 길(분오리돈대~갯벌 센터~화도 공영 버스 터미널)

V.

거대(巨·大)해야 할
항구에 가다

왜소한 거대(巨大)항

눈이 보고 싶었다.

사방이 온통 하얀 눈으로 뒤덮이고 차가운 바람이 뺨을 날카롭게 가르는 산길을 그냥 우두커니 걷고 싶었다.

그렇다면 북으로 가야지.

강원도로 가야지.

강원을 훑어본다.

추운 곳으로 가려면 강원도를 거슬러 북으로 가야 하는데 강원도 등줄기 길 따라 오르니 내가 다다를 수 있는 곳의 끝은 고작 고성 대진이다. 더 오르고 싶은데 더 이상 갈 수가 없다. 그제야 나는 비로소 내가 분단국의 국민, 마음의 실향민임을 새삼 깨닫는다.

동서울 터미널에서 아침 6시 49분 첫차를 탔다.

어둠이 채 걷히지 않아 어둑어둑하지만, 산과 벌판에 뿌려진 흰 눈만은 어둠 속에서 홀로 뚜렷하다. 아니 어두워서 더욱 밝고 하얗다. 이렇게 흰 눈으로 밝아진 여명을 맞으며 1시간 30여 분을 달려오니 원통이다.

예전 군대 갈 때 '인제 가면 언제 오나 원통해서 못 가겠네' 울고불고(?)하며 가던 오지 변경이다. 변경 도시답게 여느 가게들은 그저 그렇게 올망졸망한데 군용품 가게는 백화점이다.(규모가 백화점이라는 것이 아니라 상호가 백화점이라는 것을 표현함.)

'인제 가면 언제 오나 원통(怨痛)해서 못 살겠네'로만 기억되던 원통의 이름을 제대로 알고 보니 원통(元通)이다. 나름 뜻을 헤아려 보면 '으뜸으로 통한다' 정도 될 듯하다. 그런데 원통의 지정학적 위치는 서울의 동쪽에서 내륙을 통하여 북으로 가는 중간쯤 된다. 그러니 지금처럼 남북이 단절되거나 폐쇄되어 있지 않고 이어져 열린다면 원통은 분명 남북 교류의 중심 통로 역할을 하며 본래의 이름값을 해낼 것이 분명하다. 그런데 지금은 이름값을 못 하니 예전 원통(怨痛)의 악령이 되살아난다.

이런 통탄(痛歎)할 일이 어디 있나. 원통(怨痛)하고 원통(怨痛)하다.

잠시 허무했던 상념을 떨치고 고개를 돌려 뒤를 돌아보니 얼룩무늬 제복에 베레모를 눌러쓴 풋풋한 장병들이 길게 줄지어 서 있는 게 아닌가.

지역 행사가 있나 싶기도 하고 아니면 무슨 작전이 걸렸나 궁금도 하여 한 장병에게 물어보니 모두 휴가를 가기 위해 동서울 터미널로 가는 버스를 기다리는 줄이란다. 그러고 보니 줄 선 장병들 얼굴이 모두 달뜬 듯 상기되어 있다.

원통 터미널에서 버스를 기다리는 휴가 장병들

얼마나 좋을까?

피 끓는 청춘 시기에 자유를 통제받고 규격화된 생활을 한다는 것이 얼마나 답답함을 주는지 현역 입대 경험이 없는 나로서는 그들만큼 절절하게 실감할 수는 없지만, 어느 정도는 그대들의 마음을 충분히 이해할 수 있다.

"왜 이렇게 시간이 빨리 가지!"

10여 년 전 군대 간 아들놈이 3박 4일 첫 휴가를 받아 나오며, 집에 들어오자마자 터트린 첫말이었다.

군 생활이 얼마나 갑갑했으면….

얼마나 휴가가 기다려졌으면….

저렇게까지 말하나 싶어 '군 생활은 잘 해낼까?' 하는 걱정을 했었다.

아무튼, 우습기도 하고, 약간은 걱정도 되었던 그때의 기억이 남아 있지만 어쨌든 입대 장병에게 휴가는 최고의 선물이고 기쁨인 것만큼은 분명하다.

Korean soldiers,

Have a nice holiday!!!

원통을 빠져나간 버스는 이내 동해 해안선과 나란히 뻗어 있는 7번 국도로 들어섰다. 오른편 검푸른 바다에선 거칠고 사나운 파도가 요란한 소리를 내며 따라붙는 듯하고 왼편 저 멀리 들어앉은 설악의 울산바위, 마산령은 기품 넘치고 신령의 위엄을 지닌 백호(白虎)처럼 기세 좋게 북쪽으로 치달린다.

산맥과 바다 사이를 거침없이 질주하던 버스는 가던 길을 홀연 멈춰 섰다.

북위 38도 30분.
선을 넘었다.
이미 선을 넘어 버렸다.
길은 뻥 뚫려 있건만 이념의 철조망이, 체제의 바리케이드가 가는 길을 막아섰다.
어찌할까, 어찌할까….
가야 하는데 가야 하는데….
그래 땅 길이 막히면 물길로라도 가야지….
가야 할 곳이라면 땅 길, 물길 가리지 말고 가야지.

물길을 찾아 터벅터벅 대진항으로 발길을 옮긴다.
산이라 말할 수도 없는, 차라리 언덕이라 해야 옳은 높이로 삼면이 에워싸인 곳에 덧자란 손톱처럼 부드러운 곡선을 그리며 대진항은 그렇게 내려

앉아 있었다.

아담하다고 말하면 그릇된 미화다.

큰 나루터 항구라 대진항(大津港)이라 했거늘 항구엔 조무래기 어선들만 드문드문 묶여 있고 멀리 북방의 대륙에서 날아온 겨울 철새들은 어항처럼 조그만 포구에 갇힌 것이 답답한 듯 꿰엑 꿰엑 비명을 질러 대고 있다. 검푸른 파도는 좁아터진 항이 갑갑한 듯 방파제를 세차게 때리며 연신 화풀이를 해 대고 있다.

하기야 바라보는 나도 이름값 못 하는 옹색함에 답답하고 울화가 치미는데 드넓은 바다에서 노닐던 철새나 파도는 오죽하겠는가.

대진항

도대체 누가 대진항을 이토록 왜소하게 만들었는가?

도대체 무엇 때문에 대진항이 이처럼 옹색하게 되었는가?

동해의 물살은 오늘도 북으로 남으로 거침없이 오고 가고, 고등어 방어 문어 홍게 대게도 자유롭게 삼팔선을 오가는데 어찌하여 고깃배와 사람은 금단의 바다에 갇혀 있어야만 하는가?

파란 지붕 위에 '통일로 가는 대진항 어촌계'라고 쓰인 빛바래고 힘 잃은 외침을 뒤로하고 나는 화진포로 발길을 옮겼다.

화진포
동천(冬天)의 꿈같은 아름다움

　화진포(花津浦)호수는 원래는 동해안의 만(灣)이었으나 사취나 사주의 발달로 해안의 만 입구가 좁혀지고 끝내는 바다와 떨어져 생긴 호소(湖沼)다.
　화진포란 여름이면 호수 둘레에 해당화가 많이 피어 갖게 된 이름이라 하기도 하나 겨울 화진포는 호수 그 자체가 하늘에서 내려앉은 고운 새색시 같다.
　지금 화진포는 미당이 동천(冬天)에서 읊었던 아름다움과 서정을 그대로 옮겨 놓은 듯했다. 더도 덜도 할 것 없이 그야말로 그대로다.

　겨울 하늘보다 차갑고 투명한 호수 빛.
　고운 임의 눈썹처럼 호숫가를 초승달 곡선으로 감싸 안은 겨울 색의 갈대숲.
　차가운 바람을 맞아 가며 한적히 호수 위를 떠다니는 겨울새들.
　지금 화진포는 겨울 하늘(冬天)의 꿈같은 아름다움을 그대로 박아 놓았다.
　이 정밀(靜謐)한 나만의 아름다움이 깨질까 두려워 나는 호숫가를 비켜 소나무 숲길로 들어갔다.

겨울 화진포

이승만·김일성 별장이라…

마음속에 그려진 화진포의 화첩을 나 홀로 묵상하며 걷는다. 두껍게 쌓인 솔잎으로부터 발바닥을 타고 오르는 부드러운 촉감과 씁싸름한 향기를 맡으며 나는 고요에 생각을 담갔다.

맑은 생각의 고요를 깨뜨린 것은 검은 도로 위를 훑고 지나가는 자동차 소음이다. 도로를 따라 야트막한 언덕을 넘으니 화진포 호수를 바라보며 아름드리 소나무숲 속에 들어앉은 낮은 지붕의 근대식 건물 한 채가 숨어 있다. 이승만 대통령 기념관이란 푯말이 붙어 있다. 고성군청에서 인쇄한 여행 안내 팸플릿을 보니 "1910년 이승만은 미국 유학에서 돌아온 뒤 선교사를 만나러 화진포에 왔다가 풍광에 반해 그 후 국군이 6.25 때 화진포를 되찾자 선교사 집이 있던 이 자리에 별장을 짓고 낚시를 즐겼다고 한다. 기념관은 별장 뒤에 폐가로 남아 있던 건물을 개보수해 별장에 있던 일부 유품과 역사적인 자료를 추가로 기증받아 2007년 7월 개장하였다"라고 쓰여 있다.

이승만 별장

전쟁의 상흔으로 전 국토와 국민이 신음할 때 이승만은 풍광이 좋은 이곳에 별장을 짓고 낚시를 즐겼다고 하니 참으로 많은 생각을 불러일으켰다.

사실 이승만은 대한민국 역사상 최초로 탄핵을 당한 대통령이다. 대한민국 임시 정부와 의정원은 1925년(대한민국 7년) 3월 18일에 이승만을 탄핵하고 곧이어 박은식을 임시 대통령으로 선출했다.

〈대한민국 임시 정부 공보 42호〉에 실린 이승만 탄핵 사유는 다음과 같았다.

> 이승만은 외교를 구실로 하여 직무지를 마음대로 떠나 있은 지 5년에, 바다 멀리 한쪽에 혼자 떨어져 있으면서 난국 수습과 대업의 진행에 하등 성의를 다하지 않을 뿐 아니라, 허황된 사실을 마음대로 지어내 퍼뜨려 정부의 위신을 손상하고 민심을 분산시킴은 물론이거니와, 정부의 행정을 저해하고 국고 수입을 방해하였고 의

정원의 신성을 모독하고 공결(公決)을 부인하였으며 심지어 정부까지 부인한바 사실이라.

생각건대 정무를 총람하는 국가 총책임자로서 정부의 행정과 재무를 방해하고 임시 헌법에 의하여 의정원의 선거를 받아 취임한 임시 대통령이 자기 지위에 불리한 결의라 하야 의정원의 결의를 부인하고 심지어 한성 조직의 계통 운운함과 같음은 대한민국의 임시 헌법을 근본적으로 부인하는 행위라, 이와 같이 국정을 방해하고 국헌을 부인하는 자를 1일이라도 국가 원수의 직에 두는 것은 대업의 진행을 기하기 불능하고 국법의 신성을 보존키 어려울뿐더러 순국 제현을 바라보지 못할 바이오 살아 있는 충용의 소망이 아니라. 고로 주문과 같이 심판함.

심판문에 실린 탄핵의 상세한 내용과 구구한 과정을 여기서 모두 설명하기는 어렵지만 정리해 보겠다.

1. 임시 대통령으로서의 직무를 성실하게 다하지 않은 점.(이승만은 1919년 9월 임시 대통령에 선출된 후 1년이 넘어서까지 상해 임시 정부에 오지 않았고, 1920년 12월 상해에 잠시 왔다가는 1921년 5월 다시 미국으로 돌아가 주로 하와이에 머무르며 활동함)
2. 미주 동포들이 임시 정부로 보내는 인구세 등 독립 자금을 보내지 못하도록 함.
3. 임시 의정원의 결의를 인정치 않음으로써 임시 의정원의 존재를 부정한 점.

4. 대한민국 임시 정부 헌법을 근본적으로 부인하고 한성 정부의 정통성을 주장한 점.

이처럼 이승만은 대한민국 임시 대통령이면서도 상해 임시 정부가 아닌 미국에 머물며 임시 정부를 곤혹스럽게 하는 행보를 보였다. 이승만이 1919년 3월 미국 우드로 윌슨 대통령에게 미국이 주관하여 국제 연맹으로 하여금 조선을 위임 통치해 달라고 청원한 사건(1919년 3월)이 대표적이다. 이승만의 위임 통치 청원은 커다란 논란을 불러일으키며 임시 정부를 신랄한 비난에 직면케 했다. 사태가 심각하게 돌아가자 이승만은 1919년 12월에야 상해 임시 정부에 얼굴을 내밀었다.

이승만은 외교 독립론자로서 우드로 윌슨의 민족 자결주의에 한껏 기대감을 갖고 프린스턴 대학 시절에 가깝게 지냈던 우드로 윌슨(이승만이 프린스턴 대학 재학 시절 우드로 윌슨은 총장으로 많은 도움을 주었다고 함)을 믿고 위임 통치 청원을 했던 것으로 보인다. 그러나 윌슨의 민족 자결주의는 세계 1차 대전의 패전국인 오스트리아제국과 오스만제국이 동유럽과 아랍 지역에 갖고 있던 식민지 나라들을 해체해 승전국인 미국,영국, 프랑스의 이 지방 진출을 용이하게 하기 위한 것이 주목적이었다. 당시 일본은 연합국의 일원으로 승전국의 위치에 있었다. 더구나 미국과 일본은 1905년 7월에 가쓰라-태프트협약을 맺어 미국은 필리핀을 먹고, 일본은 조선을 먹는 것으로 합의했고 이에 일본은 1905년 11월 17일 조선의 외교권을 강제적으로 박탈한 을사늑약을 체결했다.

1905년부터 1910년 미국에서 유학하며 프린스턴대에서 국제법을 전공하고 국제정치학 박사까지 된 이승만은 정녕 미국과 일본의 의도와 이런 국제 정치의 흐름을 몰랐단 말인가?

몰랐다면 무지무능한 것이고 알고도 그랬다면 무슨 사적 꿍꿍이속이 있었을 것이라 생각하지 않을 수 없다. 또한 우드로 윌슨은 백인 남성 중심의 지독한 인종 차별주의자요 성차별주의자였다. 실제 우드로 윌슨은 KKK단(백인우월주의, 인종 차별을 표방한 비밀결사단체)을 지지했고 멕시코를 비롯한 남미 나라의 내정을 간섭했다. 이런 인물에게 우리의 독립 지지를 기대한 것 자체가 대단한 착각 아닌가?

이승만이 미국에서 상해 임시 정부에 왔을 때 임시 정부는 대통령이 상해에 없을 때 행정 결정권을 국무총리에게 위임하자는 제안을 했으나 이승만은 거부하고 1920년 5월 미국으로 다시 떠나 버렸다. 임시 정부 대통령으로서 이승만이 보인 행동은 참으로 이해하기 어려운 것이었다.

아직도 우리 국민 중에는 이승만이 대한민국의 첫 번째 탄핵 대통령이라는 역사적 사실을 모르고 있는 국민이 많다고 본다. 나는 이승만을 추종하는 사람들이 1948년 8월 15일을 건국일이라고 우기는 배경에는 이승만이 1925년 3월 대한민국 대통령에서 탄핵당한 역사적 사실과도 관련이 있을 거라는 생각을 해 본다.

다른 임정 요인들은 감시와 억압 속에서 풍찬노숙을 마다하지 않으며 고초를 겪고 있는데 이승만은 근무지를 이탈하여 동포들이 애써 모아 준 돈을 써 가며 임정과는 다른 방향의 짓이나 했으니 임시 정부는 일정기간 지지부진한 상태에 머무를 수밖에 없었다.

나는 탄핵을 받고, 부정 선거를 저질러 4.19혁명에 의해 쫓겨난 자를 기념한다는 것이 쉽게 납득되지는 않았지만 한편으로는 도대체 무엇을 전시하고 기념하고 있는지 궁금하기도 하여 3,000원의 비싼 입장권을 사 건물 안으로 들어갔다. 단층의 작은 집인 만큼 전시물들은 많지 않고 의복, 집기, 사진, 책, 글씨 등과 같은 개인 소품을 중심으로 전시되어 있었다. 천천히 전시물을 살펴보는데 경무대 대통령 집무실 책상 옆 벽에 '북진 통일'이라고 쓴 표구 한 점이 눈에 꽂힌다.

북 · 진 · 통 · 일

도대체 이승만은 무슨 생각으로 북진 통일을 외쳤을까?

진정 자유 통일을 위해 북진 통일을 외친 것인가? 아니면 이념을 도구화해 권력을 공고히 하기 위한 수단으로 북진 통일을 내걸은 것일까? 실제 북진 통일을 할 만한 힘과 노력을 기울인 적은 있었던가? 하는 생각이 스쳐갔다.

혹자는 이승만이 북진 통일을 공공연히 내세워 북한을 자극함으로써 김일성에게 남침의 빌미를 주었다고 한다. 일리가 있는 주장이라는 생각이 든다. 중요한 것은 북진 통일을 외쳤으면 그에 걸맞은 충분한 준비와 힘이라도 길렀어야 했다. 그랬다면 남침을 당했더라도 받아치는 주먹을 날리며 진짜 북진하여 통일을 이루었을지도 모를 일이었다.

그러나 이승만은 전쟁 발발 불과 2일 만인 6월 27일에 이미 대전으로 도주를 하고서는 그날 밤 라디오 방송을 통해 대국민 사기를 친다.

"적(북한군)은 패주하고 있다.

정부는 국민과 함께 서울에 머무를 것이고, 국군이 점심은 평양에서 저녁은 신의주에서 먹을 것이니 국민은 걱정하지 말고 안심하시라"라고.

이게 당시 이승만 정권이 라디오에 대고 짖어 댔던 거짓말이다. 이래 놓고는 28일 새벽에 한강 인도교를 폭파해 버림으로써 국민의 피난길도 막아버리고 서울을 인공치하(人共治下)에 빠뜨렸다.

참으로 기시감이 들지 않는가?
2014년 4월 16일 세월호 참사 때 박근혜는 세월호 참사 중에 7시간 동안 어디서 무엇을 했는지 행적이 묘연했고, 방송에선 '전원 구조'라고 사기를 쳤다. 그 후에도 박근혜는 무능과 부패로 최순실의 국정 농단을 일으킴으로써 나라를 사경으로 몰아넣지 않았나.
닮아도 이렇게 닮을 수가 없다.
'탄핵당한 대통령'이라는 것까지 닮은꼴이니 역사는 반복된다는 말이 이런 경우도 해당하는 것인가?

힘이 있어야 대화도 가능하다. 아니 엄밀히 말하면 힘이 있어야만 상대방이 대화하자고 나선다. 세상 이치가 그렇다. 내가 잘살고 힘이 있으면 내 주위에 사람들의 몰려와 말을 붙이고 아는 체를 한다. 그게 세상 이치다. 국가도 똑같다. 현재 우리는 북한보다 압도적으로 부유하고 우세한 힘을 갖고 있기에 상호 교류 협력하면서 북한을 개방으로 이끌고 오랜 단절에서 오는 남북 간 이질감을 서서히 불식시켜 가며 함께 번영하여 궁극적으로는 통일의 길로 가야 한다. 그것이 우리 민족이 다시는 전쟁을 막고 모두가 잘사는 길이며 책임 있는 자세다.

전쟁 불사를 외치는 자들은 입만 열면 안보를 외치지만 이들이 지금까지 보여 준 것은 국민의 안전과 생명을 지키는 일에는 무능하고 부패했다는 사실이다. 이승만이 꼭 그랬다.

기념관을 나와 정면을 응시하니 눈이 시릴 만큼 파란 호수 너머, 해안가 산기슭 울울한 소나무 숲속에 작은 성 하나가 살짝 모습을 보인다.

화진포의 성(城)이라고 하고 김일성 별장이라고도 불리는 건물이다. 지하 1층 지상 2층의 이 석조 건물은 원래는 부모(부 - 윌리엄 제임스 홀, 모 - 로제타 셔우드 홀)*의 뒤를 이어 조선에서 2대에 걸쳐 의료 선교 활동을 펼치던 셔우드 홀이 1938년 독일인 건축가 베버에 의뢰에 지은 건물이다.

이 건물에 김일성은 1948년부터 1950년 사이에 처 김정숙과 아들 김정일, 딸 김경애 등을 데리고 와 휴양을 했다고 한다.

건물 안에는 셔우드 홀에 대한 간략한 활동 내역을 알리는 패널만 몇 점 널려 있고 대부분은 김일성과 북한 체제 그리고 한국 전쟁의 참상과 북한의 도발을 고발하고 경계하는 내용물로 채워져 있다.

---

* 윌리엄 제임스 홀은 1892년 조선에서 결혼 후 평양에서 의료 선교 활동을 펼치다 과로와 발진 티푸스에 걸려 순직했다. 로제타 셔우드 홀은 1890년~1935년간 조선에 머물며 의료 활동은 물론 조선 최초의 여성 의사와 간호사 양성, 점자를 사용한 맹인 교육을 하였고, 아들인 셔우드 홀은 결핵 치료와 결핵 퇴치 운동인 크리스마스실을 최초로 발행한 의료 선교사이다. 이들 세 가족은 모두 서울 양화진 절두산 성당의 선교사 묘역에 묻혀 있다.

김일성 별장

분단의 주역인 김일성과 이승만의 별장이 분단의 상징인 38도선, 천혜의 절경인 이곳 화진포를 사이에 두고 마주 바라보고 있다는 사실이 역사의 비극을 희롱하는 듯하다.

찢어짐, 갈라섬, 생이별, 외면, 반 토막….
분단하면 나는 이런 단어들만 떠오른다. 내 머릿속에는 이 단어들 외에는 다른 연관어들이 검색되지 않는다.
나는 우리나라, 우리 사회가 안고 있는 문제의 절반 이상은 남북 분단이라는 상황 때문에 생긴 것으로 생각한다.

생각해 보시라.

정치적 갈등과 반목의 주원인은 분단 상황에 따른 이념 대립 때문이 아닌가? 분단은 친구와 가족 간에도 종북 좌파에 빨갱이 타령으로 인간성마저 파괴하고 찢어 놓고 있다.

분단은 우리를 대륙의 세계인이 아닌 섬나라 지역민으로 만들어 버렸다.
분단은 우리의 생각조차 가둬 버렸다.
우리 생각은 섬 속에 갇혀 버렸다.
그래서 우리는 남으로만 내려갈 뿐 북으로 뻗어 갈 생각은 하지 않는다.
섬나라 국민의 사고가 지배하니 우리는 밖으로 나갈 생각만 할 뿐 세계인을 끌어들일 생각은 하지 못한다. 세계인이 된다는 것이 밖으로 나가는 것만 의미하지 않는다. 세계인이 된다는 것은 세계를 상대로 세계를 품에 안을 사고와 포부를 갖는 것이다.

분단의 섬나라가 아닌 남북이 연결되어 대륙으로 대양으로 물자와 사람이 자유롭게 흐르는 온전한 나라가 되면 한반도는 대륙과 대양의 허브 터미널이 될 것이다.

봄은 북으로부터…

한반도 터미널을 이용하여 전 세계인들이 물밀듯이 몰려오고 전 세계인들과 어깨를 부딪치며 서울과 부산, 평양 거리를 활보하게 되는 날을 그려보며 나는 거진항으로 이어지는 소나무길로 들어섰다.

울울한 마음으로 김일성 별장을 나와 오른쪽으로 난 길로 방향을 튼다. 화진포 소나무 숲길이다.

이 길은 거진항까지 이어지는 십 리나 되는 소나무길이다.

좁다란 길옆으로 빽빽이 들어찬 금강송을 보니 답답한 속이 풀어지며 다시금 기운이 돋는 듯하다. 금강송은 나무속인 심재(心材)는 붉고, 가장자리 변재(邊材)는 누런빛을 띤 흰색이어서 적송(赤松)이라고도 한다. 일제 강점기 때는 왜놈들이 강원도와 울진 등지에서 남벌한 금강송들을 경상북도 봉화 춘양역에서 열차나 트럭으로 반출했다고 하여 춘양목(春陽木)으로도 불리는데 소나무 중에서는 단연 으뜸으로 친다. 그래서 궁궐이나 사찰은 금강송으로 짓는다고 하니 그 많은 궁궐과 사찰에 얼마나 많은 금강송이 소요됐을지 나로서는 감히 짐작이 가지 않는다.

누런 솔잎이 소복이 쌓인 길을 걸으니 솔침의 부드러움이 발바닥을 찌르고, 바다 쪽에서 불어오는 바람은 내 볼에 철썩철썩 안긴다. 빛도 봄이요, 따사로움도 봄이다.

누가 봄은 남쪽으로부터 온다고 하였는가.

나는 동해 바다로부터 봄이 오고 있음을 느낀다.

그림 같은 화진포와 멀어지는 게 아쉬워 자꾸 뒤돌아보며 걷다 보니 어느덧 눈앞에 당당한 풍채를 가진 하얀 등대가 내 발길을 막아 세운다.

거진항 등대다.

해안선 가파른 산등성에 우뚝 선 거진항 등대!

동해 푸른 바다와 설악의 희검은 등줄을 좌우로 지긋이 내려다보고 서 있다.

눈앞엔 바로 거진항이다.

대진항보다는 제법 크다. 그러나 명색이 국가 어항임에도 불구하고 명태로 한창 깃발을 날리던 때를 생각해 보면 지금의 행색은 초라하기 그지없다.

왜 이리 퇴락했을까?

"거진은 원래 항구가 만든 도시인데 지금은 명태도 안 잡히고, 관광객은 설악 속초로 다 가고…. 대진은 그나마 화진포나 전망대라도 있어 사람들이 있지만 여긴 영~. 그나마 금강산 관광마저 끊겨 놓으니 정말 말이 아닙니다."

항구에서 낚싯대를 던져 놓고 있는 60대 주민의 말이다.

그래! 바로 저분의 말씀이 정답이다.

거진이 부활하고 부흥할 수 있는 길은 분단의 철조망을 걷어 내고 남북 교류와 협력의 뭍길, 물길, 하늘길을 트는 것뿐이다. 그래야만 거진이 살고 대진이 살고 이 나라도 산다.
 그래야만 대진항이 크게 되고 거진항도 거대한 항구로서 그 이름값을 할 것이다.
 거진항, 대진항은 巨大해야 할 항구다.

 어둠이 짙게 깔린 거진 시외버스 터미널에서 동서울행 버스에 몸을 싣는다.
 터미널을 서서히 빠져나가는 동안 차창 밖으로 보이는 거진의 거리에는 인적도 없고 불빛도 흐릿하다.

 조용히 눈을 감는다.
 그리고 깊은숨을 들이켠다.
 봄이여 빨리 와라. 북으로부터.

 2020.2.1.~2.2.
 여행길에서

거진항

〈일러두기〉
본 장에 나오는 중국의 지명, 인명, 품명 등은 관습적 편의를 고려 중국말과 우리말을 섞어 사용하되 괄호 안에 한자를 병기했다.
— 예: 운남/윈난(雲南), 보이차/푸얼차(普洱茶), 사천/쓰촨(四川), 나시족(納西族), 시쌍반나(西双版納).

VI.

차마고도(茶馬古道)
– 상상으로 넘다

차마고도(茶馬古道), 나를 소환하다

너무 아찔해서 심장이 멎는 것 같았다.
하도 경이로워 차마 눈을 뗄 수가 없었다.
문명이 외면하고 두려워한 산맥을 유유히 넘는 생명들의 흐름은 범접할 수 없는 신비로움이었다. 아니 아름답고 숭고한 인간의 삶 그 자체였다. 그래서 나도 모르게 눈이 감겼다.

언젠가 텔레비전을 통해 본 다큐멘터리 〈차마고도〉는 내 가슴에 두 장의 사진을 박아 놓았다.

(장면 1)
날카로운 도끼 짓에 무참히 내리 찍혀 팽개쳐진 거대한 나무의 몸통처럼 협곡은 그렇게 버려진 채 뻗어 있다. 아득한 단애의 벼랑 끝에서는 어지러워 차마 눈은 내리깔지 못하고 그저 먼 하늘에만 시선을 두고 몸을 지탱해야 할 것 같았다.
만년 설산에서 녹아내린 탕탕한 물은 풀어진 실처럼 가는 물길을 이루어 협곡 사이를 스멀스멀 빠져나간다.

이 황량한 천지간에 생명의 낌새를 눈치챌 유일한 단서는 협곡 사이에 걸려 있는 거미줄 같은 외줄뿐이다.

그 외줄에 검은 점 하나가 찍혀 있다.
겁에 질린 눈을 몰래 치켜뜨고 본다.

아, 아니 저게 뭐지? 뭐지….

아니 말(馬) 아냐? 아니 노새다!
노새는 네발이 꽁꽁 묶인 채 아무런 소리도 미동도 없이 푸줏간 고깃덩어리처럼 덩그러니 걸려 있다.
이 칼날 같은 긴장의 시간과 공간 속을 뚫고 내 귓전을 때린 소리는 협곡의 양편에서 소리치는 마방(馬幇)들의 외마디 외침뿐이다.

(장면2)
톱니처럼 이어진 험준한 산맥에 실타래에서 풀어진 실처럼 좁고 가파른 길이 이어져 있다. 오로지 외줄 타는 광대처럼 일렬로만 걸어갈 수 있는 길이다. 문명의 손길을 거부한 이 길을 노새를 앞세운 긴 행렬이 걷고 있다.
줄 맨 앞에 선 노새(따주)의 머리 위에는 연분홍 솔과 색색의 띠가 치장되어 있고, 목에는 작은 방울들이 달려 있다. 적막과 적요를 뚫고 낭랑하게 들리는 노새의 방울 소리와 마꿔토(馬鍋頭 – 마방단을 이끄는 우두머리)의 구성진 목소리는 슬프고도 아름답게 내 눈을 흐리게 하고 내 귀를 먹먹하게 만들었다.

차마고도(茶馬古道).

그날 이후 이 길은 나에겐 그리움과 설렘, 그리고 두려움의 길이 되었다.

그러나 가슴을 좁게 하는 두려움보다는 가 보지 않으면 터질 것 같은 호기심과 궁금증이 나를 차마고도로 내몰았다.

마방이 되고 싶었다.

아니 마방의 노새라도 되어 차마고도로 나서고 싶었다.

마침 차마고도로 떠나는 마방단(본 글에서는 여행사의 차마고도 트랙킹 여행단을 마방단으로 표현하겠다.)이 있어 나는 주저 없이 마방단의 노새(트래킹 여행단의 일원)가 되기로 했다. 차마고도를 넘을 마방단의 노새는 모두 12명으로 나는 홀로 생면부지의 다른 11명의 노새들과 길을 떠났다.

원시의 길, 문명의 길 - 차마고도.

호모 에렉투스도 길을 걸었고 호모 사피엔스도 걸었다. 그러나 그들이 걸은 것은 길이 아니다. 그들이 걸은 것은 길이 아니라 흙이었다.

태허(太虛)의 흙에 흔적과 자취를 남기면 그 길은 원시의 길이다. 그러나 길은 이름을 가질 때 비로소 문명의 길이 된다.

중국의 차와 티베트의 말을 교역하기 위해 걸었던 길이 바로 차마고도다.

이런 의미에서 차마고도는 가장 오래된 문명의 길이다. 차마고도는 여러 개의 경로가 있었으나 윈난(雲南)에서 출발하여 티베트로 가는 노선과 쓰촨(四川)에서 티베트로 가는 노선이 마방들이 가장 활발히 이용했던 노선이었다.

윈난(雲南) 노선은 푸얼차(普洱茶)의 원산지인 윈난성 시쌍반나(西雙版納)에서 출발하여 쿤밍(昆明)에서 따리(大理)~리장(麗江)~샹그리라(香格里

拉)~더친(德欽)을 거쳐 티벳의 망캉(芒康)~린쯔(林芝)~라싸(拉薩)로 가는 길이고, 쓰촨(四川)노선은 쓰촨성 야안(雅安)을 기점으로 캉띵(康定)~리탕(理塘)~바탕(巴塘)~망캉(芒康)~라싸(拉薩)로 연결되는 길이다.

  길은 또 다른 길로 이어진다. 인간은 욕망으로 길을 잇고 호기심과 상상력으로 새로운 길도 낸다. 라싸에 다다른 마방은 티베트를 지나고 히말라야 산맥을 넘어 네팔 인도로까지 이어지는 교역의 길을 만들어 냈다.
  이 차마고도 길은 중국 시안(西安)에서 시작되어 저 멀리 서역의 페르시아와 소아시아, 로마까지 이어졌던 실크로드보다 무려 200년이나 앞서 뚫렸던 길이다.
  동쪽의 족속은 변방 기마 족의 침입으로부터 살아남기 위해 말을 구하러 길을 나섰고, 서역의 족속들은 병마를 막고 몸을 온전히 지키고자 찻잎을 원하여 길을 튼 것이다. 살기 위해 살아남기 위해 나선 발걸음이 차마고도를 열었고 그렇게 열린 길은 장구한 시간의 흐름 속에 길을 잇고 사람을 이었다. 그러기에 차마고도는 생존과 생명의 길이요, 투쟁의 길이면서 문명의 길이다.
  마방단의 노새가 되어 차마고도를 넘기로 하자 내 머릿속에는 온갖 상상이 구름처럼 떠다니기 시작했다. 그런 상상이 나를 달뜨고 즐겁게 만들었다.

  사실 여행의 즐거움은 상상이다.
  새로움에 대한 동경이 여행의 유혹이라면 여행의 설렘과 즐거움은 상상과 새로움을 알아 가는 과정에서 맛볼 수 있다. 더구나 트래킹이란 스치는 수많은 물상과 대화하며 마냥 걷는 것이니 이번 차마고도 여행길은 맘껏 상상으로 넘어야만 될 것 같았다. 따지고 보면 탐험가나 여행가의 위대한 발견도 사실은 모두 상상의 결과물이다.

그 옛날 마방들의 차마고도는 해발 4천~6천m에 이르는 가파른 산비탈을 오르내리고 대협곡을 건너고 때로는 바람 부는 초원을 지나가야 했고 한번 떠나면 계절이 바뀌어야 집으로 돌아오는 길이었다. 그 길고 험한 길을 마방들은 어떻게 오갔을까? 그들은 어떻게 짐을 싣고 이동하며 살았을까?

불가사의한 궁금증은 꼬리에 꼬리를 물고 일어났다.

야크는 해발 4천m 이상의 고산지대에 사는 동물이기에 마방들이 애용하는 운송 수단이었지만 야크는 고산 동물이기에 고도가 낮은 곳에서는 힘을 쓰지 못했다. 말 또한 평지에서 물건이나 짐을 싣고 나르는 데는 유용한 동물이라 많이 이용되었지만 기온이 떨어지고 높은 산이나 가파른 산악에서는 힘을 발휘할 수가 없었다.

평지에선 빠르지만 고산과 가파른 산에서는 지구력이 약한 말, 고산에서는 강하지만 낮은 지대에서는 힘을 쓰지 못하는 야크의 단점을 극복한 녀석이 바로 노새였다. 말하자면 노새는 험준한 산에서도 잘 적응하며 오래 버텨 주는 능력이 뛰어난 마방단의 멀티플레이어였다.

사람이 꽃보다 아름다워

　마방단은 이런 노새 등 위에 차 꾸러미를 실었다.
　보이차(普洱茶)는 윈난성이 본향이다.
　윈난성의 시쐉반나(西双版納)나 쓰마오(思茅)지역에서 딴 찻잎으로 만들어진 차는 보이부(普洱府)라는 행정 소재지로 모여졌고 그래서 보이차란 이름으로 불리게 되었다. 보이차는 삶고 압착하여 둥근 모양(圓茶), 벽돌 모양(塼茶), 사발 모양(沱茶), 사각 모양(方茶), 하트 모양(緊茶) 등으로 만들었고, 우리가 가장 흔하게 보는 원차(圓茶)는 가운데 구멍이 뚫린 찐빵 모양이다.
　원차(圓茶) 1개의 무게는 357g을 고수해 만들고 있는데 그 이유는 말을 이용한 차 운반과 밀접한 관련이 있다. 원차 7개를 하나의 꾸러미로 만들면 2.5kg이 되고, 꾸러미 12개를 대나무 광주리에 담으면 30kg이 된다. 이 30kg 광주리를 말의 좌우에 실으면 60kg이 되는데 당시 말이 하루에 60km를 갈 수 있는 적정치는 60kg이었다는 것이다. 그러니까 한 필의 말 좌우에 보이차 84개를 싣고 떠났다는 얘기다.
　그런 원차를 1970년대부터는 칠자병차(七子餠茶)라고 하였는데 자손의 번성을 뜻하는 칠자와 둥근 떡 같은 차란 뜻이니, 원차는 차마고도 마방들의 지혜와 소망이 고스란히 담겨 있는 전통의 산물이라 할 수 있다.

포장 전 보이 원차

포장한 보이 원차(칠자병차)

이런 원차가 내 눈에는 꽃처럼 보인다.

실제 둥그런 모양의 원차들이 선반 등에 가지런히 놓인 풍경은 가꿔 놓은 화단처럼 보이고 야릿한 종이에 싸인 원차 모양은 그 자체로 봄꽃이 화사하게 핀듯하다. 포장지에 쌓인 찻잎은 검거나 흑갈색으로 오래 숙성된 차일수록 맛과 향이 깊고 부드러워 값도 비싸다 하니 차나 사람이나 내면에 담겨 있는 본질적 속성은 같은가 보다. 그래서 불가의 선승들은 차를 즐기고 다선일미(茶禪一味)를 말한 것이리라.

다선일미(茶禪一味).

차 맛을 아는 정도만큼 불법에 대한 이해와 지혜도 성숙한다는 말이다. 허나 이 말이 어디 불가에만 해당하는 이치던가. 다선일미는 세상사 모든 것에 통용되는 이치이니 사람도 겉만 보고 평가할 것이 아니고 오랜 숙성의 시간을 두고 봐 오며 평가할 일이다. 이렇듯 차에는 시간이 우려낸 깊은 맛과 향을 담고 있는 것이다. 사실 '시간을 이기는 것은 아무것도 없다'라는 이 단순하고 평범한 사실을 모르는 사람은 없지만 이 엄중한 진리를 지속적으로 실천하는 사람은 많지 않다.

그러고 보면 인생의 승부는 '단순하고 평범한 진리'를 누가 성실하고 절실하게 실천하느냐가 관건이지 많이 알고 깊이 아느냐의 싸움은 아닌 것 같다.

왜냐하면 다선일미에 담긴 참뜻을 속가(俗家)의 범부는 비록 다선일미라 표현은 못 했어도 그 말에 담긴 세상의 이치를 모르진 않을 테니까 하는 말이다. 그러니 우리는 온고지신(溫故知新)하고 초야의 이름 모를 풀들도 살뜰히 살펴보고 소중히 여겨야 한다.

물자는 물론 지식과 정보 등 모든 것이 궁핍했을 태곳적에도 마방들은 이처럼 지혜롭게 짐을 꾸려 수만 리 먼 길을 거침없이 떠났는데 고작 4박 6일 차마고도 트래킹의 노새짐(배낭) 하나 시원스레 꾸리지 못해 주저주저하는 나 자신을 보고 있자니 코웃음도 터지고 한숨도 나온다. 어쨌든 나는 꾸역꾸역 짐을 꾸려 생면부지의 다른 11명의 노새와 함께 마방단의 일원이 되어 쿤밍(昆明)행 비행기에 몸을 실었다.(2019년 7월 3일 18시 30분)

중국 운남성은 서쪽과 남쪽으로는 미얀마, 라오스, 베트남과 접해 있고 동쪽과 북쪽으로는 광서 장족 자치구, 귀주, 사천, 서장 티베트 자치구와 맞닿아 있는 중국에서 6번째로 큰 성(省)으로 성도(省都)는 쿤밍(昆明), 인구는 약 4,742만 명(2020년 8월 기준)이다.

운남성의 기후는 지역에 따라 천차만별이라 "산 하나에도 사계절이 있고, 10리 안에서도 계절이다"라는 말이 있다. 그러나 연평균은 18~19도 정도이고 겨울에도 기온이 14도 이하로 내려가지 않는다. 간단히 말해서 운남성은 여름과 겨울의 차이가 크지 않아 사계여춘(四季如春), 즉 늘 봄과 같은 기후를 갖고 있다. 그래서 운남성을 '봄의 도시(春城)', '꽃의 도시'라 부른다. 운남성이 세계적인 화훼 생산지이고 선화병(鮮花餠)이라는 과자가 운남성의 명물이 된 이유는 바로 봄날 같은 기후 때문이다.

차마고도의 출발지인 운남성은 오늘날 봄날의 꽃처럼 하루가 다르게 발전하는 관광 대도시이기도 한데 전 세계 수많은 관광객의 발길을 당기는 매력 중의 하나는 바로 소수민족이다.

운남성 인구 4,742만 명 중 3분의 1은 소수민족이다. 운남성에는 한족을 제외한 55개 소수 민족 중 바이족(白族,) 이족(彝族), 먀오족(苗族), 나시족(納西族), 하니족(哈尼族), 다이족(漆族) 등 26개 소수 민족이 산다. 이들 민족은 각기 자신들의 거주 경계가 뚜렷한데 그런 만큼 자신들의 오랜 전통과 문화 습속들을 지키며 살고 있다. 민족의 특징과 문화를 잘 드러내는 게 바로 옷인데 이들 소수 민족의 의상은 독특하면서도 화려한 것으로 유명하여 그 자체만으로 훌륭한 볼거리를 제공한다.

바이족(白族)은 백색 옷을 숭상하여 백족이다. 바이족 남녀들은 이마에는 백색 두건을 두르고 백색의 상의를 입는다.

이족(彝族)은 검은색을 숭상하는 민족으로 옷 색상은 주로 검은색, 청색, 남색을 좋아하고 성별, 지역별, 나이별, 용도별로 다양한 전통 복장을 입는데 디자인과 색상, 복식의 표현 기법이 다채롭다.

먀오족(苗族)의 전통복 또한 독특한 공예기술이 발휘되어 화려하고 다채롭기로 유명하고, 다이족(潒族)의 여성은 몸에 붙는 블라우스와 화사한 꽃무늬가 있는 긴치마를 발목까지 늘여 입고 머리엔 꽃을 꽂고 귀고리, 목걸이로 아름다움을 더한다.

소수민족들은 자신들의 거주 경계가 뚜렷한 편인데 바이족은 주로 대리(大里) 바이족 자치주에 거주하고 있고, 이족은 이족 자치구나 애뢰산(哀牢山), 소량산(小凉山)에, 다이족은 서쌍판납(西雙版納)과 덕주(德州)에, 합니족(哈尼族)은 주로 홍하(紅河), 강성(江城), 흑강(黑江), 원강(元江) 등에 산다. 그리고 우리 마방단이 이번 차마고도 트래킹의 기점으로 삼은 려강(麗江)에는 동파문자(東巴文字)의 창시족인 나시족(納西族)이 집단 거주하고 있다.

이처럼 운남성의 산비탈, 산기슭, 계곡, 강이나 냇가, 도시와 시골 곳곳에는 26개의 소수 민족이 오랫동안 자신들의 터전을 이루고 외부의 거센 바람에도 꺾이거나 뿌리 뽑히지 않고 꿋꿋하게 자신들만의 전통과 문화를 지키고 가꾸며 오늘날까지 꽃을 피우고 있다고 하니 꽃의 도시 윈난의 가장 아름다운 꽃은 바로 이들 소수 민족이 아닌가 하는 생각이 든다. 하기야 꽃이 아무리 예쁘고 화려한들 사람보다 아름다울 수 있겠는가?

어둠을 뚫고 가는 비행기 안에서 이런저런 상상과 공상을 하다 보니 어느덧 쿤밍 창수이(昆明長水) 국제공항에 도착했다. 창수이 공항은 2012년에 개장한 공항으로 크기로는 세계에서 다섯째이고 중국 내에서는 베이징(北京), 상하이(上海) 광저우(廣州)에 이어 4번째인 국가 허브 공항이다. 그래서인지 밤 10시 넘은 시간임에도 불구하고 공항은 많은 입출국인으로 붐비고 있었다. 화도춘성(花都春城)의 봄기운과 꽃바람이 살갗에 닿는 듯한 기분이다.

12명의 노새를 태운 버스는 공항을 빠져나와 30분 정도 달린 후 쿤밍시 중심가에 위치한 가화호텔((昆明佳華廣場酒店)에서 멈췄다. 우리 12명의 노새가 하루를 묵어갈 우리(숙소)다.

짐을 풀고 샤워를 한 후 침대에 홀로 누워 있으니 보고 싶었지만 오랫동안 보지 못한 사람이 그리워진다.

션치즈(申奇志)와 왕리홍(王麗紅).
이들은 부부로 션치즈는 남편이고 왕리홍이 아내다.
내가 중국 사무소 대표로 일할 때인 1996년 겨울, 나는 이들 부부를 북경의 우리 아파트로 초대를 해서 함께 저녁을 먹은 적이 있다. 당시 나의 중국 사업 협력 파트너인 션치즈는 중국 광고 연합 총공사(중국 신화사 통신의 계열 광고 공사)에서 일했고 왕리홍은 국영 영자 신문인《차이나 데일리(china daily)》기자로서 근무하고 있었다. 션은 나보다 6살 아래였으나 씩씩하며 솔직 담백하여 신뢰감을 갖고 교우하던 사이이기도 했다. 그때 션은 내가 아들, 딸 2명의 자녀를 둔 것을 부러워하며 자기는 부인인 왕리홍이 회사에서 보내 주는 미국 연수를 가게 되면, 미국에서 아이를 하나 갖게 해서 자신도 꼭 2명의 아이를 갖고 싶다고 말해 모두 크게 웃은 적이 있다.

당시 중국은 1가구 1자녀 정책을 유지하고 있었다.

왕리홍의 고향이 쿤밍이다.

왕리홍은 남방의 여자답게 가냘프고 자그마한 체구이나 눈이 투명하고 빛나 매우 영리한 인상을 주는 여자였다. 그때 우리는 시간을 내어 가족 동반으로 쿤밍을 함께 여행하기로 굳게 약속했는데 이후 IMF 금융 위기로 사무소가 철수하는 바람에 연락의 빈도가 차츰 줄더니 언제부턴가 서로의 소식조차 완전히 끊겨 버렸다.

이제는 두 사람도 50대 중반이 되었을 텐데 슬하에 아이는 소망대로 2명을 두었는지….

몽골족의 피를 갖고 있다던 션의 우직하고 순박한 얼굴은 어떻게 변했을까? 그때 그 시절이 새삼 아련하게 그리워지는 것은 단순히 여행에서 오는 감상 때문은 아닌 것 같다.

어둠 속에서 눈을 감고 차분히 생각해 보니 꼭 낯선 곳에서 느끼는 일시적인 감상 때문만은 아님이 분명했다. 이 두 사람과의 추억은 늘 내 가슴속 한쪽에 아름다운 사진을 담은 소중한 액자처럼 걸려 있었고, 누군가 외국인 친구를 물을 땐 나는 언제나 션치즈와 왕리홍을 제일 먼저 떠올렸으니까 말이다.

라오 펑요우(老朋友 - 친구여).
주 지앤캉 싱푸(祝健康幸福 - 부디 건강하시고 행복하시게나).

먼 곳에서 친구가 오니 또한 기쁘지 아니한가(有朋自遠方來 不亦悅乎)라는 시구를 음미하며 잠을 청했다.

노새, 한혈마(汗血馬)에 업혀 가다

쿤밍에서 출발하는 차마고도 코스를 택한 12명 노새는 리장(麗江)까지는 말에 업혀 가기로 했다. 아니 짐을 지고 갈 노새가 말에 업혀 간다는 말이 도대체 무슨 말인가?

중국은 2019년 1월 쿤밍~리장(麗江) 간 고속 열차를 개통했다. 고속 열차가 개통되기 전에는 이곳 쿤밍에서 리장까지 일반 열차로는 9시간이 소요되었으나 이번 개통된 고속 열차는 종전보다 무려 6시간을 단축하여 3시간 만에 리장까지 도달한다. 그러니 말이 땀을 흠뻑 적시며 달려 말의 색깔이 마치 피를 흘린 것처럼 보인다는 중국인들이 최고의 명마로 일컫는 한혈마(汗血馬)를 타고 가는 것이 아니겠는가.

쿤밍역은 많은 여행객으로 몹시 복잡했다.

우리 12명의 노새는 리장까지 안내할 마궈토(馬鍋頭, 여행 안내자)를 따라 탑승 절차를 밟았다. 중국 내 열차 여행임에도 불구하고 여권과 승차권을 일일이 확인한다. 역 밖에서 역으로 들어갈 때 한 번 하고 플랫폼으로 들어가기 위해 개찰 때 또 한 번 하는데 복무원의 표정이나 태도가 자못 근엄하고 진지해 살짝 긴장되었다. 그도 그럴 것이 당시 홍콩에서는 중국 정부의 홍콩 보안법 제정에 반대하여 홍콩인들의 대대적인 반정부 반시진핑 집회가 가열되고 있어 외부 세계와의 인터넷 접속도 제한하고 있었던 상황이었기 때문이다. 더구나 지난 2014년에는 분리 독립을 주장하는 신장(新疆) 위구르족(維吾爾族)의 소행으로 추정되는 테러로 180여 명의 사상자가 발생했으니 깐깐한 검색이 이해할 만도 했다. '지금 이 순간에도 지구상 누군가는 자유를 위하여 싸우고 또 다른 곳의 누구는 민족과 종교의 이유로 피를 흘리고 있겠지'라는 생각이 스친다.

여행객들로 붐비는 쿤밍역

12명의 노새를 업은 한혈마는 약속대로 8시 15분에 쿤밍역을 박차고 나갔다.

2등석 열차의 내부 시설은 의자 간 간격이 조금 좁은 것 같긴 해도 우리의 KTX와 비교해서 큰 차이가 없다.

그런데 요금은 216위안(元, 우리 돈 약 3만 8천 원)이니 중국의 물가와 우리의 물가가 별반 차이가 없음에 놀라게 되며 아울러 중국의 비약적인 성장 발전도 확인하게 된다. 눈에 띄게 다른 점은 유니폼을 입은 여승무원과 미니 수레를 끌고 통로를 오가며 간식을 파는 역무원이 있다는 점이다.

"그래, 기차 여행엔 삶은 계란이지" 하는 추억이 순간적으로 떠오른다. 그랬다. 얼마 전까지만 해도 나는 홀로 여행을 떠날 때는 기차 안에서 거의 매번 삶은 계란을 먹었다. 이때 먹는 삶은 계란은 어릴 적 어머니가 싸 주시던 추억이다. 그래서 삶은 계란을 먹을 때의 목멤은 어머니에 대한 그리움이다.

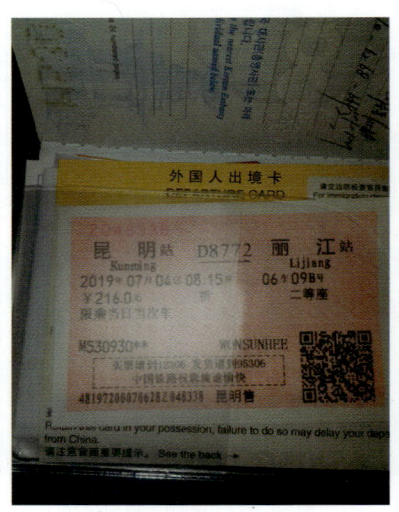

리장행 고속 열차 승차권

차장을 통해 스쳐 보이는 중국 농촌의 풍경은 우리의 풍경과 별다를 것이 없다.

쿤밍을 떠난 지 한 2시간여 지났을 즈음 차창 밖으로 커다란 호수가 보인다. 그런데 열차가 수십 분이 지나도 호수가 계속 보인다. 궁금해 마궈토에게 물어보니 얼하이(洱海)인데 운남성에서 띠엔츠(滇池)호수 다음 두 번째로 큰 호수인데 따리(大里) 관광의 중심이라 한다. 두 번째로 큰 호수를 바다(海)라 하고 제일 큰 호수를 못(池)이라 표현했으니 중국인들의 크다는 기준은 도대체 얼마인지 모르겠으나 아무튼 우리 기준으로 말하면 허벌나게 크다.

따리(大里)는 쿤밍 이전의 운남성 성도였는데 지금은 330만 명 정도의 인구가 살고 있고 이 중 65% 정도가 바이족(白族)이라고 하니 우리식으로 지명을 바꾼다면 백족리(白族里)가 좋을 것 같다는 생각이 들었다.

이런저런 생각과 멍 때리기를 몇 번 반복하니 마침내 우리를 업고 달린 한혈마가 리장(麗江)에 도착했다.

여행은 샹그릴라를 찾아가는 길

깨끗하고 산뜻했다.

리장역 문을 밀고 나와 역 광장에 첫발을 내딛는 순간 몸으로 느낀 첫인상이었다. 안개비보다는 굵은 실비가 추적추적 내리고 있음에도 후덥지근한 불쾌감은 전혀 없고 전방의 시야도 막힘 없이 탁 트여 있어 시원하다. 광장과 도로에는 쓰레기 한 점 보이지 않고 자동차의 소음조차 들리지 않는다.

리장 역을 사진 찍기 위해 뒤돌아보니 늘씬하고 세련된 역의 전경이 눈에 꽉 차게 들어오는데 낯설지 않고 무척이나 친근하다. 가만히 보니 맞배지붕 한옥(韓屋)을 현대식으로 디자인하여 건축한 것임을 알겠다. 거대하고 복잡하며 화려함을 특징으로 하는 한족(漢族) 스타일의 중국 건축이 아니라 단순 소박하지만 은근한 멋을 풍기는 건물이라 마치 우리나라 지방 대도시의 역사(驛舍)를 보는 것처럼 친근하다.

리장역

  우리 일행은 리장역을 떠나 차마고도 트래킹의 시작점이 되는 교두진(橋頭鎭)까지 가기 위해 다시 리무진 버스 편에 오른다. 버스는 진사강(金沙江, 리장 지역에서는 장강(長江)을 진사강이라 부른다. 이는 우리가 부여 지역에서는 금강을 백마강이라 부르는 것과 마찬가지다.)의 황토 물길을 옆에 끼고 산을 깎고 터널을 뚫어 낸 널찍한 아스팔트 도로 위를 시원스레 달린다. 하늘은 짙은 비구름으로 잔뜩 덮여 있고 짙푸른 산 계곡과 산허리를 짓누르고 있는 물기 머금은 흰 구름은 선풍(仙風) 가득한 신비감을 불러일으킨다.

한 시간쯤 달렸을 때 길가에 버스가 멈춰 섰다.

내려 보니 휴게소란 간판도 없는데 사람들이 서너 개의 빨간색 천막을 쳐 놓고, 옥수수, 감자, 복숭아, 포도, 수박, 땅콩, 자두, 그 외 이름 모를 과일을 좌판에 늘어놓고 팔고 있다. 영락없이 우리의 시골 길가에서 볼 수 있는 풍경이다. 이리저리 고개를 둘러보는데 왼편에 커다란 바위 두 개를 눈사람처럼 쌓아 세워 놓은 것이 보인다. 아래에 있는 몸통 바위는 암적색 물감을 칠했고, 그 위에 올라탄 바위는 자연석 상태인데 가운데를 음각해 빨간색 페인트로 삼곡수(三谷水)라고 써 놓은 글자가 눈에 확 들어온다.

삼곡수(三谷水)라는 마을의 표지석이다.

매끈하게 깎고 갈아 맵시 있고 날렵하게 세워진 마을 표지석은 아니지만 두 개의 바위를 생긴 대로 얹혀 앉은 모습이 오히려 순박하게 보여 친근하다. 삼곡수(三谷水)라는 이름이 붙여진 것을 보니 세 개의 계곡물이 모여지는 마을인가 보다.

삼곡수(三谷水) 마을은 나시족 마을로 마방들이 티벳으로 갈 때 반드시 거쳤던 마을이라 하니 지금 우리 일행 또한 그 옛날 마방들의 전철을 답습하고 있는 것이다. 버스 기사가 우리에게 그 옛날 마방의 체험을 학습하라고 이곳에 우리 노새들을 부려 놓은 것은 아닐 테고 그저 변(便)보고 볼일 있으면 보라고 내려놓았을 터이니 그 배려에 성실히 따를 필요는 있을 것 같아 화장실을 찾았다.

화장실은 천막 뒤 비탈진 언덕 아래에 있었다. 계단을 내려가 화장실에 들어섰는데 화장실 전면이 모두 개방되어 있다. 화장실은 마치 부스를 설치해 놓은 것처럼 나란히 줄 서 있는 푸세식으로 청결 상태는 아주 좋은데 문이 없고 전면이 모두 열려 있어 옆에서 누가 볼일을 보는지 훤히 알 수가 있도록 되어 있다. 그야말로 까놓고 이야기를 주고받으며 일을 볼 수 있으니 얼마나 허심탄회한가.

사실 인류는 감추고 숨기면서부터 못된 짓을 한 것 아닌가?

'그래, 모두 까 보자'라는 말은 아마도 이런 이유에서 나왔을 거라고 상상하니 피식 웃음이 나온다.

삼곡수 휴게소 화장실

시원하게 변을 보고 볼일을 보러 가판대를 두리번거린다. 맛보기 하라고 땅콩도 몇 알 쥐여 주고 수박도 한 조각 건네준다. 차마고도를 넘어야 할 노새 처지에 짐을 무겁게 할 수가 없어 버스 안에서 먹을 요량으로 복숭아 2개만 사서 한 입 깨물어 보니 육질이 단단해 식감도 좋고 당도도 훌륭해 맛이 좋았다.

버스는 진사강 물줄기를 따라 질서 없이 휘어지고 폭도 좁아져 거칠어진 도로를 아랑곳하지 않고 계곡 속으로 유유히 빨려 들어간다. 달리는 중에 샹커리라(香格里拉) 이정표가 자주 눈에 띈다. 샹커리라(샹그릴라)는 원래는 윈난성 중티엔현 디칭(雲南省 中甸縣 迪慶)에 있는 장족 자치 마을이다. 그런데 1933년 영국의 소설가 제임스 힐턴(James Hilton) 쓴 《잃어버린 지평선(lost horizon)》이 큰 성공을 거두자 미국 프랭크린 D. 루스벨트 대통령은 자신의 휴양지를 샹그릴라라 이름 붙였고, 세계 각국의 여행가, 탐험가와 모험가들은 소설 속에 그려진 이상향을 찾아 나섰다. 한마디로 샹그릴라는 인간의 마음속에 늘 꿈꾸는 이상향, 유토피아다. 이런 분위기를 이용해 중국 운남성 정부는 1997년에 이곳 중티엔 디칭(中甸 迪慶)이 소설 속의 이상향과 일치한다고 주장하며 마을 이름도 '샹커리라'로 바꿔 버렸고 2003년에는 유네스코도 이 마을을 세계 자연 문화유산으로 지정했다. 그래서인지 세계적인 프랜차이즈 호텔 이름으로 샹그릴라가 생기고 이곳 디칭 아니 샹커리라에는 해마다 수많은 관광객이 몰려든다고 하니 글과 언어의 힘이 얼마나 강한 것인지를 새삼 느낀다.

샹커리라(香格里拉)에 사는 사람의 75%는 티베트인인데 샹커리라(香格里拉)는 티베트어로 '마음속의 해와 달'이라고 하니 마음속에 우주를 품고 사는 사람과 세속의 풍진에 얽매여 사는 사람의 이상향은 이리도 큰 차이가 나는가 하는 생각이 들었다.

어쨌든 인류의 모든 사람은 태초부터 이상향을 꿈꿨다. 공자가 꿈꾼 샹커리라는 대동세상(大同世上)이었고 도연명이 그린 샹커리라는 무릉도원(武陵桃源)이었는데 내가 꿈꾸는 샹커리라는 어떤 것인지? 하고 물어본다.

저 너머 디칭 샹커리라에 가면 내가 꿈꾸는 이상향을 볼 수는 있을까?

모르겠다. 알 수 없다.

그러나 분명한 것은 태초부터 사람들은 길을 나섰고, 앞으로도 멈추지 않고 길을 나설 것이다. 그래서 여행은 삶 그 자체이고 샹커리라를 찾아가는 여정 같다는 생각이 든다.

이런저런 상념에 잠겨 가다 보니 버스는 이내 점심을 먹고 갈 객잔 앞에 멈춰 섰다.

문명의 길, 야만의 길

점심을 먹고 나오니 식당 앞이 왁자지껄하다. 다가가 보니 상인들이 여행객을 상대로 물건을 파는데 대개가 말과 야크의 젖을 재료로 만든 상품이다. 말은 우리와 친숙한 가축이나 야크는 전설처럼 느껴온 동물이라 호기심이 급증한다.

다른 사람들도 말보다는 야크 유제품을 두고 주로 흥정을 한다. 처음 접하는 식품이다 보니 이것저것 물어볼 것이 많은데 말이 안 통하니 답답한 표정을 짓고 있는데 상인은 스마트폰을 여행객에게 대더니 말을 하라고 재촉한다. 스마트폰 번역기로 상담과 판매가 시원하게 이뤄지는 순간이다.

차마고도.

문명과는 단절되었던 아니 고립되었을 것 같은 이곳에도 첨단 문명이 이미 성큼 다가와 있음을 확인한 순간이었다.

버스를 타고 계곡을 조금 더 거슬러 오르자 교두진(橋頭鎭)이라는 곳에 이르렀다. 이곳이 차마고도 호도협(虎跳峽) 트래킹의 시작점이란다. 이제 본격적으로 차마고도를 걸어 넘어가자고 마음과 자세를 가다듬고 있는데 난데없이 빵차(麵鮑車)가 다가와 서고 우리를 이끌 마궈토가 차를 타란다.

이 빵차를 타고 나시객잔(納西客棧)까지 간 다음 거기서부터 걸어서 28벤드를 거쳐 차마객잔(茶馬客棧)까지 가서 그곳에서 숙박을 할 것이라고 안내한다. 마궈토가 말하는 빵차는 우리가 흔히 말하는 봉고 승합차인데 모양새가 꼭 식빵처럼 생겼다고 해서 중국인들은 이 차를 면포(麵飽) 즉 빵차라고 부르는 것이다. 자동차도 먹어 치울 듯 빵으로 비유해 부르니 암튼 먹는 것에 관한 한 중국인을 따라갈 민족은 없는 것 같다. 그런 점에서는 중국인들이 우리 한국인보다 훨씬 실속 차리는 민족인 것 같다. 왜냐하면 내가 어릴 적부터 어머니에게 자주 들었던 말 중 하나가 '입은 거지는 얻어먹어도 벗은 거지는 못 얻어먹는다'라는 말이 있는데 이 말에는 여러 가지 함의가 있겠지만 결국은 옷은 수단에 불과하고 '먹는 것'이 궁극의 목적이니 수단보다는 목적에 충실한 그들의 사고가 논리적으론 우리보다 훨씬 실용적이라는 생각이 든다. 하기야 '먹는 게 남는 거다'라는 말도 있으니 이런 논리가 엉터리만은 아니라고 합리화해 본다.

빵차는 구절양장(九折羊腸) 가파른 산길을 호기롭게 올라간다. 창밖을 내려다보니 아찔해서 심장이 오그라드는 것 같은데 중국인 운전사는 여유작작하다. 호연지기(浩然之氣)가 충만한 대장부인지 아니면 위험도 자주 접하면 일상이 되어 무감각해 진 것인지 정말 '뿌즈더'(不知道, '모른다')다.

가슴 졸이던 시간이 끝나고 마침내 나시객잔에 도착했다.
큰 호흡 한 번 하고 허리를 쭉 펴고 세워 아래를 찬찬히 내려다본다. 거대한 협곡 사이로 누런 황토색을 띤 물길이 유장하게 흐르는데 마치 황룡이 대해를 향해 흘러가는 듯한 모습이다. 호도협(虎跳峽)의 물길이다.

호도협은 옥룡설산(玉龍雪山 5,596m)과 합파설산(哈巴雪山 5,396m) 사이에 형성된 된 협곡으로 총 길이는 16km 달하며 '호랑이가 뛰어넘을 만큼 폭이 좁은 협곡'이란 뜻에서 붙여진 이름이다. 가장 폭이 좁은 곳은 불과 30m에 불과하다. 그런 만큼 호도협은 세계에서 가장 깊고도 큰 협곡이다. 이 두 설산에서 흘러나온 계곡은 중국 서북 청장고원(靑藏高原)에서 발원하여 청해~티벳~사천~운남으로 흘러온 장강(長江)의 물과 합류하면서 진사강(金沙江)으로 이름을 바꾸어 서해(西海)로 흐른다.

고개를 돌려 멀리 내려다보니 아까 우리가 출발한 교두진 부근에 진사강(金沙江)을 가로지르는 거대한 교각공사가 한창이다. 티베트로 가는 고속도로와 철도를 위한 공사라 한다. 그제야 왜 '다리의 들머리로 전략적 요충지'란 의미의 교두진(橋頭鎭)이란 지명을 갖게 되었는지를 알게 되었다. 차마고도는 표면적으로만 보면 중국의 차와 티베트 지역의 말을 교환하기 위한 교역로였지만 그 이면은 중국이 안보상의 이유로 개척한 군사로이다. 그만큼 티베트는 중국의 군사 안보상 매우 중요한 지역이었다.

지정학적으로도 티베트는 중국에 매우 중요하다. 중국과 인도는 히말라야산맥을 경계로 국경을 이루고 있다. 중국에게 히말라야는 천연의 만리장성 같은 것이다. 마찬가지로 히말라야는 인도에게도 만리장성이 되어 준다.

그런데 역사적으로 중국과 인도의 교역은 미미한 데 반해 티베트와 인도는 물적으로나 심적·영적으로 가까운 사이였고 지금도 이 관계는 변함이 없다. 더구나 티베트는 황하, 장강, 메콩강의 수원이 있는 지역이다. 따라서 중국은 안보상 전략적 요충지인 티베트를 확실하게 자신들의 통제하에 둘 필요가 있는 것이다.

7세기에 티베트 지역에는 강력한 토번 왕국이 있어 송첸감포 왕때는 당

나라를 침공, 공녀(貢女)까지 요구할 정도로 강성했다. 당시 중국은 당 태종 시절이었는데 티베트와 일합을 겨뤄본 당 태종은 토번의 힘을 확인하고 위협을 느껴 자신의 딸(문성공주)을 토번의 송첸감포에게 시집보낸다. 외침을 막기 위한 정략결혼이었고 문성공주는 이 차마고도를 따라 티베트로 들어가 불교를 전해 주었다.

마오쩌둥은 중화인민공화국을 세운 바로 다음 해인 1950년 10월에 '티베트 인민 해방 전쟁'이란 명분으로 티베트를 침공하여 티베트를 중국 땅으로 병합시켰다.

이후 중국은 티베트에 군대를 상주시키고 티베트 지배를 공고히 하기 위해 1954년에는 티베트의 동부와 북부를 관통해 라싸까지 가는 두 개의 도로를 완공하였고 서북공정이란 이름으로 천장공로(川藏公路, 사천성~서장 라싸)와 청장공로(靑藏公路, 청해성~서장 라싸)를 개통함으로써 티베트에 대한 중국 지배를 가속했다. 이 도로는 바로 차마고도의 노선을 바탕으로 한 것이다.

과거 마방들이 차를 싣고 나르던 문명의 교역로가 총과 탱크로 무장한 군인들이 짓밟고 간 야만의 길이 된 것이다.

　　　산천은 의구한데 인걸이 바뀌니
　　　원시의 길이 문명의 길로
　　　문명의 길이 야만의 길로 바뀌었구나
　　　또 누가 나서 이 길을 어떻게 바꿀까?

비지땀과 피똥으로
스물여덟 고비길을 넘다

　나시객잔(納西客棧) 이곳부터 본격적인 트래킹이 시작된다. 여기부터는 걸어서 28벤드를 거쳐 차마객잔(茶馬客棧)까지 가서 그곳에서 하루를 묵고 가는 일정이다. 길 한편에 세워 논 안내판을 살펴보니 우리가 있는 곳은 호도협 상류인데 지금부터는 진사강 줄기를 따라 하호도협 쪽으로 가는 코스로 대략 4시간이 소요될 거라 쓰여 있다. 28벤드(bend)는 28번을 휘어져 올라야 정상에 다다를 수 있는 고갯길이라 붙여진 이름으로 우리가 걸을 트래킹 길 중 가장 어려운 코스라고 가이드는 설명해 준다. 그래서 이곳에서 노새를 타고 오르려고 마꾼과 흥정하는 사람도 있고 나시객잔 벽면에는 '짜요(加油)'라는 격려문도 써져 있다. 우리 12명의 노새는 '노새가 노새를 학대할 수 없다'라는 동병상련, 측은지심이 발동해서인지 아니면 젊고 팔팔해서인지 한 명도 노새를 타는 사람이 없었다.

28벤드 시작점의 '짜요(加油)' 격려문

노새로 차마고도를 넘는 여행객

짜요(加油)!

나는 짜요를 외치며 드디어 오랫동안 꿈꿔 왔던 차마고도에 걸음을 내디였다. 길은 높고 가파른 산허리에 제멋대로 던져진 새끼줄처럼 꿈틀꿈틀 늘어져 있다. 내가 걷고 있는 길은 합파설산의 해발 2,500m 정도의 길인데 맞은편 옥룡설산을 바라보니 짙은 회색 구름이 검푸른 산을 휘감고 있고 때론 짓누른 듯 덮고 있다. 몸을 돌려 지나온 상호도협 쪽을 내려다보니 협곡 사이에 구름과 안개가 서로 진하게 뒤엉켜 있어 마치 온 산이 눈을 뒤집어 쓰고 있는 듯한 착각을 일으킨다. 그 협곡의 한가운데로 진사강의 황톳빛 물줄기가 호호탕탕하게 흐른다. 장관이다. 장대하고 웅대한 규모에서 느끼는 호쾌함에 힘든 고갯길의 피로가 날아가 버렸다.

다시 28고지를 향해 오른다.

좁디좁은 길 위엔 말들의 똥덩이가 뿌려져 있고 길가엔 이름 모를 꽃들이 촉촉이 젖은 채로 피어 있다. 그 옛날 마방들이 비지땀을 흘리고 말들은 피똥을 싸면서 이 길을 넘을 때도 꽃들은 지금처럼 수줍게 이들을 맞아 주었을 것이다.

턱까지 차오르는 숨을 헐떡이며 30여 분 정도를 더 오르니 작은 초막 하나가 서 있다. 여기가 바로 28벤드의 종착점인 정상이란다. 초막은 잔 나뭇가지와 쪼갠 대나무를 얼키설키 엮어 만들었는데 햇볕 정도 가려줄 뿐 바람이 조금만 불어도 휘리릭 무너져 날아갈 것만 같다. 일테면 휴게소인데 이 초막은 아마도 물리적 기능보다는 '이제 힘든 곳은 다 왔다. 힘내라 짜요!' 하며 격려와 위안을 주기 위한 용도로 만들어 놓은 것이 아닐까 하는 생각이 들었다.

28벤드 정상의 초막

　28벤드 정상에 오르자 흐렸던 날씨가 가벼운 비를 뿌리며 텃세를 부린다. 비지땀을 흘리며 올라와서인지 살갗에 부딪히는 비는 오히려 반갑고 시원하다. 허리를 쭉 펴고 크게 숨을 내쉬며 맞은편 쪽을 바라보니 옥룡설산은 안개와 구름에 파묻혀 제 모습을 감추었고, 진사강의 누런 물줄기는 유연한 몸짓으로 거대한 곡선을 그리며 구름 속으로 파고들어 웅장한 모습은 간데없고 신비감만 가득하다.

안개와 구름에 파묻힌 옥룡설산

28벤드 정상을 지나면 길은 편안한 내리막길이다. 돌길의 오르막길만 걷다가 흙길의 내리막길을 걸으니 발바닥을 타고 올라오는 부드러운 감촉에 기분마저 편안해진다. 길 양옆에는 소나무, 전나무와 같은 침엽수가 즐비하게 늘어서 있어 마치 지리산 둘레길을 걷는 듯한 친근함을 갖게 한다. 묵언 수행자처럼 그저 두어 시간을 걷다 보니 산기슭에 아담한 기와지붕이 보인다. 오늘 우리 마방 일행이 하룻밤을 묵고 갈 차마객잔이다. 그 옛날에는 차를 싣고 티베트로 가던 마방이 길손이었고 오늘은 우리가 객이 된 것이다.

화장실에서 무소유의
참뜻을 배우다

    차마객잔으로 들어서자 제일 먼저 내 눈을 사로잡은 것은 돌집 벽에 달린 알 옥수수 다발이다. 여인의 구슬 목걸이처럼 튼실하게 익은 노란 알옥수수가 객잔 외벽에 척하니 늘어져 걸려 있다. 문득 나 어렸을 적 처마 밑에 씨종자로 매달아 놓았던 고향 집 옥수수가 아련히 떠오른다.

    객잔(客棧).
    중국에서 호텔이나 여관들을 표기하는 방식은 매우 다양하지만 사다리 잔(棧)을 써서 객잔이라고 표기한 숙박시설을 이용해 보기는 이번이 처음이다.
    첩첩산중 천 길 낭떠러지 절벽에 걸쳐진 한 가닥 사다리 길 그게 바로 잔도(棧道)다. 유방이 항우에 쫓겨 파촉(巴蜀)으로 들어가기 위해 만들었고 끊어 버리면 도저히 빠져나올 수 없는 곳에 낸 길이 바로 사다리길, 잔도였으니 객잔은 바로 깊고 험한 산속에 세워진 길손들의 숙소라는 뜻을 담고 있는 것이다. 낭만이 넘치고 진심이 느껴지는 이름이다.

차마객잔

　방(1인용 방)은 잠만 잘 수 있는 수준으로 1인용 침대에 벽에 걸린 옷걸이가 전부다. 비지땀도 씻고 뱃속의 노폐물도 배출하러 세면실로 갔다. 씻고 닦고 싸고 정비하는 데 필요한 용품들이 세면대 위에 가지런히 놓여 있는데 용품들을 살펴보니 마치 크기와 용량이 소꿉장난 물품처럼 작고 적다.
　비누는 8g, 샴푸도 8g, 치약은 건강 검진 시 채변할 때 쓰는 통 같은 곳에 겨우 3g만 들어 있고 큰일 볼 때 써야 할 휴지는 약국에서 파는 돌돌 말린 거즈 붕대처럼 비닐에 싸여 있다. 그야말로 초알뜰 요령 있게 쓰지 않으면 큰 낭패를 볼 것 같아 머릿속으로 이런 궁리 저런 궁리를 해 보지만 아무리 궁리해도 결론은 아끼고 절약하고 조심(특히 대변용 휴지)해서 쓰는 수밖에는 없는 것 같았다.

식사 시간에 맞춰 식당으로 갔다. 둥그런 식탁 한가운데는 검은빛을 띤 오골계 백숙이 놓여 있다. 우리가 지나온 길가에 방사해 키운 닭을 삶은 거라 한다. 살점을 뜯어 먹어 보니 육질이 찰지면서 담백하다. 감자볶음과 버섯볶음, 배추절임 같은 반찬도 푸짐하게 차려져 있다. 그 옛날 차마고도를 넘던 마방들도 자신들은 제대로 못 먹어도 말은 정성을 다해 먹였을 것 같다.

식사를 끝내고 나오니 사방은 이미 어두워져 있고 아래쪽 또 다른 객잔의 불빛이 반짝거린다.

맑고 검은 하늘엔 별들이 쏟아질듯 빛나고 하얀 설산 위에 교교히 떠 있을 달을 상상하며 객잔의 베란다로 나갔으나 안타깝게도 하늘엔 짙은 안개만 가득해 신령스러움만 가득했다.

먹었으니 내놔야 하기에 화장실로 갔다.

화장지 때문에 일을 보면서도 약간은 긴장이 되었다. 그러나 막상 큰일을 보고 뒷마무리 치르는 데 아무런 사고도 커다란 불편도 없었다. 그 순간 갑자기 법정스님이 무소유에 대하여 하신 말씀이 떠올랐다.

"무소유란 아무것도 갖지 않는다는 것이 아니라 불필요한 것을 갖지 않는 것이다. 우리가 선택한 '맑은 가난'은 넘치는 부보다 훨씬 값지고 고귀한 것이다."

그렇다. 불필요하게 많은 것을 가지고 있고, 가지려 함으로써 생기는 불행과 화를 우리는 익히 알고 있지 않은가.

　차마고도 객잔의 화장실에서 나는 새삼 법정 스님의 무소유의 참뜻을 깨닫는다.

차마객잔의 화장실 용품

변소간은 천하의 도량처요, 학습 공간

2019년 7월 5일.

6시경에 눈이 떠졌다. 창문을 열어 밖을 내다보니 아직도 어둠은 그대로 앉아 있다.

갑자기 모두가 잠들어 있는 순간에 나만의 아침의 고요를 즐기고 싶은 충동이 일어 주섬주섬 겉옷을 걸치고 아래 마당 건물의 옥상 관망대로 오른다. 찬찬한 눈으로 전방을 바로 보고, 올려보고 내려다봐도 보이는 건 흑백의 실루엣과 살갗에 와 닿는 촉촉한 안개뿐이다. 저 운무와 운해를 헤집고 들어가면 과연 무엇이 나타날까? 오늘은 그것을 볼 수 있을까?

이런 궁금증이 생기자 여행길에서 볼 수 없다는 것, 안 보인다는 것은 안타깝고 아쉬운 일이 아니구나 하는 생각이 들었다. 어차피 여행은 새로움에 대한 동경과 궁금함을 달래기 위해 나서는 길이니 모든 것을 볼 수 있고, 보고 간다면 너무 재미없는 일이 아니겠는가.

오늘 내가 걸을 차마고도는 어떤 길일까? 하는 설렘에 가슴이 다시 뜨거워지는 것 같았다.

운무 속의 차마고도길

12명의 노새는 아침을 먹고 다시 차마고도로 나선다.

고도가 점점 낮아지며 이어지는 길이라서 그런지 길은 비교적 평이하고 뜨문뜨문 길가에 마을이 형성되어 있다. 축사 옆에 솔잎을 낟가리 모양으로 둥그렇게 쌓아 올린 두엄더미, 창고 안에 가득 저장해 놓은 옥수수 더미가 차마고도를 더욱 정 붙게 만든다. 마을을 조금 벗어난 길가 산언덕에는 공동묘지가 있다. 자세히 묘를 들여다보니 우리의 탁상식 고인돌 형태를 띤 돌무덤이다. 무덤 앞에 향을 피우고 음식을 놓은 풍습도 우리와 다를 바가 없어 보인다. 대부분 묘는 자연석을 이용했는데 그중 묘 하나는 매끈하게 간 대리석(?)으로 만든 묘다. 다가가 보니 대리석 위에 고인의 이름과 향년은 물론 영혼을 위한 글과 장식까지 새겨져 있다. 티베트인들은 조장(鳥葬)한다던데 이곳 사람들은 어떻게 할까 하는 궁금증이 또다시 발동한다.

차마고도의 무덤

보고 듣고 느끼고 상상하며 걷다 보니 어느덧 또 다른 객잔에 다다랐다. 중도객잔(中途客棧)이다. 호도협 도보 코스의 중간쯤에 위치해서 지은 이름일 테지만 우리는 그냥 잠시 쉬어가도 괜찮다는 것으로 이해하고 떼 지어 난입(?)한다.

객잔은 2~3층의 기와 주택에 ㅁ자 구조로 자리 잡고 있어 안마당이 널찍하고 처마 밑엔 알 옥수수 꾸러미가 기둥엔 중국전통의 홍등이 걸려 있다.

계단을 걸어 관망대로 오른다. 고도가 낮아져서인지 정오가 가까워져서인지 날씨가 아침보다는 많이 개어 있다. 시야에 잡힌 옥룡의 준령들은 흰 구름 속에 근엄한 풍채를 지긋이 감춘 채 개골미(皆骨美)를 점잖게 과시한다. 머리를 숙여 발밑을 내려다보니 다랑이 밭에 층층이 심어 놓은 옥수수가 호도협의 물길까지 펼쳐져 있다.

Ⅵ. 차마고도(茶馬古道) – 상상으로 넘다

잠시 쉬었다 가는 곳에서 해야 할 가장 중요한 일은 역시 볼일을 보는 거다. 볼일을 보기 위해 내려가는 통로에는 이름 모를 요화괴초(妖花怪草)와 작은 동물농장을 방불케 하듯 누런 털, 검은 털, 흰털의 토종닭과 거위들, 그리고 똥개인 듯한 누렁이가 뉘 집 내 집 가리지 않고 한 울타리에 섞여 있는데 볼일 보러 가는 나를 봐도 별 볼 일 없다는 듯 자기들끼리 잘들 논다.

중도객잔의 화장실

일을 치르러 막 들어서려는데 화장실 흰 벽면에 휘갈겨 쓴 시구가 내 눈길을 확 잡아끈다.

    君臨天厠(군임천측)
    左有梨花 右有禽笆(좌유이화 우유금파)
    前有玉龍 後有哈巴(전유옥룡 후유합파)
    上有藍天 下有野花(상유람천 하유야화)

敢問我在向方?(감문아재향방)
天下第一厠(천하제일측)

중도객잔 화장실에 쓰여 있는 시구

대략 그 뜻을 헤아려 보면 이런 의미다.

그대는 하늘의 변소에 이르렀소.
왼편에는 배꽃이 있고
오른편엔 새와 가시대가 있으며
앞에는 옥룡설산, 뒤는 합파설산이 있구려.
위로는 파란 하늘이 있고
아래에는 들꽃들이 있으니
감히 지금 내가 있는 곳이 어디냐고 묻는다면
천하제일의 변소라고 말하리라.

푸하하 푸하하!

아니 세상에 누가 이런 여유와 해학이 철철 넘치는 시를 써 놨단 말인가?

이 측간벽시(厠間壁詩)는 이태백의 호연지기와 풍류에 뒤지지 않는 대자연과 배설의 원초적 쾌락을 절묘하게 조화시켜 읊은 시다.

작자가 누군지는 확인할 수 없었으나 모르긴 몰라도 중도객잔의 주인장이 아닌가 싶다. 변소를 이렇게 능청맞은 여유와 자신감으로 풀어내는 그대는 멋진 풍류묵객!

그런데 일을 보고 나오다 보니 변소의 자리 터도 장관이지만 기능 프로세스도 대단하다는 생각이 든다.

개방형 화장실이라 바람이 불면 엉덩이는 시원하고 배설물은 생산되자마자 설산에서 내려받은 청정수로 곧바로 씻겨 내려가 바로 밑에 있는 옥수수밭에 뿌려지니 이거야말로 그야말로 도랑치고 가재 잡는 격이 아닌가. 아니 똥 치우고 거름 주는 일거양득의 친환경 변소가 아닌가!

잠깐의 볼일을 통해 자연에서 얻고 자연으로 돌려주며 자연의 이치에 순응하며 살아가는 차마고도 사람들의 삶의 지혜를 체험하고 배운 셈이다.

사실 화장실은 어떤 이에게는 사색(死色)이 되기도 하지만 어떤 이에게는 사색(思索)을 즐기는 공간이기도 하다.

까놓고 얘기해 보자. 바쁜 도시 생활 속에서 화장실만큼 쉽게 면벽 정진할 수 있는 시간과 공간이 또 어디 있단 말인가?

화장실에서 큰 깨우침을 얻고 용맹정진하여 위대한 철학가요 사상가가 된 분이 있으니 바로 도올 선생이시다. 도올은 자신의 저서 《스무 살 반야심경에 미치다》에서 이렇게 술회했다.

> 대학 3학년 때 천안 광덕사 변소에서 변을 보느라고 웅크리고 앉았는데…. 밑씻개로 신문 쪽지나 종이들이 어지럽게 널려져 있었습니다. 그중 하나가 바로 반야심경이었는데….
> …
> 그것은 나의 변소간 용맹정진이었죠.
> …
> 나는 좆도 아니다.
> …
> 막말로 나는 좆이나 된 것처럼 무게 잡고 살지 말자는 것이지요.

어떤가.
이쯤 되면 변소는 천하의 도량처요, 학습 공간이라 할 만하지 않은가.

중도객잔 아래의 다랑이 옥수수밭

인민의 마음을 이은 길, 문명을 이은 길

볼일을 봤으니 다시 떠나야 했다.

날씨는 여전히 흐린 채 낮간지럽게 비가 촉촉이 내린다. 산허리 깎아 낸 길을 휘돌아 가며 걸으니 산비탈 초지 곳곳에는 염소와 양들이 한가로이 풀을 뜯고 있는 풍경이 펼쳐진다. 목가적이고 평화롭다. 드넓게 펼쳐진 비탈진 초지 사이로 난 길을 크게 수십여 휘돌아 내려가니 중호도협 입구라는 안내판과 객잔이 보인다.

장선생객잔(張先生客棧)에서 점심을 먹으며 우리는 호도협 경험자의 제안을 따라 중호도협 트래킹을 포기하는 대신 호도협에서도 폭이 30m로 가장 짧고, 깊어 물살이 가장 빠르고 험한 곳에서 더욱 많은 시간을 보내기로 했다.

버스를 타고 도착하니 여행객들로 어깨가 부딪칠 정도로 붐빈다. 호도협의 명소라는 것이 일차적으로 입증된 것이다. 나무 덱을 따라 한참을 내려가는데 가마꾼들이 중간중간에서 가마를 타고 가라고 유혹한다. 오를 땐 가마를 타지 않으면 힘이 들 정도로 협곡은 깊었다. 계단을 다 걸어 내려서니 기세 좋게 포효하는 호랑이상이 나를 맞이한다.

난간에 서서 계곡 사이의 거센 물살을 바라보는데 꿈틀꿈틀거리는 누런 괴물이 바로 난간을 덮쳐 나를 잡아먹을 듯하다. '노도와 같다'라는 말을 자주 들어는 봤으나 실제 직접 목격하기는 처음이다. 그저 무섭다는 느낌 밖에는 저 거칠고 거대한 물살을 표현하기가 나로서는 불감당이다.

연암 박지원이 이 광경을 보았다면 그는 과연 어떻게 묘사해 냈을까?

그분이 안 계시니 나라도 열하일기의 일야구도하기(一夜九渡河記)를 커닝해서 한번 써 보자는 생각이 들었다.

"두 설산 틈을 흐르는 협곡의 물은 절벽과 돌을 때려 부수며 으르렁거린다. 그 솟구치는 파도와 성난 물결과 슬퍼하며 원망하는 여울이 놀라 부딪치고 휘감아 거꾸러지면서 울부짖는 듯, 포효하는 듯, 고함을 내지르는 듯, 사뭇 만리장성을 깨뜨릴 기세다. 1만 대의 전차, 1만 명의 기병, 1만 문의 대포, 1만 개의 전고(戰鼓)로도 우르릉 쾅쾅 무너뜨려 짓누르고 압도하는 듯한 물소리를 형용해 내기엔 부족하다."

호도협의 노도 1

호도협의 노도 2

　무서운 생각을 하면서도 난생처음 보는 경이로운 물살에 쉽게 자리를 뜨지 못하고 좌우로 뻗은 난간을 왔다 갔다 하는데, 빛바랜 카키색 모자 한가운데 빨간 별이 박혀 있는 모자를 쓴 노인 한 분이 물길을 지그시 바라보고 있다.
　순간 대장정(大長征) 때 홍군(紅軍)의 모습이 떠올랐다.
　그러고 보니 이곳 진사강은 대장정 때 홍군의 중요한 행로 중 하나였다.

　대장정은 전사상 믿기 어려운 군사행군이었고 그중 노정교(瀘定橋)전투는 그야말로 드라마보다 더 극적인 대장정의 백미로 꼽힌다.

Ⅵ. 차마고도(茶馬古道) – 상상으로 넘다　**343**

장개석의 국민당군에 쫓겨 서북으로 행군하던 모택동의 중앙 홍군(제1방면군)은 쓰촨성에 주둔한 장국도의 제4 방면군과 합류하기 위해서는 안순장(安順場)을 흐르는 대도하(大渡河)를 건너야 했다. 그러나 대도하(大渡河)는 물살이 너무 세고 소용돌이까지 많아 배를 띄어 도강하기도 힘들었고 홍군 전원을 도강시키려면 한 달이 넘게 걸릴 터였다. 당시 국민당군이 바짝 추격한 터라 홍군은 대도하를 도강하는 것을 포기하고 안순장 북쪽에 있는 노정교를 건너기로 하고 이틀 만에 160km를 행군하여 노정교에 도착했다.

그날이 바로 1935년 5월 29일 새벽이다.

노정교는 바닥은 쇠사슬로 이어 만든 아홉 줄의 쇠줄과 좌우 난간 역할을 하는 두 줄을 연결하고 바닥 쇠줄 위에는 나무판을 깔아 만든 일종의 현수교로 길이는 100m 정도 되는 다리였다.

그러나 깔린 나무판은 치워 버려진 상태였고 건너편에는 국민당군이 진지를 구축해 놓은 상태였다. 이런 상황에서 홍군은 22명의 결사대를 선발하여 포복으로 쇠사슬을 타고 건너갔다. 국민당군이 진지에서 일제히 사격을 가했으나 홍군은 맞사격을 해 가며 마침내 다리를 건넜고 진지 속의 국민당군과 백병전을 벌여 진지를 점령하고 홍군 전원을 무사히 건너게 했다.

쇠사슬 가닥에 몸을 싣고 쏟아지는 총알을 피해가며 노정교전투의 승리를 끌어낸 22명의 홍군 결사대에 비하면 호도협의 물길을 뛰어넘었다는 호랑이는 그저 고양이 수준밖에 되지 않으며 진짜 귀신 잡는 병사는 그때 그 홍군 전사들이라는 생각이 들었다. 에드거 스노가 《중국의 붉은 별》에서 홍군을 소홍귀(小紅鬼)라 한 것은 정말 맞는 말이다.

장강은 티베트 고원의 탕구라산맥에서 발원하여 운남~사천~무한~남경

~상해를 거쳐 서해로 빠져나가는 6,300km의 장대한 물길이다. 장강은 중국인에게는 그야말로 어머니의 젖줄과도 같은 생명의 강이다. 그러기에 중국인들은 대개가 국제적으로는 양쯔강이지만 장강으로 부른다. 곧 장강은 중국인의 가슴속에 흐르는 강인 것이다.

대장정은 바로 이런 장강의 물길을 거슬러가며 봉건주의, 제국주의 세력을 몰아내고 새로운 중국을 세우기 위한 대장정(LONG MARCH)*이었다.

홍군이 걸었던 대장정의 길은 차마고도의 길이기도 했다.

차마고도가 문명을 이어 준 길이었다면 대장정은 인민의 마음을 열고 이어 새로운 중국을 연 길이기도 했다.

---

* 대장정(Long march): 모택동의 홍군이 1934.10.16. 강서성 서금을 출발하여 1935.10.20. 섬서성 연안까지 1만 2,500km 이동한 대행군. 출발 때는 30여만 명이었으나 연안까지 도착한 홍군은 3만여 명.

똥 보기를 금같이 하라

여강고성(麗江古城)의 옛 정취를 한껏 품고 있는 화색(和塞)호텔에서 전날 트래킹의 피로를 편안한 숙면으로 털어 내고 새벽에 깨어나서 하루의 일정표를 꺼내 봤다.

2019년 7월 6일 토요일.
오늘은 옥룡설산의 초원지대에 있는 말과 야크 목장을 거쳐 설산의 턱밑인 해발 4,310m 설련대협곡(雪蓮大峽谷)까지 가는 여정이다.

드넓은 초원에서 야크와 난생처음 만나게 될 순간을 생각하니 궁금함과 기대감에 가슴이 설렌다. 천수답이나 오밀조밀한 땅뙈기에서 농사만 짓던 촌부의 아들인 내 가슴 한쪽에는 언제나 드넓은 땅에 대해 동경이 자리 잡고 있었다. 그래서인지 나는 막힘 없이 닫힘 없이 펼쳐진 광활한 대지를 보는 것으로도 무한한 풍요와 활력을 느낀다. 그런데 오랫동안 고산의 신비스런 영물로 생각되던 야크를 가까이서 보게 된다니 흥분이 안 될 수 없었다.

조도서로(鳥道鼠路) – 새와 쥐들만이 다닐 만큼 까마득히 높고 가파르고 거칠고 메마른 길.

그런 길을 넘고 휘돌며 때로는 깎아진 듯 높고 깊은 협곡을 한 가닥 외줄에 매달려서 건너야 했던 마방들.

그들은 차마고도 그 머나먼 여정의 숙식을 어떻게 해결했을까? 무겁고 힘든 짐들을 모두 등에 지고 그 머나먼 길을 마방과 함께 걷는 말과 노새 야크는 마방에게 과연 어떤 존재며 의미였을까?

야크는 주로 4,000m 이상의 고원 지대에 사는 소과의 포유동물이다. 그러니 야크를 보려면 응당 우리도 높이 올라야 한다. 우리는 빨리 보고픈 마음(?)에 3,500m까지는 모우평 풍경구(牦牛坪風景區)에 설치된 케이블카를 타고 올랐다.

천지가 온통 짙은 안개로 덮여 있는 데다 가는 비까지 내리니 3,500m 고지에 시원스레 펼쳐져 있는 푸른 초원과의 첫 상면 기대는 여지없이 깨졌다. 오히려 느닷없이 내 입술을 훔친 거머리의 기습에 나는 기겁을 하고 말았다. 케이블카에서 내리자 우리를 인솔하는 가이드는 이곳에는 거머리가 많으니 수시로 몸을 살펴보고 거머리가 붙어 있으면 당황하지 말고 소금을 뿌려 떼어 내라고 하였는데 바로 진짜 거머리의 거머리 같은 애정 행각에 내 입술의 순결을 빼앗기고 만 것이다.

몸을 판초 우의로 무장하고 다시 발길을 내디뎠다.

한 20여 분 걸으니 초원의 얕은 구릉 위에 설화사(雪花寺)라는 하얀 라마교 사원이 서 있다. 사원을 감싸 안은 물안개 때문인지 스산하고 적막한 분위기가 더욱 진하게 느껴졌다. 몇 채의 전각과 커다란 스투파를 갖춘 사원으로 제법 규모감이 느껴지는데 흰색의 둥근 스투파와 푸른 나무 사이에 타르초가 걸려 있다.

  타르초는 티베트불교에서 오색의 사각천을 빨랫줄에 엇걸어 놓듯이 줄줄이 달아 놓은 것을 말하는데 빨강은 불, 파랑은 하늘, 노랑은 땅, 초록은 바다, 흰색은 구름을 상징한다. 이는 생명의 근원, 곧 우주를 의미하는데 사람들은 이 색색의 타르초 천위에 불경과 자신들의 소망을 적어 저 멀리 어느 곳에 필시 있을 신에게 날려 보내는 것이다. 그리고 보면 타르초는 그 옛날 우리의 서낭당 나뭇가지에 매여 있던 오방색 띠와 다를 게 없다. 하기야 사람 살아가는 이치와 마음은 주어진 지리적 자연적 환경과 여건에 따라 다소간의 차이는 있을지언정 다 거기가 거기 아닌가. 이런 보편성 아래 개별성이 있기에 인류는 때론 경쟁도 하지만 공존하며 발전해 온 것이리라.

라마교 사원

'옴마니반메훔(티베트어로 '오! 연꽃 속의 보석이여'란 뜻으로 관세음보살의 자비를 뜻하는 주문)'을 마음속으로 읊으며 빗속을 걸어가는데 좌측 전방에 짙은 안개 속에서 검은 물체들이 꿈틀꿈틀 꾸물대는 모습이 포착되었다. 안개로 흐려진 안경알을 닦고 두 눈을 가늘게 뜨고 바라보니 야크 떼였다.

야~~ 야크다!

그토록 오랫동안 만나 보고 싶었던 나와 야크와의 첫 상봉이 이루어진 것이다. 때는 2019년 7월 6일 11시 2분 옥룡설산 3,600m 고지 목야평 야크 목장에서였다. 더 가까이 다가가 오매불망하던 상봉의 기쁨을 서로 나누고 싶었으나 마궈토가 가까이 가면 야크를 자극해 위험하니 더 이상 접근하지 말라고 주의를 준다. 조금은 아쉽지만 3,600m임에도 불구하고 야크의 생얼을 봤다는 것에 만족했다. 그런데 가만히 보니 야크와 말들이 한데 어울려 풀을 뜯고 있다. 하기야 차마고도 교역 길에 말과 야크는 함께 나서는 경우가 많았으니 말과 야크는 절친 중에 절친이라 할 수 있다.

차마고도 초원의 야크

차마고도 초원의 말

야크와의 짧은 만남을 아쉬워하며 다시 갈 길을 재촉하는데 가는 길 중간 중간마다 큼직한 쑥 호빵처럼 생긴 야크 똥과 찐빵을 쌓아 놓은 듯한 말똥 더미가 파릇파릇 솟아난 풀밭 위에 널려 있다.

비 오는 날에 길가에 내질러진 똥은 그야말로 가장 더럽고 구리고 지저분 하기 마련이다. 그런데 이곳 차마고도길 초원에 널려진 야크와 말똥에선 전혀 냄새도 나지 않고 더러운 꼴은 한 점도 찾아볼 수 없다. 오히려 이 널려진 똥들은 드넓은 초원 위에 별처럼 뿌려져 있는 이름 모를 노란 야생 꽃과 어우러져 더없이 새롭고 묘한 분위기와 아름다움을 선사해 주었다.

초원 지대를 지나 숲길로 들어서니 안개는 더욱 짙어지고 시야는 좁아져 조금만 뒤처지면 일행과 떨어져 길을 잃기 딱 맞다. 옛날 마방단에서도 분명 길을 잃고 헤매는 일이 벌어졌을 텐데 GPS(global positioning system/위치 정보 시스템)도 없던 그 시대엔 도대체 어떻게 다시 길을 찾아갔을까? 하는 걱정이 스며들었다.

그런데 우리가 가는 길 내내 잠복해 있던 야크와 말똥들이 발견된다. 순간 내 머릿속에 번쩍 생각 하나가 떠오른다.

그래 맞다, 길을 잃으면 똥을 따라가자!

야크와 말똥을 따라가면 끝내는 사람을 만날 수 있겠다는 생각이 들었다. 이를테면 끊임없는 초원길에 야크나 말똥은 바다의 작은 등대와도 같은 것이고 장구한 차마고도의 여정에서 야크나 말똥을 보는 것만으로도 마방들은 반갑고 큰 위안을 받았을 것 같았다. 더구나 야크나 말똥들은 땔감으로도 훌륭한 재료이니 이곳에서 야크나 말똥은 똥이 아니라 금, 황금 덩어리라 할 만하다.

초원의 야크 똥

고산으로 오를수록 12명 노새의 발걸음이 느려진다. 1시간여를 걸어 우리는 산야 목장의 작은 누옥에 도착했다. 누옥은 나무 판때기로 지어져 겨우 비바람을 피할 정도인데 여행사에서 여행객에게 음식을 제공하게 위해 지었다고 한다. 안으로 들어가니 바닥 한 모퉁이에 모닥불이 피어 있고 출입구 쪽 벽에는 간단한 주방 기구들이 놓여 있는데 자그마한 체구의 아주머니 한 분이 점심을 준비하느라 분주하다.

산야 목장에서의 필자

이족 여인이라고 한다. 비와 안개로 축축해진 몸도 추스를 겸 모닥불을 쬐며 일행과 이런 저런 얘기를 하고 있는데 바닥 한가운데 점심상이 떡 차려졌다. 메뉴는 고산 트래킹에 부담이 되지 않으면서 소화가 잘 되도록 누룽지탕이 나왔다. 반찬으로는 감자볶음, 양배추볶음, 토마토를 계란과 함께 볶아 놓은 요리, 목이버섯볶음, 양파절임과 간장 한 종지가 다다. 누룽지를 한 입 넣으니 구수한 맛이 식욕을 돋우며 속을 따뜻하게 해 준다. 반찬을 골고루 하나하나 입 안에 넣는데 맛이 한결같이 담백하고 깨끗해 긴 여운을 남긴다. 맑고 깨끗한 곳에서 재배한 재료에 오직 기름과 간장만으로 조리한 음식이다. 자연의 맛, 천연의 맛이라는 게 바로 이런 맛임을 체험하니 내가 그동안 자연의 맛, 천연의 맛이라고 여겨 먹어 왔던 조미료는 불량식품이 아니었나 하는 생각까지 든다.

산야 목장 누옥에서의 점심상

먹었으니 또 떠나야 했다.

산야 목장의 누옥을 떠나 한 시간여 정도 더 걸으니 짙은 안개 속에서 희미하게 윤곽을 드러내는 또 다른 누옥이 나타났다. 다가가 보니 설산소옥(雪山小屋)이라는 간판(?), 아니 문패가 눈에 띈다. 눈 덮인 산속의 작은 집이라. 이름만으로도 낭만적이다.

설산소옥

주위를 둘러보니 뒤쪽으로는 순백의 눈을 왕관처럼 쓰고 있는 옥룡설산의 준봉들이 떡하니 버티고 있고(사실은 안개와 숲으로 보지 못해 상상으로 대신함) 좌우에는 쭉쭉 뻗은 푸른 침엽수림이 울창하게 포진해 있다. 소옥의 널찍한 안마당 풀밭에는 이름을 알 수 없는 키 작은 앙증맞은 꽃들이 풀 속에 숨어 있는데 야크 똥과 말똥이 앞마당을 공습한 듯 풀 위 곳곳에 박혀 있다. 이곳에선 똥이 금 같은 것이니 그야말로 설산소옥은 저 푸른 초원 위에 그림 같은 집이다.

예쁜 똥과 아름다운 야생화

설산소옥은 말하자면 트래킹의 최종 목적지인 4,310m 설련대협곡을 정복하기 위한 베이스캠프 같은 곳이다. 여기에서 정복조와 포기조로 갈라진다. 나는 몇 번의 갈등과 고민을 거듭한 후 마침내 포기를 선택했다. 도저히 고산증의 공포를 감당할 자신이 없었기 때문이다.

왔던 길을 우회하여 내려간다.
내리막길이라 발걸음이 한결 가볍고 편안하다. 오른편 먼 전방엔 구름에 가려진 거대한 설산이 내내 나를 따라오고 눈앞엔 파노라마처럼 펼쳐진 대초원이 하늘 끝과 맞붙어 있다. 그 평원에서 야크들이 한가로이 풀을 뜯고 있다. 이곳의 야크는 온종일 먹는 게 일이다. 온종일 먹기만 한다고 탓하지 마시라. 3m가 넘는 키에 500kg을 훌쩍 뛰어넘는 덩치를 유지하려면 온종일 먹지 않고 어찌 가능하겠는가. 그러니 야크에겐 먹는 게 일이고 먹는 게 노는 거다. 더구나 야크의 똥은 버릴 것도 하나 없으니 결론은 '먹는 게 남는 거다'라는 것이다.

  부드러운 곡선을 그리며 이어진 초원길을 느릿느릿 걸으며 나는 나지막이 외쳤다.

여행객들이여.
차마고도에선 똥 보기를 금같이 하라~~

대초원과 설산

여강고성에는
성(城)·강(江)·꽃(花)이 없다?

설산 트래킹까지 마친 우리 일행은 남은 일정(2019년 7월 6일 저녁~7일 점심시간)을 여강고성 안에서 자유롭게 보내기로 했다.

여강고성(麗江古城)은 여강시 구시가지 해발 2,400m 고지에 있는 고성으로 송(宋)·원(元)대에 형성되기 시작했는데 나시족(納西族)의 문화 정화(文化精華)가 집약된 곳으로 1997년에 고성 전체가 유네스코 세계 문화유산으로 등재되었다. 여강고성의 넓이는 3.8㎢이고 약 6,000호의 집들이 200여 개가 넘는 골목길로 거미줄처럼 연결되어 있어 초행자는 골목길을 잘못 들어가면 길을 잃고 헤매기가 십상이다.

고성 안에는 고풍스러운 목조 기와 건물들이 도로를 사이에 두고 나란히 어깨를 맞대고 줄지어 있는데 밤에 불이 들어오면 건물 전체가 그윽한 황금빛을 발하며 그야말로 독특한 풍경을 연출해 낸다. 건물들은 관광객을 상대로 한 상점이 대부분인데 보이차를 파는 상점에서부터 찻집, 전통 공예품점, 카페와 음식점, 노래와 연주를 함께 할 수 있는 술집에 호텔과 게스트하우스까지 동서고금의 모든 물품과 서비스들이 진열 판매되고 있었다. 그러나 이 중에서도 내게 가장 눈길을 끈 것은 나시족의 전통 복장을 입고 물건을 파는 상점이었다.

그런데 버스 등이 다니는 대로변을 다녀 봐도 도무지 이곳이 성이라는 느낌이 들지 않았다. 그 이유는 여강고성에는 성벽이 없기 때문이었다. 전해지는 말에 의하면 남송 때 이곳은 목(木)씨 성을 가진 토착관리가 이곳을 다스렸는데 성벽을 쌓으면 곤(困)자가 되어 곤경에 처해질 수도 있겠다 싶어 성벽을 쌓지 않았다는 것이다. 어쨌든 여강고성에는 성이 없다.

여강고성 풍경 1 – 한옥, 골목, 수로

여강고성 풍경 2 – 마방상

7월 7일 우리가 리장(麗江)을 떠나는 날이다.

나는 아침 식사 전 아직 잠들어 있을 고성의 고요함과 한적함을 즐기고 싶어 여강고성 아침 산책에 나섰다. 한여름임에도 고성의 아침은 선선하다. 습도도 낮아 기분이 상쾌하다.

호텔이 밀집된 곳을 조금 비켜나 일반 전통 가옥이 늘어선 골목길로 들어서니 마을 한복판 집과 집 사이로 수로가 나 있는데 물이 아주 맑고 깨끗하다. 마을 구석구석을 연결하는 수로는 옥룡설산의 눈이 녹아 흘러 여강고성으로 흘러드는 것이다. 그러기에 이 수로의 물은 식수로도 전혀 문제가 없는 물이란다. 수로를 따라 이곳저곳을 누비고 다니는데 계단 아래 집 밑으로 흐르는 수로가 눈에 띈다. 걸음을 멈추고 가만히 내려다보는데 삼안정(三眼井)이란 푯말이 눈에 띈다.

여강고성 풍경 3 – 삼안정

수로에 칸막이를 설치해 물을 가두어 만든 세 칸짜리 우물이다. 맨 위 첫째 칸에 흘러든 물은 마시는 물이고 둘째 칸은 쌀이나 채소 등을 씻을 때 쓰는 우물이고 마지막 셋째 칸은 청소나 빨래, 몸을 씻을 때 쓰는 물을 가둬 놓은 우물이란다. 자연과 공존하며 살아가는 지혜에 아~ 하는 감탄사가 절로 튀어나왔다.

일전 나는 정수일 교수의《실크로드 문명 기행》에 나오는 투루판의 카레즈(坎兒井)라는 지하 인공 수로에 대한 글을 읽으며 문명은 '자연의 도전에 대한 인간 응전'의 위대한 산물이라는 것에 깊이 감동했었다. 그런데 실크로드 투루판의 카레즈를 여강고성 버전으로 실제 현장에서 보게 되니 흥분과 경탄을 아니 할 수가 없었다.

한여름과 한겨울의 기온차가 60~70도나 되는 곳에서는 물의 증발량이 강우량의 180배나 된다. 따라서 천산(天山) 만년설의 물을 이용하기 위해서는 물을 지하수로로 이동시켜야 한다. 그것이 바로 투루판의 카레즈다.

이 카레즈로 풍요로운 투루판을 이루었다(투루판은 '풍요로운 곳'이라는 뜻이다).

더욱이 나시족은 8세기에 중국 칭하이(靑海)에서 남하하여 이곳으로 왔다니 시기적으로나 지리적으로나 나시족은 분명 투르판의 카레즈를 알았을 것이고 카레즈의 문명을 이곳 여강고성의 수로로 발전시켜 놓았다고 나는 추정한다.

지금까지 나는 여강고성에 강이 있다는 소리를 듣지 못했고 여강고성에서 강을 보지도 못했다. 그렇다. 여강고성에는 분명 우리가 통상적으로 생각하는 강은 없다. 그러나 나는 이 수로를 보고 나서 여강고성의 진짜 강은 바로 이 수로라고 생각했다. 왜냐하면 이 수로는 이곳 사람들의 젖줄이자 생명수가 되어 무엇과도 비견할 수 없는 아름다운(麗) 강(江)을 만들었기 때문이다.

운남성은 춘성(春城)이란 별칭답게 꽃의 도시다. 그래서 사시사철 꽃이 넘쳐나는 도시다. 그런데 이상하게도 나는 여강시내나 고성에서나 꽃을 그리 많이 보지 못했다. 수로를 따라 고성 내 골목골목을 다녀 봐도 꽃들은 그리 쉽게 눈에 띄지 않는다. 오히려 수로 변에 많이 보이는 수종은 버드나무다. 차마고도로 떠나는 마방의 마을이기에 이별의 상징수인 버드나무를 많이 심은 것인지 아니면 축축한 땅에서 잘 자라는 습성 때문에 많은 것인지는 정확히 알 수는 없지만 확실한 것은 버드나무는 많은데 꽃은 별로 없다는 것이다. 참으로 이상했다.

  여강고성내의 길은 붉은 색을 띤 역암을 깎아 만든 박석으로 포장되어 있다. 왜 매끈하게 다듬지 않고 박석을 포장 돌로 썼을까 궁금했다. 비가 자주 오니 미끄러짐을 방지하기 위해 한 것으로만 이해했다. 그런데 사람들은 이 박석을 오화석(五花石)이라고도 말했다. 비를 맞으면 돌이 활짝 꽃을 피우기 때문이란다.

오화석

길 위에 피어난 오색의 돌꽃
실비를 맞으면 활짝 피어난다네
훌러덩~
입은 신을 벗어 던지고
여강고성의 꽃길을 걷는다

나는 허리를 숙여 오화석을 감상하곤 감촉으로 향기를 느끼기 위해 신을 벗고 오화석의 꽃길을 걸었다.

아하, 이제야 알겠다.
여강고성엔 그 흔한 꽃은 없다.
그러나 사람의 안전을 위하고 가공하지 않은 자연 그대로의 아름다운 향기를 지닌 꽃인 오화석이란 꽃이 여강고성을 덮고 있었다.

이별가
마방의 노래

　차마고도의 여정을 끝내야 할 시간이다.

　우리 여행단 12명은 아침을 먹고 짐을 꾸려 놓고선 여강고성을 조망할 수 있는 곳으로 이동했다. 가는 길에 사방가(四坊街)를 만났다. 여강고성은 사방가를 중심으로 방사형으로 뻗어 나가고 마방들도 이곳에서 만나 차마고도로 향했다. 마침 사방가 광장 한복판에서 나시족들의 공연이 벌어지고 있었다. 나이가 지긋한 십여 명이 나시족들이 자신들의 고유한 악기를 들고 원을 그려가며 춤과 노래를 하고 있다. 이들은 관광객 유치 차원에서 시 정부로부터 지원금을 받아 가며 공연을 하고 있다고 한다.

　나시족은 동파문자(東巴文字)라는 그들만의 상형 문자를 가지고 현재도 사용하고 있는데 벽에 쓰인 글자를 보니 마치 이모티콘과 같다는 생각이 든다. 어쩌면 첨단 ICT 연구자들이 나시족의 동파문자를 연구 모방해 이모티콘을 만들어 냈는지도 모를 일이다.

나시족의 동파문자

우리는 골목길을 걸어 올라 사자산 위에 있는 조용한 카페에 앉았다. 모처럼 날씨가 활짝 개어 여강고성이 한눈에 들어온다. 하늘은 파랗고 구름은 하얀데 푸른 산들은 부드러운 능선을 그리며 여강고성을 포근히 감싸 안고 있다. 검회색의 기와지붕들이 잔잔한 바다 물결처럼 펼쳐져 있다.

여강고성 전경

따뜻한 커피를 마시며 이번 차마고도의 여정을 뒤돌아본다. 여행을 마치고 떠나려니 책에서 읽었던 마방들의 노랫말이 떠올랐다.

    30일 저녁에 결혼하고 초하루에 길을 떠난다구요?
    당신 정말 양심도 없군요.
    떠나려거든 나랑 결혼이나 하지 말지.

노랫말을 생각하니 차마고도의 마방들에게 미안한 마음만 가득해진다. 살기 위해, 살아남기 위해 갓 결혼한 아내와 아이, 가족들을 남겨 두고 짐을 싣고 떠나야 했던 그들의 심정은 어땠을까?

한참 동안 생각에 잠겼다 일어섰다.
이제 나도 떠날 시간이었다.

VII.

문득 시 몇 수

팽목항에서

20140416
이제 갓 피어난 꽃들이
거센 바람에 갈가리 찢겨
거친 바다에 버려진 꽃잎이 되었다
20140416
눈부신 아침 햇살에
짖어 대던 어린 새들이
느닷없이 불어 재끼는 호루라기 소리에
숨소리도 멈춘 채 그대로 바닷속에 가라앉았다
20140416
시시각각 다가오는 죽음 앞에서
꽃들은 두려움에 잿빛처럼 파르르 떨었고
새들은 아비규환에 질려 온몸이 피멍으로 절단 났었다
20140416
그날 이후
우리 막내가 팽목 바다 위에 버려진 꽃잎이 되는 악몽에

팽목의 바다를 바로 바라볼 수가 없었다

20140416

그날부터

내 큰놈이 팽목의 바다 위를 휘도는 원혼의 새가 되는 상상에

차마 팽목의 바닷새 소리를 들을 수가 없었다

20140416

이날로부터 사 년 사 월

시간의 물살에 실려 팽목항에 조심조심 서 있다

노란 리본 꽃이 아련히 눈에 박힌다

바람에 퍼덕이는 노란 날갯짓의 웅성거림이 귓속을 파고든다

살며시 다가가 낮은 소리로 읊조린다

잊지 않겠다고

잊지 않겠노라고

20140416

이날 나는 비로소 아빠가 되었다

2018.8.17.

진도 팽목항에서

팽목항 노란 리본

사진 한 장 남김 없는 그대를 추모함

임을 추억하고 기억할 사진 한 장 남김없이
싸늘한 주검으로 사라진 그대여
나 그대 앞에
무거운 역사적 부채감을 떨치기 위해
한 송이 국화를 슬쩍 내려놓습니다
부디 민주와 평화의 불꽃으로 부활하소서

2017.5.14.
5.18 민주 항쟁 묘역을 참배하며

광주 민주 묘역 – 사진 한 장 없는 묘소

　＊ 엊그제(2021년 5월 13일) 1980년 5월 18일 당시 11세 초등생이었던 전재수 군이 41년 만에 사진을 찾아 그동안 사진도 없이 묻혔던 묘비에 사진을 붙여 넣었다는 뉴스를 접했다.

아직도 5.18 민주 묘역에는 사진 한 장 없이 묻혀 있는 영령들이 수십이다.

아~ 어찌할꼬.

평화와 번영의 출발역에서

마음과 마음을 모아 철을 녹이고
정성과 정성을 담아 녹슨 철길을 닦아 보자
한반도 종단 철길을 어깨띠 두르듯 단단히 둘러 묶자
민족의 힘을 모아 몸집을 키우고
다시금 마음을 모아 저 오랜 우리의 땅
만주 벌판을 달려 보자
두 손을 모아 뜨거운 입김을 달리는 철길에 뿌리며
선열의 한이 서린 시베리아 벌판까지 이어 보자
철길이 이어지고
철마가 달릴 때
태평양과 유라시아의 꼭짓점 서울로
세계인들이 몰려온다

이 무슨 잠꼬대냐구?
늦봄이 잠꼬대를 할 때 모두들 웃어 재꼈었어
허나 오늘은 그때 그 잠꼬대가 현실이 되어 가고 있지!

난 벅차게 가슴이 뛰네
나는 지금 대륙의 시발역 도라산역에 서서
평화와 번영의 기차 출발을 기다리고 있네

2018.6.3.
'평양 가는 기차표를 다오' 행사에서

도라산역에서

베를린 열차 승차권

인생길 띠

어디로 가야 하지?
이쪽인가?
저쪽인가?
어떻게 해야 하지?
계속 갈까?
돌아갈까?

어라 저건 뭐지?
갈림길 모퉁이 휘어진 가지에
덩그러니 묶인 색색의 천 조각

바람 불 땐 狂人의 헝클어진 머리털처럼
제멋대로 헝클어져 흔들리고
비바람 몰아칠 땐 무당의 부채술처럼
어지러이 심란하게 주술의 춤짓을 한다

어느 날 길 잃은 베드로
쿼바디스 쿼바디스를 외치고
아둔한 아Q 갈팡질팡 허둥댈 때
가녀린 나뭇가지에 맥없이 걸려 있는
빨간 노란 파란색의 한 조각 띠는
절벽 아래에 던져진 밧줄로 변한다

인생의 산길엔 내비게이션이 없다
그러니 부리나케 떠나는 인생길이라도
나를 위해 누군가를 위해 산길 안내 띠 하나쯤을 갖고 떠나자
그리고 뒤따라오는 이를 위해 갈림길
잘 보이는 곳에 질끈 안내 띠 하나쯤은 묶고 가자

知者不言 言者不知
無說說 不聞聞

내 앞에 걸려 있는 저 노란 띠 한 조각이
불현듯 득도한 선승처럼 앉아 있다

2020.2.2.
화진포에서 거진으로 넘어가는 소나무숲길에서

길 안내 띠

살아 있는 나는 불편하다

가끔은 살아 있는 내가 불편할 때가 있다
40년 전 그날
1980년 5월 18일 그날

대성로 교문 앞에서
종로 네거리에서
서울역 군중 속에서
나는 무엇을 했던가?

내가 한 짓은 고작
계엄 해제! 계엄 철폐! 그것뿐 아니었던가?

사랑도 명예도
이름도 남김없이
피 뿌리며 사라져 간
무명 열사

이름을 잃어 울음도 잊었다

이름을 짓밟혀 눈물도 막혔다

이름이 없어 뻐꾸기가 되었다

살아 있는 나는 그저 불편할 뿐이다

어둠이 깔린 5.18 민주 묘역

저편 숲속에서 뻐꾹새가 하염없이 뻐꾹뻐꾹 울어 댄다

뻐꾸기야

나를 너무 탓하지는 말아다오

죽어서도 이름을 부여안고 살

살아 있는 나는 불편하다

2020.5.22.

늦은 저녁 무렵 광주 5.18 민주 묘역 무명 열사 묘를 보며

무명 열사의 묘

길이 있어 걷는다

오늘도 난 걷는다

그대는 내게 묻는다
왜 걷느냐고?
좋으니까! 난 그냥 걷는다
좋은 건 좋은 거다
그래서 난 그냥 걷는다
길이 있어 난 그냥 걷는다
난 마음속 길을 따라 그냥 걸을 뿐이다

걸으면 멀리 보고 넓게 볼 수 있어 걷는다
걸으면 볼 수 없는 것도 볼 수 있어 걷는다
걸으면 있는 것은 버리고 없는 것은 채우니 걷는다

걸으면 갯가의 검은 돌 하나
길가의 들꽃 한 포기도

장하고 예쁘다

걸으면 없어도 넉넉하고
있어도 헤프지 않다

올레길을 걸을 땐
자동차니 자전거니 하는 따위의
문명의 이기는 벗어 던지고
오로지 원시의 두 발로만 걸어라

제주의 올레길은 마을 골목길 걷듯이 걷는 거다
느릿느릿 둘레둘레 두리번거리며 걷는 거다

문명은 거추장스럽고 번거로울 뿐이다
걸으면 문명을 거슬러도 뒤처지지 않는다
천천히 쉬엄쉬엄 가더라도
마침내는 내가 가고자 한 곳에 이른다

길은 사람이 밟아야 열린다
그래서 모든 길은 사람의 길이다
하지만 길을 밟은 저마다의 발자국은 다르다
그래서 길을 따라 걷다 보면
알 수 없는 삶도 만나고 배우게 된다

아이는 걷는 것부터 배운다
걷는다는 것은 사람이 된다는 말이다

나는 그대에게 묻는다
그대는 길을 걷는가?
그대는 사람의 길을 걷는가?

길이 있어 나는 걷는다
오늘도 나는 사람의 길을 걷는다
나는 지금
제주의 바랑길을 걷고 있다

2020.11.9.~11.10.
제주 올레 4코스(표선~남원) 10코스(화순~모슬포)를 걷는 길에

제주 올레길

여산지생(如山之生)

松靑濤靑 天地都靑

細雨促春 客心旣春

忘靑之山 根本非山

何時何處 如山之生

바다를 두른 소나무 푸르디푸르고

흰 거품 토해 내며 달려오는

성난 파도도 근본은 푸르니

천지 사방이 온통 푸르름이다

가랑비가 봄을 재촉하니

나그네 마음엔 이미 봄으로 가득 찼다

푸르름을 잃은 산은

산이라 할 수 없으니

언제 어디서나

푸른 산처럼 살리라

2021.2.27.
동해 해파랑길을 걸으며 如山형과 카톡으로
주고받은 대화를 시로 정리하다

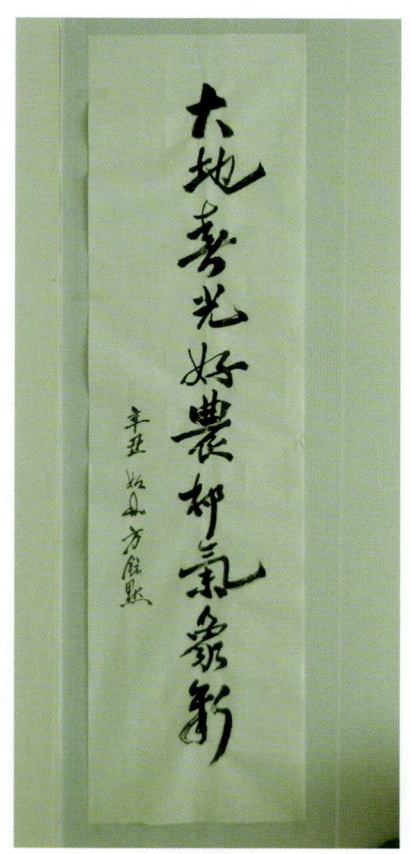

여산의 춘우시

탁발과 구걸

월정의 中庭엔 모든 것이 죽었다
소리도 풍경도 독경도 멈춰 섰다

이 寂滅의 공간에 유일한 실존은 돌부처뿐이다

그대여
그대의 뜻 모를 미소는 무엇을 말하려는가
文殊의 지혜를 비웃는 것인가?
功德의 득의만면인가?

이보시게
사람 없는 도량에선
비워도 비워지지 않고
쌓아도 탑이 되지 않는 법이네

소음분진 속계의

겉늙은 선재동자

눈덩이 맞으며 그대 찾아 滿月橋 건너왔네!

깃털 같은 눈 털고 일어나

이 몸뚱이 녹일 차 한 잔만 주시게나

2021.3.1.

월정사에서

이날 철모르는 눈이 바람을 타고 억수로 쏟아졌다

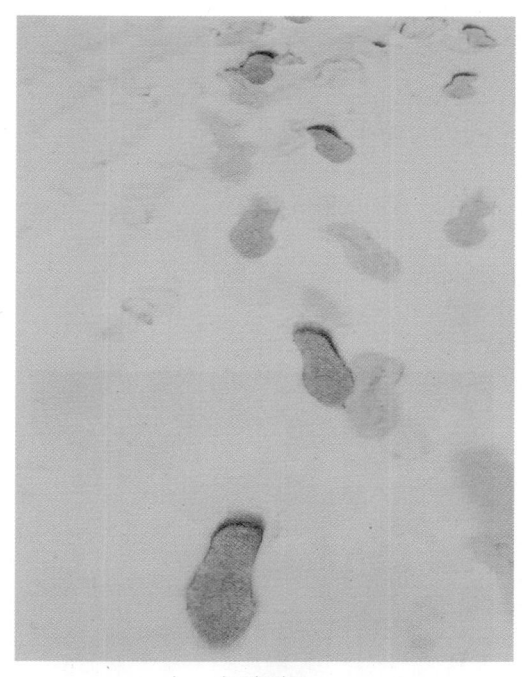

눈밭 자국

환속(還俗)

江月軒 난간에 게으르게 기대 누워

驪江에 밝은 달 솟아라 성갑게 재촉하니

神勒寺 범종 소리 날 깨워 일으켜

서둘러 환속하라 사정없이 두드리네

2022. 9. 18. 18시
여주 신륵사 강월헌에서

신륵사 강월헌

VIII. 제주 참배 기행

무남촌

2022년 1월 20일 오후 제주를 찾았다.

음력으론 12월 18일이다.

내가 굳이 음력 섣달 열여드렛날에 제주를 찾은 것은 북촌리 무남촌(無男村)의 제삿날에 때를 맞추기 위해서다.

무남촌(無男村)?

남자가 없는 마을이라면 여자만 사는 마을이라는 말인가?

직역하자면 틀린 해석은 아니지만, 북촌리의 역사를 안다면 무남촌은 '씨가 마른 마을'의 점잖은 표현일 뿐이다. '씨가 마른 마을'이라는 섬뜩하고도 살벌한 표현을 차마 입에 담기조차 무섭고 미안해 무남촌이라 말했을 뿐이다.

1949년 1월 17일(음력 12월 19일).

제주 구좌읍 세화리에 주둔하고 있던 2연대 3대대의 병력 일부가 함덕으로 가는 도중, 북촌리 마을로 통하는 고갯마루에서 무장대의 기습으로 2명이 숨졌다. 이를 빌미로 군인들은 북촌리 마을로 들이닥쳐 가옥 400여 채를 불 지르고, 주민 1,000여 명을 북촌국민학교로 내몬 후 군경 가족을 제외한 노인, 어린애, 남정네, 아녀자, 병약자, 산모 등을 구분하지 않고 주민 400여 명을 빨갱이로 몰아 학교 서쪽 담장과 인근 너븐숭이(널찍한 돌이 깔린 밭), 옴팡밭(움푹 패 낮게 내려앉아 있는 밭), 당팟 등에서 총살하는 만행을 저질렀다.

무남촌은 바로 제주 4.3 북촌리 대학살로 인해 북촌리에 가문의 대가 끊긴 집들이 수두룩했기에 붙여진 제주 4.3을 상징하는 슬프디슬픈 역사의 문패다.

2000년 1월 12일 제주 4.3 특별법이 제정 공포되고, 2008년 8월 제주 4.3 평화 공원이 조성되고, 2014년 3월에는 제주 4.3을 국가가 기념일로 지정했음에도 불구하고 제주 4.3은 그냥 4.3일 뿐 '성도 이름도 없는 역사적 문패'이다.

2003년 10월 제주 4.3사건 진상 조사 보고서는 "제주 4.3은 1947년 3월 1일 경찰의 발포 사건을 기점으로 하여 경찰·서청(서북청년단)의 탄압에 대한 단선·단정 반대를 기치로 1948년 4월 3일 남로당 제주도당 무장대가 무장 봉기한 이래 1954년 9월 21일 한라산 금족 지역이 전면 개방될 때까지 제주도에서 발생한 무장대와 토벌대 간의 진압 과정에서 수많은 주민이 희생당한 사건이다"라고 결론 내림으로써 제주 4.3을 '국가 공권력에 의한 인권 유린'으로 규정하고, 노무현 대통령은 그해 10월 31일 국가 권력이 저지른 폭력에 대해 공식으로 사과했다.

그런데도 어떤 이는 제주 4.3을 제주 민중·민주 항쟁이라고 부르고 어떤 이는 제주 4.3 폭동 사태라고도 부른다. 제주 4.3을 어떤 성격으로 규정

할지는 그만큼 역사적으로나 정치적으로나 민감한 문제라는 것을 알 수 있다.

그러나 분명한 것은 1947년 3월 1일, 삼일절 기념식 날 경찰의 발포로 6명이 사망한 사건을 계기로 시작되어 1954년 9월 21일 한라산이 금족 구역에서 해제되기까지 7년 7개월간 350여 명의 무장대를 토벌하기 위해 당시 제주도민의 약 10분의 1에 해당하는 2만 5,000명에서 3만 명에 해당하는 국민이 군경에 의해 죽었다는 사실이다. 이 엄청난 역사적 비극을 군사정권은 감춰 왔고 지식인조차 감히 언급하기 두려워 쉬쉬해 왔다.

슬퍼도 슬퍼할 수 없고 통곡하고 싶어도 마음껏 울 수조차 없었던 이 비극을 제주 출신 현기영은 1978년에 《순이 삼촌》이란 소설로 세상에 알렸다.

정확히 기억할 수는 없지만 내가 현기영의 《순이 삼촌》을 읽은 것은 2000년대 중반쯤이었을 거다. 소설을 읽으며 나는 엄청난 충격을 받았다. 한 마을이 한날 모두 불타고 마을 사람들이 한날 모두 죽어 제삿날이 모두 한날이라는 사실, 그리고 주민들이 죽어 간 모습을 묘사한 대목에서는 나도 몰래 눈물이 흘러 책장을 넘길 수 없었던 기억이 뚜렷하다.

그 후 언제인가 제주 여행길에 잠시 너븐숭이 공원을 찾았다. 널브러진 채 포개진 대리석, 봉분도 없이 작은 돌멩이로 원을 그린 조그만 아기 무덤.

1948년 섣달 열아흐레날에 북촌리 사람들은 국가 권력에 의해 아기를 품은 채 죽었고, 아기는 죽은 엄마의 피젖을 문 채 추위와 배고픔에 죽어 갔다. 그러나 너븐숭이 공원은 제주 4.3 비극의 한 막일 뿐이다. 7년 7개월 광기의 시기에 제주의 모든 산하는 불타고 핏물로 홍건히 젖었다.

너븐숭이 공원 저편으로는 다려도 섬이 손에 닿을 듯 보이고 푸른 제주 바닷물이 넘실거린다. 검은색 현무암 돌멩이 울담으로 이어진 골목길과 낮은 지붕의 집들이 어깨를 나란히 하며 이룬 마을은 안온하고 살가운 정경으로 다가온다.

이곳 북촌리뿐만 아니라 제주 모든 곳은 자기만의 색깔과 표정, 이야기를 갖고 이곳을 찾는 이들을 '혼저 옵서예' 하고 반갑게 맞는다. 천의 얼굴, 만의 표정, 온대, 난대, 한대를 동시에 느끼고, 하늘과 바다와 산을 동시에 만날 수 있는 곳. 그래서 매서운 하늬바람에 쫓겨 온종일 곳곳을 다녀도 지치지 않고 질리지 않는 곳, 눈부시게 아름답고 황홀한 곳이 바로 제주도다.

그러나 《순이 삼촌》을 읽고 너븐숭이를 다녀온 후, 몇 차례 올레길을 걷고 제주 곳곳을 여행해도 내 가슴속에는 뭔가 채워지지 않는 답답함과 개운치 못함이 불현듯 스멀스멀 올라옴을 느꼈다.

"이렇게 아름다운 제주를 아무 생각 없이 무작정 즐겨도 되는 건가?" 하는 마음이 들었다. 제주 4.3에 대해 알면 알수록 나의 이런 마음은 무거운 부채감으로 다가왔다.

그래, 빚은 갚고 살자. 옛말에도 '빚진 죄인'이라는 말이 있지 않은가. 죄를 짓고 어찌 맘대로 활보하고 다닐 수 있겠는가. 빚을 갚지 않는다면 눈부시게 아름답고 황홀한 제주의 풍광이 눈에 들어오겠는가?

70여 년 전 제주에서 국가 권력에 의해 죽어 간 수많은 사람의 원혼과 혼백이 이제는 자유롭고 평화롭게 쉴 수 있도록 참배라도 해야 나 또한 아름다운 제주를 맘껏 감상할 수 있을 것 같았다. 그래서 나는 오랫동안 고향을 찾지 않은 북촌리 출향자가 제삿날을 맞아 고향을 찾는 것처럼 섣달 열여드렛날에 제주를 찾았다.

제주 여행 1번지
제주 4.3 평화 기념관

 70여 년의 세월 동안 가슴에만 품고 쉬쉬했던 제주 4.3의 진실을 이해하고, 광기에 찬 국가 권력에 의해 무참히 희생된 원혼을 위로하기 위한 참배길이기에 나의 첫 발걸음은 당연히 제주 4.3 평화 기념관이었다.
 봉기·항쟁·폭동·사태·사건 등으로 불리며 아직까지 제대로 된 이름조차 얻지 못하고 있는 제주 4.3에 대해 기념관은 과연 무엇을 기억하고 기념하고 있는지가 무척 궁금했다.

백비

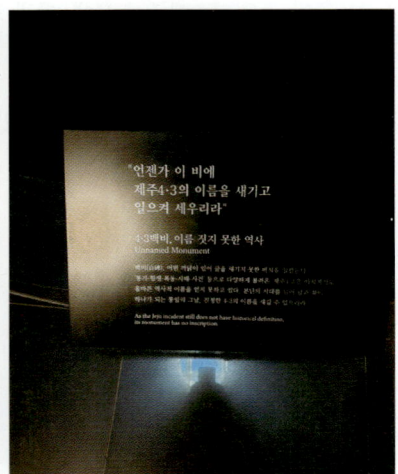
백비 설명문

제주 공항에서 버스를 타고 1시간여 달리니 제주 4.3 평화 공원이라는 표지판이 보이고 공원 초입에는 사발 모양의 제주 4.3 평화 기념관이 들어서 있다. 역사의 그릇에 진실을 담겠다는 의미일 것이다. 기념관은 2008년 3월에 제주 봉개동 거친오름 아래에 준공되었으니 제주 4.3이 일어난 지 무려 60년 만에 세워진 것이다.

제주 4.3 평화 기념관

기념관으로 들어서니 평일이고 팬데믹 코로나의 영향 때문인지 관람객은 그리 많지 않아 마음이 썰렁하다.

안내선을 따라 전시실로 들어간다. 상설 전시실은 모두 6개인데 제주 4.3 당시 주민들이 피난처로 이용하였던 천연 동굴을 모티브로 해서 만든 제1 전시실(역사의 동굴 – 프롤로그)을 시작으로 제2 전시실(흔들리는 섬 – 해방과 좌절)~제3 전시실(바람 타는 섬 – 무장 봉기와 분단 거부)~제4

전시실(불타는 섬 – 초토화와 학살)~제5 전시실(흐르는 섬 – 후유증과 진상 규명 운동)~제6 전시실(평화의 섬 – 에필로그)로 꾸며져 있었다.

상설 전시실은 제주 4.3의 배경과 원인, 전개 과정, 후유증과 진상 규명을 위한 그간의 과정 그리고 앞으로 우리가 해야 할 과제까지를 구체적 자료와 설명을 통해 이해하기 쉽도록 진열 전시하고 있었다.

해방 당시에 긴박하게 돌아갔던 국제 관계와 국내 정치 상황, 동굴 속의 깨어진 항아리, 부서진 가재도구, 무너져 불타고 있는 가옥, 초주검이 된 주민들의 모습을 담은 사진과 패널, 제주 4.3의 참혹상을 생생하게 기억하고 증언하는 노인들의 음성 등이 한 편의 흑백영화처럼 당시를 보여 주었다. 그중 내 머릿속에 강하게 각인된 활동사진 하나는 제주도 전역을 불 질러 잿더미로 만들고 그 화염 속에서 죽어 가는 주민들의 처절한 모습을 실루엣으로 보여 주는 장면이었다.

초토화(焦土化).

'초목이나 건물 따위가 모두 불에 타 잿더미로 덮인 땅으로 변하게 됨'이란 뜻이다. 나는 이 장면 하나가 제주 4.3의 참혹함과 참담함을 압축해서 보여 주는 것이라 느꼈다.

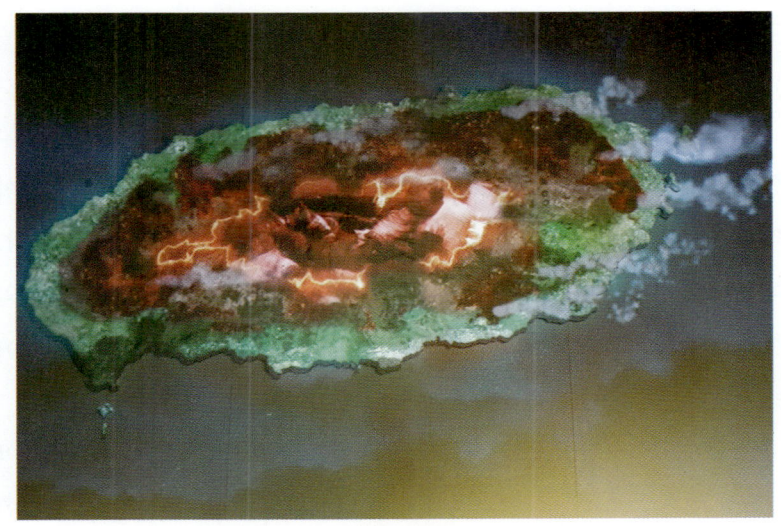
초토화된 제주

그랬다.

국가 권력은 이념의 올가미를 씌어 수많은 국민을 토끼몰이하듯 사냥하여 죽였다. 한마디로 토벌이었다. 이 미친 권력 앞에서 누가 무슨 말을 할 수 있으며 누가 어떤 저항의 몸짓을 할 수 있었단 말인가.

기념관 마감 시간에 쫓겨 서둘러 전시실을 나와 버스를 기다리며 나는 제주 4.3을 이해하고 짧은 참배 기행을 보다 효과적으로 하기 위해 내 나름대로 제주 4.3의 주요 사건을 일지식으로 정리해 보았다. 그리고 이 일지의 사건과 관련된 제주 4.3의 현장을 참배하고, 역사적 사실과 진실을 미력하나마 기록함으로써 내 가슴 한구석에 고여 있는 부채감을 조금이라도 털어버리고 싶었다. 그래야만 제주의 황홀한 아름다움을 편안히 바라보며 여행할 수 있을 것 같았다. 그렇다면 제주기행 1번지는 당연히 제주 4.3 기념관이 되어야 한다.

　제주 4.3의 주요 일지를 정리해 보니 제주 4.3 전체에 대한 윤곽이 어느 정도 잡히는 듯한 느낌이 들었다. 앞서 제주 4.3에 대한 진상 조사 보고서의 성격 규정을 간략하게 인용했지만 나는 제주 4.3은 일제 강점기와 해방, 미소 냉전 구도하에서 해방된 조국의 새로운 정부 수립을 둘러싼 지도자와 정치 세력 간의 갈등과 이해 대립 등이 복합적으로 작용하여 발발한 사건이라고 생각한다.
　그렇기에 나는 제주 4.3은 우리 현대사를 압축해서 보여 준 비극적 사건이었고 지금도 우리 내부엔 4.3의 망령들이 휴화산처럼 곳곳에 잠복해 있다는 생각이 들었다.

　희미한 불빛에 헐벗은 듯 서 있는 기념관의 폭낭이 떨리고 있었다. 내 몸도 어스름이 파고들었다. 어둠이 내린 제주 4.3기념관을 떠나 나는 무남촌 북촌리 마을을 가기 위해 버스에 올랐다.

북촌리 제삿날

　제사를 지내기에는 이른 시간이라 느긋하게 저녁을 먹고 삼양동에서 버스를 타고 북촌리로 향했다.

　북촌리가 속해 있는 조천(朝天)은 제주 북쪽의 오래된 항구로 육지와 제주를 연결하는 관문 역할을 해 왔고, 기미 3.1운동 때는 제주에서 가장 먼저 만세운동이 일어났던 곳이다.

　어둠을 뚫고 달리는 차창 밖으로 파출소와 신촌리를 알리는 마을 표지석이 들어오자 나는 지금 지나는 이곳이 바로 제주 4.3의 불씨가 키워진 곳이라는 사실을 상기했다.

　1948년 2월 26일 미국의 주도로 유엔 한국 위원단이 접근할 수 지역에서 단독 정부를 수립할 수 있는 단독 선거 실시안이 채택되고 이에 반대하는 기운이 고조되는 가운데 남로당 제주도당은 무장 투쟁 방침을 결정했다(신촌 회의). 그리고 얼마 후 3월 6일 이곳 조천지서에서 취조받던 조천중학생이었던 김용철 군이 사망하는 사건이 발생했다. 연이어 모슬포지서에서도 양은하라는 청년이 경찰의 취조에 사망하는 사건이 터지자 4월 3일 남로당 제주도당 무장대는 오름에서 횃불을 들어 올렸다.

　깊어 가는 어둠 속을 달리는 버스 안에서 나는 1987년 박종철 고문치사

사건, 이한열 열사의 죽음이 떠올랐다. 1980년대 전두환 군부 독재에 저항했던 수많은 민주 민중들의 외침이 박종철·이한열 열사의 죽음을 계기로 폭발하여 1987년 6월 민주 항쟁으로 이어졌듯이 제주 4.3도 흡사한 역사적 과정을 거쳤다는 생각이 들었다.

북촌리에 내렸다.
시간을 보니 밤 8시 30분경이었다.

북촌리 마을 표지석

배낭에 털모자를 눌러쓴 낯선 '육지 것'이 마을을 어슬렁어슬렁 배회하니 사방에서 개들이 짖어 댄다. 개들이 나를 '노랑개, 검당개*' 등으로 보고 짖

---

* 제주 4.3 당시 군인, 경찰, 서북 청년단을 비유하여 부른 말

어대는 것은 아닌가 하는 생각이 들었다.

  골목길을 따라 걸어도 불 꺼진 집도 많고 행인도 적으며 집 안에서 들려오는 소리도 없어 적막하기 그지없다. 불 밝은 집의 담 안을 주시해도 인기척이 들리지 않는다.

  모두 큰집으로 제사를 지내러 갔나?
  제사 시간은 일러도 제사 준비에 부산한 느낌은 들어야 하는데….

  제주 시내로 나가는 막차를 놓칠 수도 있어 아쉬움을 뒤로하고 발걸음 돌려 버스정류장으로 향했다.

  그럴 리 없다.
  제사를 지내지 않을 리 없다. 70여 년의 세월이 흘러 당시를 경험했던 분 중 많은 분이 이미 세상을 떠났어도 분명 그분들이 자손들에게 당시의 참혹함과 슬픔을 말했을 텐데 그 자손들이 제사를 지내지 않을 리가 없다고 나는 생각했다.

  북촌리 제주 4.3의 희생자 후손들은 지금쯤은 방에 모여 이런 얘기들을 주고받고 있을 거라는 생각이 들었다.

> "밭을 에워싸고 베락같이 총질해 댔는디 그 아지망만 살 한 점 안 상하고 살아나시니 참 신통한 일이랏쥬."

"아매도 사격 직전에 기절해 연 쓰러진 모양입디다. 깨난 보니 자기 우에 죽은 사람이 여럿이 포개져 덮연 있었댄 허는 걸 보면…. 그때 발쎄 그 아지망은 정신이 어긋나버린 거라 마씸."

(위의 대화는 모두 현기영의 소설 《순이 삼촌》에 나온 것을 그대로 옮겨 본 것입니다.)

제주 4.3 평화 공원

70여 년 전 제주섬 전역에서 벌어졌던 전율할 참혹한 역사를 머리로만 이해할 수만은 없다. 가슴으로 아니 온몸으로 그 아픔을 진정 느껴야만 참배다운 참배가 아닌가 하는 생각이 들었다. 그래서 이튿날은 4.3 평화 공원에서 하루를 보내기로 작정하고 다시 버스에 몸을 실었다.

나는 '4.3 평화의 숲길'을 걸어 위폐 봉안실로 갔다.
위폐 봉안실에는 '제주 4.3 사건 진상 규명 및 명예 회복 위원회'에서 심의 결정된 14,533명 중 생존자 121명을 제외한 14,412위의 위폐가 봉안되어 있다. 제주시 9,530명, 서귀포시 4,813명, 제주도 외 본적자가 69명이다.
나는 먼저 봉안실 입구 안에 마련된 위령 제단에 향을 꽂고 머리를 숙여 '잊지 않겠노라'라고 이제는 '편히 쉬시라'고 오랫동안 묵념을 올렸다.
봉안실 벽면에는 희생된 분들의 위폐가 검은 대리석에 새겨져 봉안실을 빙 두르고 있다. 마을별로 위폐가 새겨져 있으니 영령들은 빙 둘러앉아 지금도 그때의 공포와 참혹함을 서로 달래고 있을 것 같았다.

제주 4.3 평화 공원 위폐 봉안실

　제주 4.3으로 희생된 사람이 제주도민의 10분의 1에 해당하는 2만 5,000~3만 명이라는데 그렇다면 나머지 사람들은 도대체 어떻게 된 것일까?
　남한만의 단독 정부를 수립하기 위한 총선거(1948년 5월 10일)가 시행되었으나 제주도의 3개 선거구 중 북제주군 갑·을은 과반에 미달하는 투표율을 기록, 선거가 무효가 되었고 이런 와중에서도 7월 20일 이승만은 국회에서 대통령으로 선출되어 8월 15일 대한민국 정부가 수립되었다. 사실 제주도의 2개 선거구에서 낮은 투표율로 총선이 무효가 되었다는 것은 이승만 정권에는 실로 엄청난 충격과 타격이 되었을 것이다.
　그래서인지 이승만 정권은 1948년 10월 17일, 송요찬 9연대장을 통해 제주 해안에서 5km 이상 지역에 통행 금지령을 내리고 위반자에 대해서는 무조건 총살을 하겠다는 포고령을 발포했다. 곧이어 11월 17일에는 제주도 전역에 계엄령을 선포하고 중산간 지역에 있는 주민들에게 소개령을 내리면서 대대적인 토벌 작전을 1949년 3월까지 실시했다. 이때 주민 중 상당수는 산에서 내려와 성담을 쌓고 집단생활을 했고 또 많은 이들은 공장과 교도소 등에 집단 수용되었다. 당시 제주 주정공장은 2,000여 명이 갇혀 있던 4.3의 최대 수용소였다. 이 기간에 많은 이들이 군법 회의에 부쳐져 사형을 당하거나 재판도 없이 죽어 간 이들이 부지기수였다고 한다. 이렇게 죽어 간 이들 중 수장되거나 암매장되었다는 것이 지금까지도 유해 발굴 작업을 통해 확인되고 있다.

1950년 6.25가 터지자 국가는 예비 검속(범죄 가능성이 있다고 의심하여 사전에 가두는 것)으로 보도 연맹 가입자, 요시찰자, 입산자 가족 등과 전국 각지 교도소에 갇혀 있던 사람들을 처형했다. 그 시신 대부분은 아직 찾지 못하고 있다.

위폐 봉안실 옆 언덕에는 제주 4.3 때 행방불명되어 아직도 시신을 찾지 못한 희생자들의 넋을 기리기 위한 3,976기 표석들이 세워져 있다. 표석에는 생년월일과 살던 집의 주소, 행방불명된 시점과 장소가 새겨져 있다.

제주 4.3 행방불명인 표석 단지

나는 4.3 행방불명인 표석 단지에 세워져 있는 조형물을 보는 순간 가슴 저미는 듯한 슬픔과 아픔을 느꼈다.

나는 지금 어디로 가는 걸까?
가면 다시 살아올 수 있을까?
도대체 무슨 잘못을 했기에 이렇게 끌려간단 말인가?
늙으신 어머니와 어린 자식은 누가 돌본단 말인가?

굴비 엮이듯 끌려가면서 집 쪽을 향해 바라보던 그 촌부의 얼굴이 바로 내 모습인 양 착각이 들면서 나는 그만 온몸이 굳는 듯했다.

제주 4.3 행방불명인 표석 단지 조형물

지역별로 위령비가 세워져 있는데 빈터로 남아 있는 곳이 눈에 띄었다. 추가로 확인되는 행방불명자들의 표석을 세울 공간을 남겨 둔 것이다.

지역별로 옮겨 다니며 표석들을 보고 있는데 이곳을 방문한 단체 방문객에게 설명하고 있는 해설사의 말이 내 귀에 꽂힌다.

해설사 왈,

"얼마 전 친척 분에게 4.3 피해 보상을 위해 신고하라고 했다가 '쓸데없는 말한다'고 핀잔만 들었어요."

제주 4.3이란 바로 이런 상처와 두려움을 주고 있는 현재 진행형인 역사이다.

레드 콤플렉스와 연좌제.

1960~1970년대 누나나 형이 취직하려면 신원 보증을 받아야 했는데, 가깝다고 생각한 사람도 쉽게 신원 보증을 안 서 준다고 섭섭해하던 부모님

얼굴이 떠올랐다. 그때는 몰랐지만 한참 후에 이것이 레드 콤플렉스의 영향이라는 것을 알았다. 하기야 연좌제가 법으로 폐지된 것이 1981년이다.

　행방불명인 표석 단지를 나와 솔밭 옆 햇볕 잘 드는 곳에 앉았다. 밭담과 울담, 정랑은 있는데 집은 한 채도 없는 공간이 보인다. '사라져 버린 마을'을 표현한 공원 공간이다. 제주 4.3 때 사라져 버린 마을은 모두 109곳이란다. 흔적도 없이 사라져 버린 마을. 그러나 그 기억까지 지울 수는 없을 것이다. 아니 우리는 그 기억을 더욱 또렷하게 떠올리고 기록해야 한다.
　'사라져 버린 마을' 앞에 떨고 있는 폭낭 위에 까마귀들이 앉아 까악까악 울고 있다.

제주 4.3 평화 공원 내 '사라져 버린 마을' 공간

도령 마루의 까마귀들이 이곳으로 날아와 그때의 밭담에서 벌어진 일을 숨 가쁘게 전하는 것 같았다.

"저 구뎅이에 들어가면 후제 시첼 영영 못 찾앙(찾고) 말아…"
"저 밭담 뒤에 숨겨야 하기여."*

엉덩이를 털고 일어나 위폐 봉안실 앞의 넓은 위령 광장을 가로질러 나는 4.3 위령탑 쪽으로 내려가기 시작했다.

광장의 끝에서 내려다보니 멀리 평화 공원의 대문 격인 문설주가 보인다. 철망 구조물 속에 4.3 당시 희생자를 상징하는 3만 개의 제주석을 채워 넣었다고 한다. 공원의 한복판에는 위령탑이 세워져 있다. 둥그런 연못의 중심에는 2인 상을 둘러싼 금속의 원형 고리가 세워져 있는데 이는 가해자와 피해자가 대립을 극복하고 화해와 상생으로 나아가기를 기원하는 뜻이고, 연못의 물은 피의 역사를 맑게 정화하는 정화수를 뜻한다고 한다.

위령탑 뒤쪽에는 4.3 때 희생된 분들의 성명·성별·당시 나이·사망 일시·장소가 기록된 각명비(刻名碑)가 환상형 통로를 끼고 들어서 있다. 제주 4.3을 잊지 말자는 다짐의 기록이기에 단단한 검은 화강암에 새겨 넣은 것이리라.

---
* 현기영, 《도령마루 까마귀》에서 인용

제주 4.3 평화 공원 내 각명비

  통로를 따라 각명비를 보며 걷는데 장방형 기둥에 머리는 없고 단정한 옷차림만 새겨진 5개의 조형물이 눈에 확 들어온다. 다가가 보니 수의(壽衣)다. 사람이 죽어 하늘로 소풍 갈 때 입는 옷이다. 시체조차 찾기 어려웠던 광기의 시기에 감히 누가 빨간딱지가 붙은 이들에게 수의를 입혀 장례를 치를 수 있게 했겠는가? 어른 남녀, 청소년 남녀, 아기 5개 수의를 5개의 기둥에 나란히 새겨 넣었다. 그래서 이 조형물의 제목은 바로 귀천(歸天)이다.
  지금이라도 제주 4.3의 희생자들이 고운 수의를 입고 하늘나라로 소풍 가서 평안히 쉬기를 염원하는 작가들의 마음이 오롯이 전해져 왔다.
  나 또한 이제는 편히 쉬시길 빌고 또 빌었다.

위령탑과 각명비를 살펴보고 아래쪽에 조성된 자연 연못 쪽으로 발걸음을 옮기는데 달팽이 모양으로 쌓아 올린 돌벽이 눈에 띈다. 가까이 다가가 입구에 세워진 설명문을 읽어 보았다.

비설(飛雪)이란 제목의 이 조각은 1949년 1월 6일 봉개동 지역에 토벌 작전이 펼쳐지면서 군인들에 쫓겨 두 살 난 젖먹이 딸을 등에 업은 채 피신 도중 총에 맞아 희생된 당시 봉개동 주민 변병생 모녀를 모티브로 만들어진 조각이다. 조각상은 하얀 눈밭에서 어린아이를 끌어안고 죽어 가는 모습을 사실적으로 표현해냈다.

아…, 아… 어쩌나.
아아, 어찌 저럴 수가 있었단 말인가!
순백의 눈발이 핏빛으로 변해 광풍(狂風)과 함께 흩뿌려지던 그 야만의 역사를 어찌 잊을 수 있는가?

제주 4.3 평화 공원 내 '비설(飛雪)'

해는 어느덧 거친오름 저 너머로 한참 넘어가 있었다. 나는 다시 4.3 기념관으로 들어갔다.

어제 시간에 쫓겨 스치듯 봤던 구역을 다시 한번 살펴보고 짧은 마음의 글이라도 남기고 와야겠다는 생각에서였다.

나는 잠시 생각을 가다듬었다. 그리고 내 마음이 시키는 대로 노란 쪽지에 '4.3의 슬프고 아픈 역사적 진실을 기억하고 기록합시다. 그리하여 평화와 통일, 인권이 넘치는 나라로 만들어 갑시다'라고 써서 걸었다.

그러나 나 같은 일개 필부가 무슨 힘으로 평화 · 통일 · 인권이 넘치는 나라를 만들어 갈 수 있겠는가. 이런 거대한 일은 역시 제주를 만든 설문대할망께 빌어야 기도발이 먹힐 거라 생각했다. 나는 곧바로 와흘 본향당으로 향했다.

본향당은 마을마다 있는 신당(神堂)으로 마을의 안녕과 풍요, 평화를 비는 수호신과 같은 것이다. 어차피 설문대할망의 자손이니 효험이 덜하지는 않겠다는 생각을 했다.

와흘 본향당에 도착하니 밭담 안 동백숲 속에 400여 년 된 신목인 팽나무가 신령스럽고 위엄 있게 서 있다. 안으로 들어가려고 출입문을 찾으니 출입 금지란 안내판이 걸려 있다. 아쉬웠지만 어쩔 수 없는 노릇이었다. 나는 다시는 이 나라에 평화와 통일, 인권을 외면하는 무도하고 야만적인 국가 권력이 출현하지 못하게 해 달라는 소원을 담은 소지(燒紙)를 동백나무에 걸어 맸다.

해는 이미 저물었지만, 차창 밖으로 비치는 저녁 풍경은 여전히 아름다웠다.

와흘본향당 동백나무의 소지

북촌 4.3길을 걷다

– 너븐숭이 기념관 · 북촌초등학교

명절 때 고향 집을 찾으면 나는 꼭 동네 한 바퀴를 돈다. 그동안 마을이 어떻게 변했는지도 궁금하고 돌다가 마을 분들을 만나면 인사도 드리기 위해서다. 그러면서 어릴 적 추억에 잠기면 나도 모르게 푸근해지며 안온해진다.

섣달 열여드레 제사일 밤에 마을을 찾아와서 미처 동네 한 바퀴를 돌지 못했기에 나는 참배 기행 3일째 되는 날에는 북촌리 마을 한 바퀴를 돌아보기로 했다. 북촌리를 돌아보려면 우선 너븐숭이 기념관부터 가 보는 것이 옳은 순서이자 예의다.

앞서 기술한 것처럼 북촌리 대학살은 1949년 1월 17일(음력 12월 19일)에 세화리 주둔 2연대 병력이 함덕으로 가던 중 이곳 너븐숭이 고갯마루에서 무장대에 의해 2명이 죽자, 이를 빌미로 북촌리 마을을 불태우고 주민들을 북촌 국민학교에 모이게 한 후 군인, 경찰 가족을 제외한 400여 명의 주민을 학교 담장, 너븐숭이 옴팡밭, 당팟, 함덕 등지에서 학살한 사건이다.

너븐숭이 기념관은 바로 북촌리 대학살의 발단이 되었고, 가장 많은 주민들이 희생되었던 너븐숭이에 2008년 건립되었다. 제주 4.3 기념관이 제주 4.3에 대한 전반적인 내용을 담고 있다면, 너븐숭이 기념관은 북촌리 대학살을 중심으로 전시되어 있다.

너븐숭이 4.3 기념관

기념관을 살펴보고 너븐숭이 유적지로 나왔다.

솔밭에 조그만 돌로 둥그렇게 둘러쳐 놓은 아기 무덤이 펼쳐져 있다. 북촌리 대학살 때 임시 매장해 놓은 무덤이란다. 아기 무덤에는 귤, 사탕이 차려 있고, 시린 손 따스하게 덮으라고 조그만 털장갑도 놓여 있다. 그러나 아기는 어디 있는지 울음소리도 웃음소리도 들리지 않고 앙증맞은 바람개비만 바닷바람에 신나게 돌고 있었다.

아가아 사탕 하나 먹어라
아가야 손 시리니 장갑 끼고 놀아라
아가야 귤이 달단다
귤 하나 먹고 놀아라
바람개비 돌리며 신나게 뛰어놀거라

아~아~ 아가야
예쁜 우리 아가야
너는 지금 어디 있니~~
아가야~~

어제 평화 공원에서 본 비설 조각과 바로 전에 기념관 안에서 피젖을 빨고 있는 아가들이 모습이 떠오르자 가슴이 턱 막히며 나도 모르게 신음이 새어 나온다.

옴팡밭에는 순이삼촌 문학비가 세워져 있다. 제주 4.3 때 무참히 죽어간 희생자들의 모습을 형상화한 대리석들이 널브러져 있다.

나는 위령비에 앞에 머리 숙여 억울하게 죽어 간 영령들의 명복을 빌고 또 빌었다.

너븐숭이 아기 무덤

너븐숭이 유적지를 기점으로 나는 북촌 4.3길을 걷기 시작했다.

첫 번째 향한 곳은 북촌초등학교다. 북촌초교는 너븐숭이 기념관에서 차도를 따라 동쪽으로 10여 분만 걸으면 된다.

나는 널찍한 운동장을 바라보며 서쪽 담장 쪽으로 걸었다. 조금 걸으니 운동장 끝 담장 아래에 자연석으로 된 비가 서 있다. 다가가 보니 '제주 4.3 북촌 주민 참사의 현장'이라는 글씨가 새겨져 있다.

아! 이곳이 바로 모아 놓은 주민을 군경 가족과 분리한 후 최초로 학살을 한 곳이구나. 비는 2013년 10월 북촌리 마을 주민들이 주관하여 건립한 것이었다. 64년 만에 북촌리 사람들은 자신들의 부모, 형제, 자식들이 억울하게 죽어 간 사실을 자신들의 후손들이 기억할 수 있도록 자신들의 부모, 형제, 자식들이 죽어 간 자리에 자신들의 힘으로 비를 세운 것이다.

"역사를 잊는 민족에게 미래는 없다"라고 한 단재 신채호의 말씀은 기억하고 기록하는 것이 곧 역사임을 강조한 것이리다.

북촌초등학교 내 '제주 4.3 북촌주민 참사의 현장비'

- 북촌포구

교문을 나와 담장 없는 학교 옆길을 따라 마을 안으로 들어갔다.

낮은 지붕에 벽화가 그려진 집들이 다닥다닥 붙어 있고 마을 한 모퉁이에는 정짓물, 마을 한복판에는 나이깨나 들어 보이는 팽나무가 서 있다. 팽나무 아래에 펼쳐진 평상에는 바람에 날려 온 먼지만이 흩어져 앉아 있다. 조금 더 걸으니 이내 바닷가. 올레길과 겹치는 해안가 길을 따라가다 보니 해안선에서 손을 뻗으면 닿을 거리, 바닷가 한복판에 방석처럼 떠 있는 섬이 보인다. 다려도. 1702년에 저술된 탐라순력도에는 다래여(多來礖),

래여(來礖)라고 기록되어 있는 섬이다. 다래도는 3~4개의 바위섬으로 이루어져 있는 무인도로서 각종 해산물이 풍부한 곳이다. 섬에는 파란 지붕의 정자와 하얀색 작은 등대가 있어 그야말로 낭만적인 풍경을 연출해 낸다. 이토록 아름다운 이곳이 제주 4.3 때는 학살의 광기를 피해 헤엄쳐 온 마을 사람들의 피난처가 되기도 했다.

다려도

다려도를 바라보며 조금 더 걸으니 검은 현무암 돌과 석회로 쌓아 올린 등명대(燈明臺, 옛 이름은 도대불)이라는 옛날식 등대가 나타났다. 고기잡이 나간 배들의 무사 귀환과 안녕을 빌기 위해 1915년에 주민들이 세운 등대다. 계단을 올라가 보니 등명대 위에 표지석이 세워져 있는데 제주 4.3

때 총탄을 맞아 오른쪽이 깨어져 있다. 상처의 흔적이 꽤 깊어 비석의 오른쪽 가운데 부분이 움푹 패고 떨어져 나갔다.

순간 나는 그 총구는 누구를 향했을까 하고 생각해 봤다. 살기 위해 바다로 뛰어들어 다려도로 헤엄쳐가는 주민들을 향해 겨눈 것은 아닐까?

북촌리 등명대

나는 다시 북촌 4.3길을 안내하는 표지판이 가리키는 길을 따라 마을로 내려갔다. 해녀상이 서 있는 넓은 공터에는 고기 그물을 다듬는 어부들이 부지런히 손을 놀리고 있고 여기저기에 어구들이 널려 있어 전형적인 포구의 서정을 느끼게 한다. 아치형으로 만들어진 나무다리에 올라서서 주위를 찬찬히 바라보았다. 파도를 막아 놓은 포구 안에 정박해 있는 작은 어선들이 이곳 북촌리 사람들의 소박한 삶과 희망을 말해 주는 것 같았다. 이 평화로운 마을에 총알이 빗발치고 총성이 콩 볶듯 했다니 바람도 숨을 죽였을 것 같았다.

고개를 들어 오른쪽 하늘을 바라보는데 슬라브집 지붕 위로 더벅머리 모양의 세 그루 폭낭이 눈에 들어온다. 묘한 매력에 끌려 저곳은 어딜까? 어디로 가야 하나? 하고 길을 찾아 나서는데 북촌 4.3길 표시판은 나를 다른 방향으로 안내한다.

바다를 왼쪽 곁에 끼고 동쪽으로 걷는데 뭍 쪽으로 둥그렇게 들어온 바닷가에 제주 원담이 눈에 들어온다. 원담은 바다에 돌로 담을 쌓아 놓고 밀물 때 들어온 고기들이 썰물 때 미처 빠져나가지 못하면 그냥 줍는 방식으로 고기를 잡는 시설물이다. 간단히 말하면 '돌로 만든 그물'인 것이다. 인간은 참으로 지혜롭고 위대하다는 생각이 들었다. 아니 근본적으로 살아간다, 살아야겠다는 생존 본능이 인간을 이처럼 지혜롭고 위대하게 만들었다는 생각이다.

길을 걸으니 바닷가에 쌓아 놓은 돌담이 보인다.

원담

이른바 북촌환해장성(北村澳海長城)이다. 바다로 침입해 들어오는 외적을 막기 위해 고려와 조선 연간에 쌓은 해안성담으로 남아 있는 성은 250m에 불과하다. 외적이라면 주로 왜적이나 몽골군이었을 텐데 제주 4.3시기에 주민들에게는 서북청년단, 군경, 미군들이 외적이 되었으니 이 기막힌 역사를 어찌 설명해야 할지 그저 막막할 뿐이다.

나는 북촌마을 4.3길의 맨 동쪽 끝인 낸시빌레를 향해 다시 발걸음을 옮겼다. 그런데 안내 표시판도 없고 안내 띠도 발견되지 않는다. 왔던 길을 다시 뒤돌아 가 보고, 인적 없는 마을을 헤매고, 스마트폰의 내비게이션 등을 작동해 본 후에야 겨우 낸시빌레로 통하는 코스를 찾았다.

제주 조천 북촌마을 4.3길은 너븐숭이 4.3 기념관을 기점으로 마을 서쪽의 서우봉(몬주기알)~환해장성~가릿당~북촌포구를 거쳐 동쪽 끝의 낸시빌레를 돌아 꿩동산~포제단~마당궤~당팟~정지폭낭을 거쳐 다시 너븐숭이로 돌아오는 코스로, 2016년 12월에 개통되었다.

코스를 따라 걷는 내내 안내문이나 안내 띠가 충분하고도 친절하게 설치되어 있지 않아 길을 찾아가는 데 적지 않은 어려움을 겪었다.

행정은 친절해야 한다. 친절은 세심한 배려와 보살핌에서 출발한다. 더구나 제주 4.3을 아는 사람이 아직은 많지 않은 상황이다. 그렇다면 기념관에서 모든 것을 다 설명했다고 치부할 것이 아니라 북촌 4.3길을 찾는 사람들을 위해 더욱 쉽고 편리한 안내문과 안내 띠 그리고 설명판을 설치해야 한다.

일주도로를 따라 한참을 걸으니 삼거리가 나온다. 조천읍 북촌리와 구좌읍 동복리의 경계 지점이다.

낸시는 냉이의 제주어로 낸시빌레는 냉이가 많이 나는 곳이란 뜻이다. 내가 서 있는 이곳 낸시빌레에서 1948년 12월 16일 북촌마을 청년 24명이 당시 함덕에 주둔하고 있던 2연대 3대대 군에 의해 학살을 당했다. '자수하면 살려 준다. 무장대에 협조했든 안 했든 간에 자수하면 살려 준다'라는 말을 믿고 마을 주변에 숨어 있던 주민들과 민보단에 들어가 토벌대에 협력했던 마을 사람들 40여 명은 군부대에 신고했으나, 군은 약속을 어기고 5.10 총선거에 참여하지 않았다는 이유를 들어 이곳 낸시빌레에서 총살을 하였던 것이다.

국가가 이렇듯 약속을 손바닥 뒤집듯 했으니 어떻게 국가를 믿을 수 있었겠는가? 당시 권력자들은 무신불립(無信不立)이라는 말을 정녕 몰랐다는 말인가?

꽃다운 24명의 청춘이 피 흘리며 죽어 간 낸시빌레 옆에는 고급스러운 호텔이 들어서 있다.

낸시빌레

왔던 길 맞은편 길을 따라 20여 분 걸으니 꿩동산이란 제주 4.3 안내판이 세워져 있다. 찬찬히 읽어 보니 내용은 대략이랬다.

1949년 2월 4일 트럭 2대에 무기를 싣고 함덕으로 가던 2연대 3대대 11중대 소속 20명의 군인이 이곳 꿩동산에 매복해 있던 무장대의 습격을 받아 이곳에서 15명이 죽고 2명이 상처를 입었으며 경찰과 주민, 무장대도 각 1명이 죽었다고 쓰여 있다.

1949년 2월 4일이면 북촌리 대학살(1949년 1월 17일)이 벌어진 지 얼마 되지 않았을 때다.

400여 명의 마을 주민들이 처참하게 죽은 뒤 얼마 안 된 그 시점에 무장대와 토벌대 간의 증오심과 적대감이 어느 정도였는지를 짐작하기는 그리 어려운 일이 아니었다. 지금은 도로가 확장되면서 당시 울창했던 소나무는 간데없고 꿩동산 한복판으로 난 도로 위를 자동차들이 거침없이 질주하고 있었다.

그때 4.3 기간에는 생존을 위한 몸부림 외에는 모든 것을 멈추고 감추어야만 했다. 입이 있어도 말할 수 없었고 귀가 있어도 못 들은 척해야 했으며 눈으로 봤어도 못 본 척해야 했던 시기였다. 그러니 마을 공동체의 풍요와 안녕을 비는 제의(祭儀)인들 제대로 지낼 수 있었겠는가.

북촌리 포제단은 꿩동산에서 마을 안으로 깊숙이 들어간 숲속에 자리 잡고 있었다. 내가 찾았을 때 포제단의 문은 굳게 잠겨 있었다. 문 앞에 세워진 제단 개수기를 읽어 보니 "1948년 4.3사건으로 인하여 행제 기록들이 소실되었으나 1950년부터 지금까지 잘 보전되고 있다"라고 쓰여 있다.

나는 북촌리 마을의 평화와 번영을 빌며 다음 유적지로 향했다.

- 정지폭낭, 당팟

정지폭낭과 당팟 유적지에 도착했다.

제주도 사람들은 우물은 정지, 팽나무는 폭낭이라 부른다. 정지폭낭이라 한 것은 이곳에 연못과 팽나무가 있었기 때문이다. 이 정지폭낭은 조선시대 관리들이 쉬어 가는 쉼터 역할을 했고 800여 년 된 폭낭은 마을의 정자 구실을 했는데 1958년 사하라 태풍에 쓰러져 사라져 다시 심고 기념비를 세웠다. 정지 폭낭 옆에는 제주 목사들의 선정비가 나란히 서 있는데 4.3 때 맞은 총탄의 흔적이 뚜렷하다.

정지폭낭 바로 곁이 당팟이다.

당팟은 당밭이라고도 부른다. 마을의 신을 모신 당(堂)이 있는 밭이라는 뜻이다. 신이 모셔진 이 밭에서 1949년 1월 17일 북촌국민학교 운동장에 모아 놓은 주민 100여 명이 이곳으로 끌려와 총살을 당했다. 신도 놀라고 하늘도 분노할 짓을 국가 권력은 서슴지 않고 저질렀다.

북촌리당팟

너무나 처참했던 학살에 치가 떨려 고개를 들어 하늘을 바라보니 마을 안쪽 야트막한 동산 위에 폭낭 서너 그루가 눈에 들어온다.

맞다. 아까 전 포구 쪽에서 봤던 그 폭낭들이다.

서둘러 그곳으로 갔다. 바닷바람을 등지고 뻗어 있는 가지에는 잎이 하나도 없어 괴기하게도 보이고 신령스럽게도 보이며 한편으로는 전위 설치예술품 같아 보이기도 한다. 순간 나는 한겨울에 끌려와 차가운 바람에 봉두난발을 한 채 죽어 간 영령들이 폭낭으로 환생한 것 같은 생각이 들었다.

바람을 맞고 서 있는 폭낭 아래에 서니 불현듯 제주 출신 4.3 화가 강요배의 글이 떠오른다.

"육지의 사계는 봄부터 시작되지만, '바람 타는 섬' 제주의 사계는 겨울부터 시작된다. 제주를 가장 제주답게 만드는 것은 아무래도 저 북쪽 먼바다에서 불어오는 세차고 맵찬 칼바람, 즉 하늬바람이다. 하늬바람이 불면 바다는 뒤채고 일렁이다가 뒤집히고, 갯바위와 팽나무와 황야의 덩굴은 온몸으로 바람을 맞으며 살점이 깎이고 뼈만 남아 바람의 가슴팍을 긁고 찢으며 저항한다."

북촌리 폭낭

– 북촌 해동 마을, 서우봉 동굴 진지

다시 너븐숭이로 돌아왔다. 나는 북촌 4.3길의 첫 통과 구간이나 빠트리고 간 북촌 해동마을과 서우봉의 일제 동굴 진지와 몬주기알(해안절벽)을 답사하고 함덕으로 넘어가기로 코스를 잡았다.

너븐숭이에서 서쪽으로 걸음을 옮겨 걸으니 바로 북촌 해동마을이 나온다. 밭담 안에서 자라고 있는 푸릇푸릇한 겨울 채소와 담벼락에 그려진 벽화가 정겹게 나를 반긴다. 해안가로 다가가니 배가 드나들게 돌을 쌓아 올린 포구에 아치형의 다리가 내 눈을 사로잡는다. 오른편에는 작은 정자, 왼쪽에는 오름 자락을 두고 포구에 세워진 다리 위 하늘엔 은회색 구름이 비단을 풀어놓은 듯 펼쳐져 있고 그 아래 제주의 쪽빛 바다가 일망무제(一望無際)로 깔려 있다. 포구 안으로 눈을 돌리니 해담에 갇혀 있는 바닷물이 바람에 가는 물결을 비단 치마 주름처럼 빚어내고 있는데 물결 위에는 정자와 아치 다리가 거꾸로 비춰 서 있다.

아~ 어찌 이다지도 아름다울까!

나는 이 황홀하고 평온한 아름다움에 홀려 한동안 아무 말도 못 하고 발길을 묶어 두어야만 했다.

북촌 해동 마을 포구

황홀경에 벅찬 가슴을 진정시키며 나는 해안선을 한번 둘러본 뒤 서우봉 동굴 진지로 향했다.

1945년 태평양 전쟁이 끝나가는 무렵에 일제는 '결 7호 작전'을 내리고 제주도를 본토 사수를 위한 최후의 보루, 요새화시키는 작업을 벌였다. 서우봉 동굴 진지도 이때 구축된 것으로 일제는 이 동굴 진지에서 미국 등 연합국의 함정을 상대로 자살폭탄 공격을 감행하려고 했다. 일제는 서우봉 해안에 동굴 진지 18개와 벙커 2개를 해안선 가파른 절벽의 단단한 암반에 동굴식으로 만들었다. 일제는 이런 동굴 진지를 서우봉뿐만 아니라 수월봉, 송악산, 성산 일출봉, 삼매봉 등 제주도 전역에 총 448개를 팠고 이때 제주도에 주둔한 일본군은 총 6~7만 명이었다. 이 동굴 진지를 파는 데 동원된 사람들이 제주도민이었고 일본군을 먹여 살리는 데 필요한 식량을 충당해야 했던 것도 제주도민이었다. 한마디로 일제는 제주도민을 총알받이로 삼아 연합국과 최후의 일전을 벌이겠다는 심산이었다. 그러니 제주도민이 얼마나 착취를 당했을지는 쉽게 짐작할 수 있는 일이고 제주도민의 항일 의식과 반일 감정은 지극히 당연한 일이다. 그중에서도 서우봉, 북촌리, 함덕이 속해 있는 조천은 제주의 관문으로써 일찍이 개명한 지역으로 3.1 만세 운동이 제주에서 가장 먼저 일어난 지역이었고 무장대의 대장이었던 이덕구도 이곳 조천 출신이었다. 이곳 조천이 제주 4.3의 중심 지역이 되었던 것은 착취와 억압의 역사와 분명 관련이 있는 것이다.

서우봉 일제 동굴진지

– 함덕

  빽빽한 나무 숲속으로 가늘게 이어진 길을 따라가 보니 동굴 진지가 연이어 나온다. 가파른 길에 걸쳐 놓은 밧줄을 잡고 동굴 앞으로 다가가 본다. 붕괴 위험 때문에 출입을 막고 있어 동굴 안으로 들어가 보진 못했다. 안내문을 읽어 보니 동굴 진지의 총 길이는 약 340m에 이르고 5부 능선에 있는 왕(王)자형 동굴 진지는 약 100m나 된다고 씌어 있다.

동굴 앞에서 나무숲 사이사이로 비치는 제주의 북쪽 바다를 바라본다.

파란 바다 위로 하얀 고깃배가 지나간다. 지극히 평화로운 풍경이다. 해는 이미 서쪽으로 많이 기울어져 있는 듯 숲속에 점차 어둠이 찾아들었다. 나는 발걸음을 재촉해 함덕으로 이어진 숲을 빠르게 걸었다. 한참을 걸어도 인적이 없으니 약간은 두려움이 스며온다. 나무 숲길을 빠져나와 바다가 훤히 보이는 길에 들어서니 멀리 번화한 마을이 보인다. 함덕이다.

나는 함덕 해수욕장을 바라보며 북촌리 대학살 때 함덕으로 오라 해서 간 100여 명의 사람들이 빨갱이로 몰려 학살당한 비극을 다시금 생각했다.

그때 죽어 가며 뿌린 피가 하얀 모래를 덮고 파란 바다에 흘렀을 것을 생각하니 처연(凄然)한 마음뿐이다.

오래전에 봤었던 함덕의 변한 모습에 다소 놀라며 나는 서우봉 둘레길의 시작점이 되는 곳에 있는 벤치에 앉아 커피를 마시며 불이 켜지기 시작하는 함덕을 바라보았다. 멀리는 눈에 덮인 한라산이 보이고, 바로 눈앞에는 부드러운 선으로 이어진 해안선을 경계로 푸른 바다와 흰색으로 깔끔하게 단정된 모습을 한 다운타운이 마주 보고 있다.

서우봉 산책로에서 바라본 함덕

　일몰을 보기 위해 서우봉 둘레길 난간에 서 있던 많은 사람들이 흐린 날씨에 일몰을 보지 못하자 서둘러 내려가고 있었다. 나는 이 많은 사람들이 내일은 잠깐이라도 너븐숭이 기념관을 찾아 제주 4.3의 진실과 잠시라도 만나길 소망했다.

광기의 현장
백조일손(百祖一孫)

참배 기행 나흘째(2022년 1월 23일 일요일) 아침부터 가는 비가 내렸다. 봄비 같은 겨울비다.

제주 시외버스 터미널에서 모슬포항 직행버스에 몸을 실었다. 그동안 나는 모슬포나 송악산을 몇 차례 가 봤다. 그러나 그때는 송악산에서 말을 타보고, 산방산을 거쳐 모슬포에서 방어를 먹는 그야말로 유람이나 하는 그런 방문이었다. 자동차로 스치듯 지나가는 관광에서 제주의 아픈 속살, 그 깊은 상처를 어찌 볼 수 있었겠는가.

그 후 제주 4.3의 진실을 조금씩 알아 가면서 나는 제주 올레길을 시간 내 걷기로 하였고 2020년 11월에 제주 올레 10코스를 걸었다. 화순에서 모슬포까지 이어진 15.5km 구간 사이에 있는 산방산의 웅장하고 신비스러운 모습, 사계리 해안에서 하얀 물거품을 일으키며 해안선으로 몰려오는 파도, 그 파도 소리에 화답하듯 함초롬히 웃고 있는 이름 모를 키 작은 꽃무리, 송악산 비스듬한 구릉에서 한가로이 풀을 뜯는 제주 말들, 절벽 난간 너머 아스라이 보이는 가파도. 어느 풍경 하나 감탄을 일으키지 않을 수 없는 축복받은 아름다움이다.

그러나 섯알오름 아래 깊이 팬 두 개의 웅덩이를 보는 순간 나는 숨이 멎는 듯한 충격을 받고 말았다.

백조일손(百祖一孫).

백조일손 백조일손….

도대체 백조일손이 무슨 말인가?

'조상은 다른데 하나의 자손'이라는 뜻인데 이게 도대체 무슨 말인가?

그 사연, 아니 진실을 알고 나니 나는 도저히 이 아름다운 제주의 풍경을 온전히 즐길 수가 없었다.

이것이 내가 제주 참배 기행을 하기로 하고 이곳 백조일손의 현장을 다시 찾은 직접적인 동기다.

1950년 6.25전쟁이 발발하자 이승만 정부는 7월 8일 전라남북도를 제외한 전국에 비상 계엄령을 선포했다(7월 21일 0시를 기해 남한 전 지역으로 비상 계엄령을 확대 실시).

이와 동시에 일제히 검거 선풍이 휩쓸기 시작했다. 이른바 예비 검속이다. 제주는 예비 검속의 중심지였다. 국가 권력은 5.10 총선거를 거부하고, 살기 위해 산으로 간 많은 제주도민을 빨갱이로 간주하고 이들이 북한에 협조할 것이라는 추측만으로 수천 명을 제주 주정 공장, 경찰서, 창고 등에 가뒀다.

모슬포경찰서 관내 예비 검속자는 모두 344명으로 기록되어 있다. 경찰은 이들 중 252명을 군으로 송치했다. 군으로 송치된 이들은 모슬포 절간 고구마 창고, 한림 어업 조합 창고, 무릉지서에 감금되어 있다가 7월 16일과 8월 20일 새벽에 모슬포 섯알오름 기슭의 옛 일본군 탄약 창고 자리에서 군에 의해 총살된 후 매장되었다.

그러나 진실은 매장되지 않는다.

1950년 8월 20일 새벽 섯알오름에서 소를 치고 관리하던 이곳 대정읍 상모리의 한 주민은 마을 주민들이 집단으로 총살되어 웅덩이로 떨어지는 장면을 목격하고 이 사실을 고기잡이 나가던 마을 주민에게 알렸다. 그리고 이 사실은 곧바로 행방불명 된 가족을 애타게 찾던 300여 명의 유족에게 알려졌다. 유족들은 곧바로 학살 현장으로 달려가 27구의 시신을 수습했으나 경찰은 공포탄을 쏘며 유족들을 해산시켜 버렸다.

그 후로도 국가는 희생자들의 시신 수습을 강력히 통제했고 6년이 지난 1956년이나 되어서야 겨우 시신을 수습할 수 있었다. 우선 1956년 3월 62구의 시신을 수습하여 46위는 한림읍 금악리 만벵듸 공동 묘역에 모시고 나머지 16위는 개인 묘역에 안장하였다. 2개월 뒤인 1956년 5월 말에는 149구의 시신을 수습하였는데 수습 당시, 살은 이미 썩어 누구의 시신인지 알 수 없었고 뼈들은 엉겨 붙어 있었다고 한다. 각기 다른 조상에게서 태어났으나 죽을 때는 한 몸으로 죽은 것이다. 백조일손은 바로 이런 처참하고 천인공노할 역사적 진실을 담고 있는 이름이다. 이들 149구의 시신 중 식별이 가능한 17위는 개인 묘소에 안장되었고, 식별이 불과 한 132위는 대정읍 상모리에 안장되었으니 이게 바로 백조일손지묘이다.

(좌) 백조일손묘역 유해 발굴터 (우) 만벵디묘역 유해 발굴터

그렇다면 군에 끌려간 252명 중 나머지 41명은 도대체 어디로 갔는가?

그동안 이들은 수장되었다는 등 소문이 무성했는데 2010년 정뜨르 비행장(현 제주 공항)에서 학살당한 사람들의 DNA 검사를 한 결과, 1950년 7월 16일에 끌려갔던 사람과 신원이 일치하는 일부 사람의 검사 결과가 나왔다. 이런 사실에 비춰 이들 41명 모두 정뜨르 비행장에서 죽임을 당한 것으로 추정하고 있다.

'알뜨르 벌판(알뜨르는 아래를 뜻하는 제주 말)'을 적시는 가랑비를 기꺼이 맞으며 나는 곧바로 백조일손 터로 갔다.

희생자 추모비로 오르기 전, 길 오른편에 '증거 인멸의 장소'라고 명명한 작은 표석이 서 있다. 군이 학살의 증거를 없애기 위해 유품을 불태웠던 곳이다. 표석 앞에 놓인 검정 고무신 몇 짝이 눈길을 사로잡는다. 트럭에 실려 오던 사람들은 자신들이 다시는 집으로 돌아가지 못할 것을 직감하고 자신들의 신발을 벗어 길에 던졌다. 그래야만 죽어서라도 가족이 자신들을 찾아올 수 있게 하기 위해서였다.

검정 고무신을 바라보는 눈이 뜨거워지면서 가슴이 아려 옴을 느꼈다. 계단을 걸어 희생자 추모비 앞에 섰다. 무참히 죽어 간 영령들의 이름이 새겨진 검은 대리석이 병풍처럼 둘러쳐져 있었다. 나는 한참 동안 고개를 숙였다. 그러나 아무 말도 할 수 없었다. 아니 아무 말도 나오지 않았다.

백조일손. 만뱅디 묘역 희생자 증거 인멸터

난간이 둘러쳐진 계곡 아래에는 커다란 웅덩이 둘이 나란히 있다.
왼쪽 웅덩이는 물이 차 있다. 이게 앞서 말한 백조일손 영령들의 시신을 수습한 웅덩이다. 가만히 보니 위쪽에서 계곡물이 흘러와 웅덩이에 고여 있다. 시신을 수습할 때도 양수기로 웅덩이 물을 퍼내고 시신을 수습했다니 그 참혹하고 처참한 광경을 차마 어찌 눈 뜨고 볼 수 있었으랴. 오른쪽은 만뱅디묘에 모셔진 영령들이 죽어 갔던 자리다.

이런 역사의 만행을, 참혹함을 어찌 잊을 수 있는가!

당신의 가족, 친구, 이웃이 이처럼 죽어 갔는데 어찌 잊을 수 있으며, 어찌 희희낙락, 까르르 시시덕 웃을 수만 있는가!

나는 난간을 따라 백조일손 터를 천천히 둘러보고 다시 알뜨르 벌판으로 향했다.

환영(幻影)·환청(幻聽) 속
알뜨르를 걷다

 알뜨르 벌판은 일제 강점기에는 비행장이었다.

 일제는 알뜨르 벌판을 중국 침략을 위한 해양 전진기지로 쓰기 위해 1926년에서 1936년 사이에 20만 평 규모의 비행장을 건설했다. 일제는 중국 국민당 정부의 수도인 난징(南京)과 중국 최대도시 상하이(上海)를 폭격하기 위해서는 일본 규슈(九州)에 있는 비행장에서 이륙한 폭격기들이 중간에 기름을 넣을 기착지가 필요했는데 이게 바로 알뜨르 비행장이다.

 그 후 일제는 1937년 중일 전쟁을 일으키고 이에 따라 알뜨르 비행장을 40만 평으로 늘렸으며 태평양 전쟁(1941.12.7.~1945.8.15.) 때는 비행장을 80만 평으로 더욱 확대해 해군 항공대 2,500여 명, 전투기 25대를 배치했다. 알뜨르 벌판 곳곳에는 이 당시 일제가 해 놓은 격납고와 벙커, 방공호, 고사포 기지 등을 쉽게 발견할 수 있다. 폭 20m, 높이 4m, 길이 10.5m의 격납고는 20개를 만들었는데 현재 19개가 온전히 남아 있다.

 나는 들판 한가운데 들어서 있는 이들 전쟁과 착취의 흔적들을 천천히 둘러보았다. 침략과 전쟁을 위한 시설들을 구축하기 위해 얼마나 많은 제주도민이 동원되었을까를 생각하니 그저 분노와 한숨이 터져 나온다. 이런 착취의 경험으로 인해 제주도민의 해방 후 항일 의식과 민족정신은 남달랐다.

일제가 구축해 논 격납고

알뜨르 벌판에는 겨울 무가 한창이었다. 이미 수확을 한 무밭에는 버려진 무들이 허연 살을 드러내며 사방에 널브러져 있었다. 내 눈에는 그 널브러진 무들이 군경에 총을 맞아 쓰러진 사람들로 보였고, 농수로에 쌓여 있는 버려진 무 더미는 웅덩이에 포개져 쌓여 있는 시체 더미로 보였다. 잘게 부서진 검붉은 색의 밭 흙은 불타 버린 마을 집터의 재처럼 보이고 저 멀리 있는 산방산은 커다란 몸집의 군인 철모로, 밭과 농로에 늘어선 굵은 고무파이프는 마치 폭격기의 주유 선처럼 보였다.

벙커 위를 덮고 있는 숲속에서 지저귀는 새소리는 마치 구천을 헤매고 있는 제주 4.3 희생자들의 한 맺힌 울부짖음처럼 들린다. 빗줄기가 제법 굵어진다. 우산을 꺼내 받쳐 들었다. 우산 위로 떨어지는 빗방울 소리가 마치 콩 볶듯 쏘아 대는 총소리처럼 들렸다.

알뜨르 벌판을 이리저리 돌아다니는데 검은 흙 위에 씨알이 제법 큰 지슬

(감자) 한 알이 눈에 띈다. 다가가 집어 들었다. 오래전에 보았던 영화 〈지슬〉이 떠올랐다. 제주 4.3 때 해안선 5km 이상 지역의 통행금지령이 발동되자 폭도로 몰릴 것을 염려한 주민들이 산으로 들어가 넓궤(천연 동굴) 속에서 지슬을 먹으며 살아가는 모습을 그린 영화다.

알뜨르 벌판에 널브러진 무

알뜨르 벌판에 널브러진 지슬(감자)

환각과 현실의 세계를 오가며 들판을 헤매다 보니 나도 모르게 알뜨르 비행장 관제탑이 있던 자리에 서 있다. 철근 콘크리트로 세워졌던 관제탑은 이제는 앙상한 기둥만이 남아 있다. 기둥 옆의 밭에서는 연녹색의 어린 보리싹이 돋아나 있었다. 나는 이 관제탑의 기둥 앞에서 베를린 파리저 플라츠(Pariser Platz) 광장에 서 있는 독일 통일과 평화의 상징인 브란덴부르크문을 떠올렸다.

알뜨르 벌판의 일제 관제탑터

멀리 모슬포항의 등대가 보인다.
나는 모슬포로 발길을 옮기기 시작했다.

모슬포의 몹쓸 바람

삼다도(三多島) – 바람·돌·여자가 많은 섬이라 해서 붙여진 제주도의 별칭이다. 이 중 바람은 제주를 유별나게 특징짓게 한다.

샛바람, 마파람, 갈파람, 하늬바람.

제주에는 춘하추동 동서남북 연중무휴로 바람이 분다. 그래서 제주의 화가 강요배는 "섬의 모든 사물은 바람이 빚어 놓은 것이다"라고 했다.

1950년 6.25 전쟁이 발발하자 바람이 불었다.

그것도 모래를 싣고 불어 대는 몹쓸 바람이 제주도에 몰아닥쳤다. 그 몹쓸 모래바람의 한복판에 모슬포가 있었다.

모슬포(毛瑟浦)는 모실(모래) 개(갯가)의 한자음 표기다. 모래가 많은 갯마을이라는 뜻이다. 곱고 하얀 모래가 쌓여 있는 바닷가 마을이니 얼마나 아름답겠는가. 지금도 하모리-알(아래) 모슬개 마을-에 있는 하모 해수욕장은 참으로 경관이 수려하고 아름답다.

6.25 전쟁이 터지자 정부는 비상 계엄령을 선포하고 대대적인 예비 검속

을 펼치며 제주 주정 공장에는 육군 제5 훈련소*(1950년 7월 6일), 모슬포에는 대구에 있던 육군 제1 훈련소를 이전(1951년 1월 21일) 하여 신병 모집에 나섰다.

"이때 모슬포의 훈련소에서는 3,000여 명의 청년이 해병대 3, 4기로 싸움터로 나갔고, 육군과 해병대로 입대한 제주 청년들은 모두 1만여 명으로 추정된다"라고 한다.**

이들은 살기 위해 전쟁터로 나갔다. 전쟁터로 나가지 않으면 빨갱이로 낙인찍히니까 빨갱이가 아니라는 것을 증명하기 위해서라도 입대해야 했다. 몸이 약해 신체검사에서 떨어진 사람들은 애원하다시피 사정사정해 입대하기도 했다. 전쟁터에서도 이들은 누구보다 용맹하게 싸웠다고 한다. 그것이 자신들에게 향한 빨갱이 의심을 지우는 길이고, 그것이 자신들이 살길이라고 생각했기 때문이다. 이 얼마나 슬픈 아이러니란 말인가.

그래서 혹자는 '귀신 잡는 해병'이란 말은 한국 전쟁 때 제주 출신 해병이 따낸 것이라고 한다.

대구에 있던 육군 제1 훈련소(1950년 8월 14일 창설)와 부산의 제3 훈련소, 제주의 제5 훈련소를 통합해 1951년 3월 21일 육군의 단일 신병 훈련소인 육군 제1 훈련소(强兵隊)가 모슬포에 창설되면서 모슬포는 인구 10만을 수용하는 거대한 천막 도시, 병영 도시로 바뀌었다.

---

* 제5 훈련소는 1951.3.21 대구에 있던 육군 제1 훈련소(1950.8.14. 창설)와 부산의 제3 훈련소, 제주의 제5 훈련소를 통합해 1951년 3월 21일 육군의 단일 신병 훈련소인 육군 제1 훈련소가 제주도 모슬포에 창설되면서 해체되었다.(제주 실록 백년사, 제주도지 上, 제주도지 2권, 제주일보)
** 허영선, 《제주 4.3을 묻는 너에게》, 145쪽

바람과 모래가 드날리고 모든 기반 시설이 턱없는 곳에서 10만여 명이 살아가려니 사람들 입에서 모슬포는 '몹쓸 포', '못살 포'로 불리는 것이 오히려 자연스러운 현상이 아니었을까.
　그러나 당시 제주민들을 가장 떨게 한 것은 누군가 나를 빨갱이로 바라보지 않을까 하는 공포감이었을 것이다.

　거리는 이미 어둠이 짙게 깔렸으나 모슬포항에는 출어를 준비하는 배들로 부산하고 불이 환하게 밝혀 있다.
　나는 방어의 거리로 향했다.
　거리는 제철을 맞은 방어를 즐기기 위해 찾아온 여행객들로 제법 흥청거렸다. 특히 주점에는 젊은이들이 많이 눈에 띄었다.
　저 청년들은 모슬포에 이런 슬프고 아픈 역사가 있었는지를 아는지….

모슬포항

관덕정의 총성
제주 4.3의 도화선

참배 기행 닷새째 오전에 비양도를 들렀다가 곧바로 관덕정을 찾았다. 제주목 관아 정문 앞의 관덕정은 규모나 건축미적 측면에서나 언제나 웅장한 멋과 절도 있는 위풍당당함을 뽐내 주고 있다.

지도상에 앉혀진 제주도를 볼 때마다 나는 엉뚱하게도 기름이 반지르르 흐르는 검은 무쇠솥 뚜껑 위에서 맛있게 익어 가는 빈대떡이 떠올랐다. 그렇지 않은가.

제주도는 북동 방향에서 남서 방향으로 비스듬히 기울어진 타원형 모양의 섬으로 영락없이 빈대떡 모양이다. 동서 길이가 73km, 남북은 41km, 해안선 길이는 253km, 면적은 1,833㎢로 우리나라에서 가장 큰 섬이다. 조선 시대에는 1목 2현(제주목, 대정현, 정의현) 행정 체제로 다스려졌으나 중심은 어디까지나 제주목이었고 그 중심에 관덕정이 있었다. 말하자면 한라산이 제주도의 지형적 중심이라면 관덕정은 제주도 정치, 행정, 문화의 중심이었다고 할 수 있다.

제주 4.3도 바로 관덕정 광장에서 시작되었다.

1947년 3월 1일 11시 관덕정 뒤에 있는 제주북국민학교 운동장에서는 제28주년 3.1절 기념식이 대대적으로 거행되었다. 제주 민전(민주주의 민족 전선) 주최로 개최된 이날 행사에는 약 2만 5천~3만 명가량이 참석하였는데 이는 대략 제주도민 10명 중 1명이 나온 셈이다. 이날 기념식에서 연사들은 3.1 정신 계승, 외세 배격, 조국의 자주 통일과 민주 국가 수립을 주장했다. 행사를 마친 군중들은 구호들을 외치며 관덕정광장으로 집회를 이어 나갔다. 이때 말을 탄 경관의 말발굽에 한 어린아이가 채어 쓰러졌다. 그러나 경관은 못 본 체하고 그냥 지나쳐 버렸다. 이를 본 군중들은 화가 났고 "저놈 잡아라"를 외치며 쫓았고 당황한 경관은 관덕정 옆 경찰서로 말을 몰았다. 그때 탕탕 타당 탕 하는 총성이 울렸다. 경찰이 군중을 향해 총을 쏜 것이다. 이 총격으로 구경하던 주민 6명이 죽고 8명이 중상을 입었다. 죽은 사람 중에는 젖먹이를 안고 있었던 젊은 아낙과 제주북국민학교에 다니는 어린이도 있었다.

　1947년 3월 1일 제주 관덕정의 총성이 바로 제주 4.3의 도화선이다.

제주관덕정

해방된 조국에서 치러진 삼일절 행사에서 일본 순사를 연상케 하는 말을 탄 경관이 아이를 치고도 나 몰라라 하며 가고, 이를 쫓는 군중들에게 해산을 위한 아무런 조치도 하지 않은 채 다짜고짜 발포했으니 이 얼마나 기가 찰 노릇인가. 그러나 경찰은 주민들의 마음을 달래 주기는커녕 이 사건을 '경찰서 습격 사건'으로 규정하고 통행 금지령을 내리고 행사 준비 위원회 간부와 학생들을 잡아들이는 한편 남로당과 좌익 세력이 배후에서 폭동을 조종한 것으로 보고 이를 캐는 데 집중하였다.

제주도민과 많은 사회단체는 '3.1 사건에 대한 진상 규명과 발포자 처벌 및 경찰 수뇌부의 책임, 피해자에 대한 배상, 3.1 사건 관련 애국 인사들에 대한 검거 중지' 등을 요구하였으나 미군정과 경찰은 이를 철저히 무시했다.

이에 제주도민들은 1947년 3.10 총파업에 나섰다.

제주도의 156개 기관과 단체, 학교, 은행, 공장, 통신 기관, 행정 기관은 물론 현직 경찰관, 구멍가게까지 파업에 참여함으로써 제주도는 사실상 모든 기능이 멈추는 상황을 맞았다.

미군정청은 이 사태를 엄중하게 보았지만, 원인에 대해서는 경찰 발포에 대한 반감과 남로당이 배후에서 선동 조종한 것으로 결론지었다.

파업 중에 제주도청을 방문한 경찰 총수 조병옥 경무부장은 "제주도 사람들은 사상적으로 불온하다. 건국에 저해된다면 싹 쓸어버릴 수 있다"*라는 말까지 했다.

진단이 이러했으니 군정이 내린 대책은 불문가지, 강경책 일변도였다.

---

* 허영선, 《제주 4.3을 묻는 너에게》, 59쪽

제주도지사를 극우 성향 인사로 바꾸고 경찰을 대거 증파(이들을 응원 경찰이라 함)했으며, 이북 출신의 극렬 반공 청년단체인 서북 청년회(서청) 단원을 대거 제주도로 보냈다. 서청은 1947년 11월 2일 칠성로에 있는 한 건물에서 서북청년회 발족식을 하고 본격 활동을 했다.

4.3 기간 중 이들 일부는 군과 경찰로 임명되어 활동도 했으나 상당수는 계급도 없이 '서북(西北)'이라 쓰인 완장을 차고 인간으로서는 차마 할 수 없을 거라 생각한 짓도 서슴지 않았다고 한다.

4.19 후 국회 차원에서 벌인 '양민 학살 사건 진상 조사'를 통해 서청은 제주도 고발 1호가 되었는데 당시 고발장에 따르면 생후 10일밖에 되지 않은 영아부터 67세 노인까지 일가족 10명을 이유 없이 죽창으로 죽였다고 한다.

이런 반인륜적 만행을 저질렀으니 이들에 대한 제주도민의 두려움과 반감은 극에 달했을 것이고 이는 무장대가 제주 4.3을 일으키게 하는 커다란 원인이 되었다.

나는 관덕정 뒷골목으로 들어갔다. 얼핏 보아도 연륜이 있어 보이는 가옥들이 눈에 띈다. 골목길과 맞닿은 곳에 제주북초등학교 100주년 기념 역사관이 보인다. 기념관 담장을 따라 오른쪽으로 방향을 트니 제주북초등학교 정문이다. 1907년 제주 최초의 근대식 교육기관인 제주 관립보통학교로 설립된 학교다. 운동장이 상당히 넓다. 1947년 3월 1일 많은 제주도민은 3.1 정신을 계승한 자주적이고 민주적인 통일된 새로운 나라를 꿈꾸며 이 운동장에 모였을 것이다.

나는 텅 빈 운동장을 덩그러니 쳐다본 후 다시 관덕정으로 갔다. 그리고 관덕정 마루에 털버덕 앉았다.

나는 또다시 제주 4.3에 대해 갖고 있던 의문이 불쑥 튀어 올랐다
1947년 3월 그때 미군정과 이승만이 그린 새로운 조국은 어떤 나라였을까?
그들은 진정 통일된 국가, 하나의 정부를 생각이나 했을까?
왜 그들은 제주도민을 빨갱이라 생각했을까?
좌익이라면 그렇게 무참히 죽여도 되는가?

이런 저런 의문과 상념에 사로잡혀 있는데 갑자기 1980년 5월의 광주가 생각났다.
그리고 1949년 6월 8일 카키색 군복 앞가슴에 숟가락 하나 꽂힌 채로 관덕정 광장에 전시된 산군(무장대) 대장 이덕구의 주검도 떠올랐다.

오라리 방화 사건
제주 4.3의 전환점

제주 시외버스 터미널과 가까운 곳에 잡아 놓은 숙소로 돌아와 자리에 누웠다. 그런데 이곳이 바로 오라동이라는 사실을 알았다.

그렇다면 여기가 바로 제주 4.3이 비극으로 치닫게 되는 전환점이 된 '오라리 방화사건(1948년 5월 1일)'이 일어난 곳이다.

사정은 이랬다.

1948년 4월 3일 무장대가 횃불을 올린 후 무장대와의 충돌은 빈번했으나 한편으로는 양측이 평화적으로 해결할 방안을 찾고 있었다.

그것이 바로 경비대 9연대장 김익렬과 무장대 총책 김달삼과의 협상이었다.

당시는 미군정하였고 미군정도 5.10 총선거를 잘 치러 내는 것이 최대 과제였으므로 평화 협상의 필요성을 느끼고 있었다. 그래서 4월 17일 미군정 덴 장관은 대대적인 공격에 앞서 항복을 유도하라고 했고, 제주에 주둔하고 있던 미군정의 맨스필드 중령은 김익렬에게 무장대와의 협상을 명령했다.

김익렬이 제안한 평화 협상 전단을 보면 그는 동족상잔과 골육상쟁을 막는 것을 최우선으로 고려했음을 알 수 있다.

평화 협상을 제안하는 김익렬 제9 연대장의 전단지

1948년 4월 28일 김익렬과 김달삼은 대정면 구억국민학교에서 담판을 벌여 평화협상의 합의를 이끌어 냈다.

<4.28 평화 협상의 주요 합의 3개항>
1. 72시간 내 전투를 완전히 중지한다.
2. 무장 해제는 점차적으로 하되 약속을 위반하면 즉각 전투를 재개한다.
3. 무장 해제와 하산이 원만히 이뤄지면 주모자들의 신병을 보장한다.

그러나 합의한 지 만 사흘도 되지 않는 5월 1일 오라리에서 일이 터진다.

서청(서북청년회), 대청(대동청년단) 등 우익 청년들이 오라리 마을에 사는 좌익 활동가의 집 12채를 불태워 버린 사건이 발생했다. 이른바 오라리 방화 사건이다.

김익렬 연대장은 5월 5일 오라리 방화 사건을 경찰들의 방조하에 서청, 대청 단원들이 저지른 사건이라 보고했지만, 미군정은 김익렬의 주장은 무시하고 이 사건을 '무장대의 습격'이라 규정함과 동시에 김익렬을 전격 해임시켰다.

이로써 협상은 완전 결렬되고 미군정은 강경 진압으로 치닫기 시작했다. 그해 10월의 해안선 5km 이상의 통행 금지령, 11월의 계엄령 선포와 초토화 작전 등은 바로 이런 사건의 연장선하에서 이뤄진 것이다.

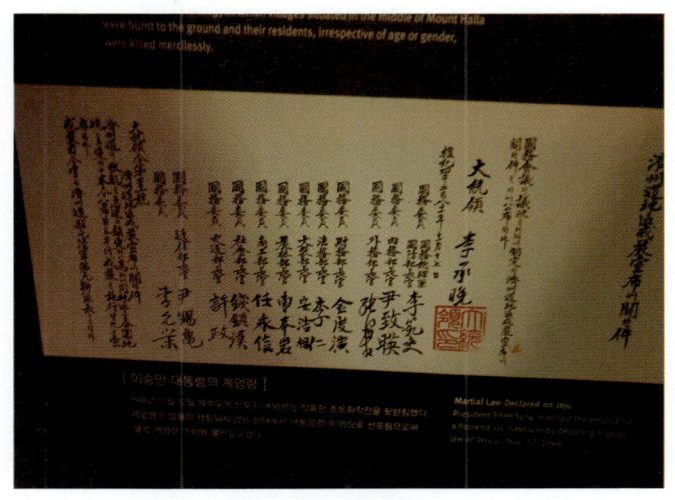

이승만 대통령의 계엄령

많은 생각에 좀처럼 잠이 오지 않았다.

만약 그날 오라리 방화 사건이 없었다면 제주 4.3의 비극적 역사는 오지 않았을까?

그러나 내 머릿속을 강하게 치는 하나는
'필연은 우연을 가장해서 운명처럼 닥친다'라는 말이었다.

지우고 싶을수록 기억하고 기록해야 할 제주 4.3

2022년 1월 25일 아침부터 비가 부슬부슬 내렸다.

제주섬 전역이 4.3의 상흔을 간직하고 있어 모두 참배할 곳이지만 이날은 기행 일정의 마지막 날임을 고려하여 박성내~제주대 아라캠퍼스~산천단~사라봉~제주 주정 공장터~제주 공항 순으로 참배 동선을 짰다.

제주 시외버스 터미널에서 버스로 20분 정도 타고 가다 제주여중 정류장에서 내렸다. 70대쯤 되어 보이는 분께 박성내로 가는 길을 물으니 바로 길 건너라며 자기를 따라오란다. 노인은 어렸을 때 자신의 할아버지로부터 제주 4.3 당시 박성내에서 많은 사람이 군인들에게 총살되었다는 말을 들었다고 했다.

박성내는 제주 4.3 때 경비대 9연대의 일상적인 주민 학살 터였다.

특히 1949년 12월 21일 이른바 '자수 사건'으로 불리는 조천에 살던 주민 100여 명을 총살한 곳이다. 당시 토벌대는 "무장대에 조금이라도 협조한 사람은 자수하라"라고 하고 "자수하면 살려 주겠다"라고 했다. 이 말을 믿고 주민들은 자수했으나 토벌대는 주민들에게 "함께 무장대를 토벌하러 가자"라고 속이고는 주민들을 트럭에 태우고 박성내로 와서는 집단 총살해 버렸다. 그것도 모자라 휘발유를 뿌리고선 시신을 불태워 버리는 만행을 저질렀다.

 박성내는 제주도의 여느 천과 마찬가지로 건천이라 물은 흐르지 않고, 무수한 돌만이 불타 버린 주검처럼 하천 바닥에 널브러져 있었다.
 도대체 인간이 어찌 이런 일을 저지를 수 있단 말인가? 그것도 해방된 조국의 새로 탄생한 정부의 군인들이 어떻게 이런 만행을 저지를 수 있단 말인가?
 이런 만행을, 처참한 사실을 어떻게 잊고 외면할 수 있단 말인가를 되뇌며 나는 제주대 아라 캠퍼스로 가는 버스에 올랐다.

박성내

한라산 자락에 앉아 있는 캠퍼스는 울창한 숲으로 둘러싸여 있고, 방학 중이라 학생들도 별로 없는데 가는 비까지 촉촉이 내리니 적막한 느낌마저 들었다. 나는 커다란 우산처럼 푸른 잎을 펼치고 있는 구실잣밤나무 아래의 벤치에 앉아 커피 한 잔을 따라 마시며 생각했다.

과연 제주대생, 아니 이 땅의 대학생들, 아니 우리 국민은 제주 4.3을 얼마나 알고 있을까? 알고 있다면 어떻게 알고 있을까?

아직 분명한 이름조차 갖지 못한 제주 4.3을 제대로 알고 있는 사람은 그리 많지 않을 것 같다.

그도 그럴 것이 제주 4.3은 '지우고 싶은 기억'이기 때문에 애써 말하지 않았고 감히 말할 수 없었다. 기억하고 눈물을 흘리는 것조차 죄가 되었던 제주 4.3이었으니 누가 감히 드러내 놓고 절대 금기인 제주 4.3을 얘기할 수 있었겠는가?

그렇지만 지우고 싶을수록 기억하고 기록해야 하는 것이 역사다. 소설 《화산도》를 쓴 제주 출신 작가 김석범은 "기억이 말살당한 곳에는 역사가 없다. 역사가 없는 데는 인간 존재가 없다"라고 했다.

그렇다!

대한민국, 이 땅에 발붙이고 사는 국민이라면 제주 4.3을 기억해야 한다. 그것이 '지우고 싶은 기억'을 안고 사는 희생자와 제주도를 위로하는 일이 아닐까 하는 생각이다.

캠퍼스를 뒤로하고 찻길을 따라 걸으니 이내 산천단이 나온다. 산천단(山川壇)은 제주대 아라캠퍼스 뒤편 소산봉(오름) 기슭에 있다. 입구에 들어서

자마자 수백 년은 된 듯 보이는 육중한 몸통의 검은 곰솔(해송, 흑송)들이 하늘로 솟구쳐 있다. 마침 가늘게 뿌리는 비로 곰솔들은 짙은 안개에 휘감겨 있어 산천단은 더욱 엄숙하고 성스러운 분위기를 자아내고 있었다.

  산천단은 제주도 사람들이 한라산 산신께 제(祭)를 올리는 곳으로 원래는 탐라국 때부터 한라산 백록담 기슭에서 올렸다. 제를 올리려면 제물을 지고 올라가야 했는데 그때마다 날씨가 춥고 길이 험해 제물을 지고 올라가는 사람들이 얼어 죽거나 다쳤다. 이런 폐단을 없애고 백성의 고통을 덜어 주고자 조선 성종 때 제주 목사로 부임한 이약동은 지금 이곳에 제단을 마련하고 산신제를 지내게 했다. 나라와 목민관은 바로 이래야 하는 것이 아닌가?

산천단

국가는 누구를 위해 존재하는가?

국민이 없는 국가가 무슨 의미가 있는가?

제주 4.3 때 미국과 이승만 세력이 생각한 나라는 과연 어떤 나라였을까? 하는 질문을 다시금 하게 된다.

제단 앞에 서서 나는 한라산 산신께 정성을 다해 빌고 또 빌었다.

제주 4.3의 모든 진실이 밝혀지고, 희생자들의 명예가 회복되고, 그동안 받은 고통과 피해에 대한 보상과 배상이 하루빨리 이뤄지기를.

육지 것들,
우리 맘을 알수꽈?

사라봉은 제주시 중심가에서 2km 떨어진 곳에 있는 148m 높이의 오름이다. 사라봉에 오르면 활짝 펼쳐진 푸른 제주 바다와 산지항이 한눈에 들어온다.

몇 년 전 나는 제주 올레길 18코스를 걷는 길에 사라봉 팔각정에 올라 저 먼 바닷속으로 스며들듯 떨어지는 해를 본 적이 있다. 장엄하면서도 애잔한 그 황홀한 풍경은 아직도 내 가슴에 진하게 박혀 있다. 사라봉 낙조가 영주(瀛州, 제주도의 옛 지명) 10경의 하나라는 사실이 허언이 아님을 확인한 것이다.

그러나 이번 사라봉에 오르는 것은 장엄하고 아름답게 떨어지는 해를 보고자 함이 아니라, 아무런 죄도 없이 이유도 없이 벼랑에서 떨어져 수장된 수많은 원혼들을 만나 보고자 함이다.

1948년 11월부터 군경은 제주도 중산간 마을을 빗질하듯 쓸어버리는 무자비한 초토화 작전을 벌이면서 한편으로는 자수하면 살려 준다는 선무 공작도 펼쳤다. 이때 살기 위해 산으로 들어갔던 많은 주민이 자수하면 살려 준다는 말을 믿고 산에서 내려왔다. 이들 중 많은 사람이 사라봉 밑에 있는 제주 주정 공장에 대거 갇혔는데 이들은 1949년 6월과 7월 사이에 군법회

의에 넘겨져 재판을 받은 후 서울 마포, 대구, 대전, 목포, 인천 교도소로 이송되었다가 한국 전쟁이 발발하자 집단 학살되었다. 또한 한국 전쟁 때 예비 검속으로 제주 주정 공장에 갇힌 많은 사람이 사라봉 앞바다에 수장되거나 정뜨르 비행장(현 제주 공항)에서 학살되었다.

사라 공원 팔각정에 올랐다.
정자 아래 풀밭에는 토실토실 살이 찐 토끼들이 자유롭게 장난치듯 노닐고 있다. 갑자기 토끼장 같은 주정 공장에 갇혀 혹독한 고문과 고초를 겪은 사람들의 얼굴이 겹쳐 온다. 고개를 들어 바다를 바라보니 흰 여객선 하나가 해무를 뚫고 물살을 가르며 제주 여객선 터미널을 향해 들어오고 있다. 혹시 저 배에 4.3 때 육지로 끌려가 아직 생사와 행방조차 모르는 사람의 소식이 실려 오는 것은 아닐까 하는 꿈같은 생각을 해 보았다.

사라봉에서 본 산지항

사라봉 주변을 천천히 거닐며 둘러보는 사이에 날이 어두워지기 시작했다. 나는 발길을 아래로 돌려 제주 주정 공장 터를 향했다. 제주 주정 공장은 현재 제주 여객선 터미널 맞은편 동쪽 언덕에 있다. 제주 주정 공장은 1934년 일제의 동양 척식 주식회사가 고구마를 원료로 하는 주정 공장으로 세워졌으나 태평양 전쟁 때는 항공기와 자동차의 연료를 생산하는 군수 공장으로 운영되었다. 그 후 제주 4.3 시기에는 자수한 입산자와 예비 검속자를 가두는 수용소로 사용되었고, 한국 전쟁 시는 육군 제5 훈련소로도 사용된 곳이다.

4.3 당시 제주 주정 공장에는 2,000여 명이 수용되었는데 이는 제주도에서 가장 큰 규모로 제주 주정 공장은 제주판 아우슈비츠였다고 할 수 있다.

옛 제주 주정 공장터

어둠이 깔린 제주 주정 공장 터엔 공사용 펜스가 쳐져 있었다. 펜스에 걸쳐진 안내판을 보니 이곳에 지하 1층, 지상 1층의 역사 기념관을 2022년 4월까지 건립한다고 쓰여 있다. 전에 왔을 때는 그저 공터에 옛 주정 공장 터임을 알리는 비문만 댕그러니 있었는데 이곳에 역사 기념관이 들어선다니 여간 반가운 일이 아닐 수 없다.

안으로 들어가니 조형물들은 이미 세워져 있었다.

'그날의 슬픔'을 표현한 조형물 앞에 섰다.

포승줄에 묶인 채 자신이 어디로 가는지도 몰라 두려움과 공포에 질려 있는 사람들의 표정이 나를 숨 멎게 한다. 교도소에서 가족들에게 보낸 편지(대리석에 새겨 놓음)를 읽으니 가슴이 그저 먹먹해질 뿐이다.

아~ 이런 역사를 어찌 잊을 수 있는가!

'형무소에서 보낸 편지' 조형물 1

'형무소에서 보낸 편지' 조형물 2

'형무소에서 보낸 편지' 조형물 3

저녁을 먹고 공항에 도착했다.

탑승 시간까지는 여유가 있어 의자에 앉아 이번 참배 기행을 되돌아보았다.

공항에는 여전히 '육지 것들'로 붐볐다.

오래전 제주를 여행할 때 나는 시장에서 제주 사람들이 '육지 것들' 하며 얘기하는 것을 듣고 크게 놀란 적이 있다. 아니 제주도를 찾은 사람들에게 어떻게 '육지 것들' 하는 욕(?)을 할 수 있단 말인가? 하고 불쾌해한 적이 있었다.

그보다 나는 오래전부터 제주도에서는 '이 당 저 당 필요 없다. 괸당이 최고다'라며 선거에서 무소속 당선자가 많이 나오는 이유를 궁금해했다. 그런데 '육지 것들'과 '괸당' 사이에는 역사적 문화적으로 깊은 연관이 있다는 것을 알게 되었다.

괸당은 권당(眷黨)의 제주도 말이다. 돌볼 권(眷)에 무리 당(黨)이니 해석하자면 '끼리끼리 서로 돌본다'라는 말이다. 즉 친인척이나 이웃끼리는 서로 도와주고 챙겨 준다는 뜻이다. 순이 삼촌도 바로 이런 권당 문화에서 나온 제주도 특유의 사회문화적 족보라고 할 수 있다. 삼촌만큼 가까운 이웃이란 의미일 것이다. 그러니 남이 아니고 서로 밀어주고 챙겨 주어야 하는 사이다. 이것은 바로 제주도에서 제주인들이 오랜 세월 동안 거칠고 험한 지리적 자연환경을 극복하면서 살아남기 위해 만들어 낸 생존 문화라 할 수 있다. 그래서 제주 사람들은 괸당의 행사라면 만사를 제쳐 두고 나선다. 나서지 않으면 공동체에서 왕따를 당한다. 이 괸당의 연대성이 가장 잘 드러나는 것이 모둠 벌초다. 모둠 벌초는 추석 전에 조상의 묘를 공동으로 벌초하는 행사인데 제주도 남자는 이 모둠 벌초 행사에는 반드시 참석해야 한다. 내 친구 중 제주도 출신이 있는데 이 친구도 추석 전에 벌초하고 왔는데 추석 명절 때 또 고향에 간다고 해서 놀란 적이 있다. 모둠 벌초를 위해서 초중고에서는 방학까지 할 정도라니 육지 것들은 괸당의 위력을 감히 상상하기 어렵다. 그러니 제주인에게는 이 당 저 당보다도 괸당이 최고요, 육지 것들은 '그저 그런 당'일 뿐인 것도 충분히 이해가 된다.

더군다나 역사적으로 봐도 '육지 것들'은 언제나 제주도에서 수탈과 배신을 일삼아 왔다.

나라에서는 수탈에 가까운 공물(전복, 귤, 말 등의 특산물을 나라에 바치는 세금) 바치라고 닦달했고 백성들은 궁핍과 핍박을 벗어나려고 죽음을 무릅쓴 섬 탈출을 감행하자 섬 인구는 급감했다. 이에 인조 7년 1629년에 제주인이 육지로 나가는 것을 금지하는 출륙 금지령을 내렸고 이 금지령은 순조 23년인 1823년까지 근 200년간 존속되었다. 제주 백성들은 사실상 커다란 옥(獄)에 갇혀 산 것이다.

제주도는 서울에서 3천 리나 떨어진 섬으로 조선 시대 가장 중죄인이 오는 유배지였다. 고려, 조선 시대에 제주도로 쫓겨 온 유배객은 대략 200여 명인데 제주도로 유배 온 이들은 비록 중앙 권력에서는 밀려났으나 지식인으로서 또는 잠재 권력자로 현지인의 존경과 지원을 받으며 생활하였다. 유배객 중에는 현지인 첩실을 두고 가정을 꾸려 자녀까지 두었으나 해배가 되었을 때는 첩실과 소생 자녀를 팽개치고 혼자 육지로 나갔던 것이 일반적이었다. 이처럼 제주의 여인들은 육지 것들에게 배신을 당했다.

이런 역사적 배경을 가진 제주도에 4.3은 육지 것들이 이념을 구실로 국가 권력을 동원하여 섬 전체를 짓밟고 제주도민의 10분의 1에 달하는 사람을 처참하게 죽인 역사였다.

그러니 제주도 사람들은 살기 위하여, 아니 살아남기 위해 '자신들만의 당(괸당)'을 만들 수밖에 없었을 것이다.

'살암시민 살아진다(살다 보면 살게 된다).'

내가 제주 4.3을 알아 가며 가장 슬프게 가슴 저리면서도 존경심을 절로 갖게 한 말이다.
이 말을 도대체 어떻게 설명할 수 있는가?

할망, 하르방이 나에게 이렇게 묻는 것 같다.
"육지 것들, 우리 맘을 알수꽈?"

육지 것들을 태운 비행기는 어느덧 제주 4.3의 희생자 유해들이 아직도 묻혀 있을 것 같은 정뜨르 비행장(현 제주 비행장) 위를 날아올랐다.

〈제주 참배 기행 여정: 2022.1.20~1.25〉
1/20(목): 제주 공항~4.3 평화 기념관~북촌리
1/21(금): 4.3 평화 공원~4.3 평화기념관~와흘리 본향당
1/22(토): 너븐숭이 기념관~조천 북촌 4.3길~서우봉~함덕
1/23(일): 모슬포~알뜨르비행장~백조일손 지지~섯알오름
1/24(월): 비양도~관덕정~제주목 관아~제주북초교
1/25(화): 박성내~제주대 아라 캠퍼스~산천단~주정 공장 터~제주 공항

맺음말

길이 이어져 있듯이 역사도 이어져 갑니다.
그 역사의 길은 혼자 만드는 길이 아닙니다. 혼자 가는 길도 아닙니다. 우리가 모두 함께 가는 길이요, 함께 가야 할 길입니다.

저의 이 졸저가 나오기까지 많은 분이 함께해 주셨습니다.
먼저 제가 역사의 길을 걷도록 이끌어 주시는 많은 선학(先學)께 머리 숙여 존경과 감사의 말씀을 드립니다. 그리고 산길, 물길, 돌길, 숲길, 어두운 길, 막다른 길, 그 어떤 길도 거뜬히 걸을 수 있게 건강한 몸을 주신 어머니, 아버지께도 감사하다는 말씀을 드립니다.

바람처럼 쏘다니는 남편에게 잘 먹고 다니라고 늘 넉넉하게 노잣돈을 주는 아내와 아비가 필요로 하는 것을 알아차리고 때맞춰 신발에, 모자에, 스틱 등을 보급해 주는 아들, 며느리, 딸에게도 고맙다는 말을 하지 않을 수 없습니다.
그래서 이 책은 제 책이 아니라 우리 모두가 함께 쓴 책이라 생각합니다.

이제 60을 지나 70의 고갯길을 넘어가고 있습니다. 얼마나 더 이 길을 걸을 수 있을까 하는 아쉬움과 조바심이 문득문득 생기곤 합니다만 서 있을 때까진 걸을 겁니다.

제 마지막 소원은 우리 손주 손목 잡고 부산에서 기차를 타고 한반도 등줄기를 거슬러 올라 만주를 거쳐 베를린, 파리, 바르셀로나, 로마까지 달려가 보는 겁니다. 그리고 보고 듣고 느낀 것을 손주 녀석과 함께 책으로 펴내는 것입니다.

마침 올 5~6월경 손주가 태어납니다. 저의 여행 도반이자 공동 저자가 될 손주가 태어난다니 그저 기쁠 뿐입니다. 손주 녀석이 태어나면 할아버지의 첫 선물로 이 책을 주고자 합니다.
세상을 위해 '의로운 큰 연못'이 되라는 뜻으로 이 책을 주고자 합니다.

2023년 3월
山水花齋에서

참고 문헌

● 빙의 난중일기 – 이순신의 말을 따라 길을 걷다

- 황현필, 《이순신의 바다》, 역바연, 2021
- 한봉희, 《이순신을 알지도 못하면서》, 어마마마, 2021
- 한봉희, 《조선으로 떠나는 시간여행자를 위한 안내서》, 어마마마, 2019
- 이진이, 《이순신을 찾아떠난 여행》, 책과함께, 2008
- 류성룡 저, 오세진, 신재훈, 박희정 역해, 《징비록》, 홍익출판미디어그룹, 2020
- 김시덕, 《동아시아, 해양과 대륙이 만나다》, 메디치, 2015
- 마경목, 박선희, 《역사가 묻고 지리가 답하다》, 지상의 책, 2019
- 박재희, 《고전의 대문2 – 노장과 병법 편》, 김영사, 2017
- 마쥔 지음, 임홍빈 옮김, 《손자병법 교양강의》, 돌베개, 2016
- 이덕일, 《조선 왕을 말하다1, 2》, 위즈덤하우스, 2010
- 정춘수, 손지숙 편저, 《이순신을 읽다, 쓰다》, 위즈덤하우스, 2016
- 강현규 엮음, 박승원 옮김, 《이순신의 말》, 소울메이트, 2014
- 노기욱, 《이순신과 보성의 인연, 그리고 사랑》, 보성군청, 2017
- 김훈, 《칼의 노래》, 문학동네, 2012

● 이산 정조와의 8일간의 여행

- 김준혁, 《화성, 정조와 다산의 꿈이 어우러진 대동의 도시》, 더봄, 2017
- 김준혁, 《정조가 만든 조선의 최강 군대 장용영》, 더봄, 2018
- 김준혁, 《리더라면 정조처럼》, 더봄, 2020
- 유홍준, 《나의 문화유산답사기 9, 10》, 창비, 2017
- 이덕일, 《조선 왕을 말하다 1, 2》, 위즈덤하우스, 2010
- 이덕일, 《사도세자가 꿈꾼 나라》, 위즈덤하우스, 2011
- 이덕일, 《정약용과 그의 형제들 1, 2》, 다산초당, 2012
- 이덕일, 《정조와 철인 정치의 시대1, 2》, 고즈윈, 2008
- 이주한, 《노론 300년 권력의 비밀》, 위즈덤하우스, 2011
- 김진국, 김준혁, 《정조의 혼 화성을 걷다》, 이너스, 2010
- 류은경, 《이산 정조대왕》, 디오네, 2007
- 이인화, 《영원한 제국》, 세계사, 2006
- 박석무, 《다산 정약용 평전》, 민음사, 2014

● 신 증도여지승람(新 甑島與地勝覽)

- 김준, 《섬 문화 답사기 – 신안 편》, 서책, 2012

● 호국 항쟁 · 생명 · 평화의 꽃섬 – 강화 나들길을 걷다

- 이경수, 《강화도사》, 역사공간, 2016
- 이경수, 《강화도, 근대를 품다》, 민속원, 2020
- 최보길, 《강화도의 기억을 걷다》, 살림터, 2018
- 정진오, 《인천 – 여행자를 위한 도시 인문학》, 가지, 2020
- 마경목, 박선희, 《역사가 묻고 지리가 답하다》, 지상의 책, 2019
- 유시민, 《노무현 김정일의 246분》, 돌베개, 2013

● 거대(巨大)해야 할 항구를 가다

- 권재원, 《반전이 있는 미국사》, 다른, 2020
- 김구, 《백범일지》, 나남, 2002
- 도올 김용옥, 《우린 너무 몰랐다》, 통나무, 2019
- 이원복, 《업그레이드 먼나라 이웃나라 11 : 미국 2 – 역사 편》, 2018
- http://news.kbs.co.kr

● 차마고도(茶馬古道) – 상상으로 넘다

- kbs 인사이트아시아 차마고도 제작팀, 《차마고도》, 예담, 2007
- 이영민, 《지리학자의 인문 여행》, 아날로그, 2019

- 윤태옥, 《길 위에서 읽는 중국 현대사 대장정》, 책과함께, 2016
- 정수일, 《실크로드 문명기행》, 한겨레출판, 2006
- 팀 마샬 지음, 김미선 옮김, 《지리의 힘》, 사이, 2016
- 모방푸 지음, 전경아 옮김, 《지도로 읽는다 중국 도감》, 이다미디어, 2016
- 도올 김용옥, 《스무살, 반야심경에 미치다》, 통나무, 2019
- 김주호, 《용안수 단장과 떠나는 차마고도 5000km 사진여행》, 다온애드, 2018

● **제주 참배 기행**

- 이영권, 《제주역사기행》, 한겨레출판사, 2004
- 도올 김용옥, 《우린 너무 몰랐다》, 통나무, 2019
- 허영선, 《제주 4.3을 묻는 너에게》, 서해문집, 2014
- 김여정, 《다크 투어, 슬픔의 지도를 따라 걷다》, 그린비, 2021
- 주강현, 《제주기행》, 웅진지식하우스, 2011
- 유홍준, 《나의 문화유산답사기 – 제주편》, 창비, 2020
- 현기영, 《순이삼촌》, 창비, 2015
- 현기영, 《마지막 테우리》, 창비, 2015
- 강요배, 《풍경의 깊이》, 돌베개, 2020